U0909044

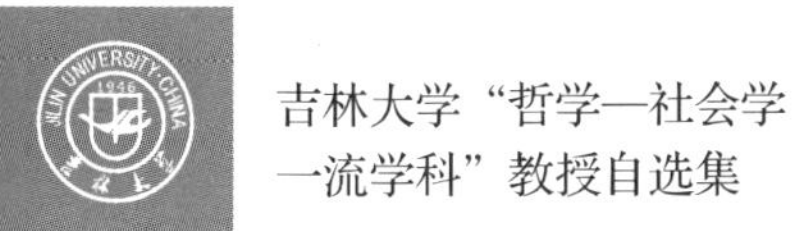

吉林大学“哲学—社会学
一流学科”教授自选集

积极社会心理研究

李兆良 著

Research of Positive Social Psychology

中国社会科学出版社

图书在版编目（CIP）数据

积极社会心理研究/李兆良著．—北京：中国社会科学出版社，2022.3

（吉林大学“哲学—社会学一流学科”教授自选集）

ISBN 978－7－5203－9784－1

Ⅰ.①积… Ⅱ.①李… Ⅲ.①社会心理学—文集 Ⅳ.①C912.6－0

中国版本图书馆CIP数据核字(2022)第031030号

出 版 人 赵剑英
责任编辑 朱华彬
责任校对 谢 静
责任印制 张雪娇

出 版 中国社会科学出版社
社 址 北京鼓楼西大街甲158号
邮 编 100720
网 址 http://www.csspw.cn
发 行 部 010－84083685
门 市 部 010－84029450
经 销 新华书店及其他书店

印刷装订 北京明恒达印务有限公司
版 次 2022年3月第1版
印 次 2022年3月第1次印刷

开 本 710×1000 1/16
印 张 19
插 页 2
字 数 307千字
定 价 118.00元

凡购买中国社会科学出版社图书，如有质量问题请与本社营销中心联系调换
电话：010－84083683

目 录

第一编 宽恕心理积极效应

第二编 积极社会心理研究

第三编 不同群体心理健康调查

第四编 积极家庭教育探索

导　言

这本《积极社会心理研究》是我长期从事积极心理学、宽恕心理学、文化心理学、社会心理学和家庭教育的理论和实践研究成果的集中呈现。本书共收录了40篇文章，全部是我作为第一作者撰写的系列学术论文，论文在内容上涵盖积极心理、宽恕心理、道德心理、感恩心理、坚毅品格、心理健康、生活满意度、压力和职业倦怠应对、积极教育等各种不同主题的积极社会心理。本书之所以以“积极社会心理研究”为名，直接原因是我长期从事积极心理学研究，但更重要的是，这40篇论文大多数是积极社会心理学所关注的研究主题和现象，是基于积极心理学的观点，主张从积极的人性和积极的价值取向出发，指导和引领社会民众以积极的心态和积极的行动追求美好的生活，拥有幸福的人生。总体来看，这部论文自选集既有理论性的探索，也有实证性的研究，还包括应用性的对策建议，是汇集相关研究领域成果而成的一部综合性自选集。

纵观全书，共包括“宽恕心理积极效应”“积极社会心理研究”“不同群体心理健康调查”“积极家庭教育探索”四大部分。这四个部分的区分是相对的，是一种形式上的区分，事实上，这四部分内容之间都存在一定的关联性。

第一编是关于宽恕心理的内涵及价值考量。具体来说，涉及宽恕心理的研究现状、理论、内涵、文化特性、价值以及与相关概念的关系辨析等内容。宽恕作为一种积极的心理品质，一种基本的心理、道德和社会现象，一直是我潜心研究和不断探索的方向和领域，并取得了相关系列研究成果。

宽恕自古就被视为中华民族的美德，是中国传统道德十分重要的伦理规范，是日常生活中调节人们社会关系的一种德性、德行，是处理人与人之间的各种矛盾、冲突、误解、背叛和伤害等的人生智慧和积极策略，具有重要的社会价值、精神价值和生活价值，一直被历代哲学家和思想家所倡导。

中国传统文化中有大量关于仁恕的著名论断，如“忠恕之道”“恕为人则”“唯恕可以成德”“恕思以明德”“天威贵德，非罚也。人望贵量，非显也；恕人恕己，愈蹙愈为”“以德报怨”“海纳百川，有容乃大”“仁者以天地万物为一体”“仁者爱人”“得饶人处且饶人”等。以儒、道、佛为主体的中国传统文化具有宽以待人、厚德载物的特征。在中国的传统文化中，无论是儒家的“恕道”“仁爱”“德性”“忍”“和谐”，还是道家的“包容”“宽心”“守柔”“辞让”“居下”“利他”“不害”“和平”“以德报怨”以及佛家的“慈悲”“度人”“放弃我执”“觉悟”“放下”“解脱”“正心”“正念”“舍身”“不念旧恶”“不憎恶人”“无我”等所蕴含的宽恕思想、宽恕理念和宽恕智慧，都强调宽恕是一种美德、一种优势、一种积极的人性、一种心性修养的境界、一种回归自然本性的有效途径、一种为人处世应遵循的伦理道德准则。宽恕的认知、情感、态度和行为不仅利人，而且利己，能够转化人的生命，使个体到达修己安人、提升境界、获得快乐、追求幸福这一终极目的。生命不是彼此敌视，不是暴力冲突，不是愤怒仇恨，不是你死我活，不是水火不容，不是鱼死网破，不是两败俱伤，不是伤害报复。生命是平等对话，是关爱，是尊重，是良善，是和谐，是和解，是利他，是双赢，是和平。面对生命中不可避免的伤痛，多一些关爱，多一些理解，多一些沟通，多一些同理，多一些感恩，多一些包容、多一些放下，多一些宽恕，人生就会因此而不同，生命就会因此而美丽。没有宽恕，就没有未来，当人们真心宽恕的时候，生命的改变便会奇迹般地发生。

总结第一编相关论文的观点和主张，主要表现为：认为宽恕是一种社会文化心理现象，其具有非常明显的文化色彩和极为丰富的文化内涵；对宽恕与相关概念进行辨析，澄清和消解人们对宽恕持有的各种认识误区；指出在西方文化背景下得出的宽恕理论和发现，难以全面有效地诠释、了解、预测及改变非西方的文化背景和社会生活中人的宽恕心理和行为；基于本土心理学的视角，对中国传统文化（儒、道、佛）中所蕴含的宽恕思想、宽恕理念、宽恕智慧和宽恕传统进行深入梳理、发掘、分析和提炼；提出宽恕教育的概念、价值以及实施方法和原则，指出宽恕教育有助于个体以更积极的策略处理各种伤害性事件，重建和维系与他人良好的人际关系，促进自我和谐、人际和谐和社会和谐。

第二编是关于积极社会心理方面的研究成果，具体包括如何加强积极社会心理建设、如何以积极心态防控新冠疫情、如何培育道德心理和行为以及感恩、宽恕、主观幸福感和宗教文化心理等方面的理论探讨和实证研究。习近平总书记在党的十九大报告中明确指出，要加强社会心理服务体系建设，培育自尊自信、理性平和、积极向上的社会心态。积极社会心态建设思想是以习近平同志为核心的党中央高瞻远瞩、审时度势，在决胜全面建成小康社会的关键时刻，立足新时代做出的重大战略决策，将积极社会心态建设问题提到了国家社会和经济发展战略高度，对于夺取中国特色社会主义伟大胜利、实现中华民族伟大复兴的中国梦，具有十分重大的意义。

新时代大力加强积极社会心态建设意义重大。从国家层面来看，加强社会心理服务体系建设，培育自尊自信、理性平和、积极向上的社会心态，是建设健康中国、富强中国、法治中国、幸福中国、美丽中国的要求。“夫国者人之积也，人者心之器也，而夫国事者一人群心理之现象也。”这句话充分说明了国家的大事是人的问题，而人的问题归根结底是人的心理问题，是人的心态、意识、认知、信念、情感、动机、意志、价值观、追求、行为等的问题。无论是经济发展、社会和谐、思维创新、环境保护，都与人的各种心理活动息息相关。正所谓心安才能民安，民安才能国安。习近平新时代积极社会心态建设思想是实现党和国家兴旺发达、长治久安、人民幸福的重要举措。中国古代的先贤早就提出：“诚意正心，才能修身齐家治国平天下。”其中一个最重要的就是正心。在中国人的认知里，正心是特别重要的修行和实践。正心就是积极心态修炼，是一种健康心理，一种积极思维习惯，一种对周围人事物的积极看待、积极归因和积极解释，一种热爱生活、工作和生命的积极信念，一种习惯性的帮助他人和成就他人的积极行动，一种愉悦、快乐和幸福的积极情绪体验，一种充满希望的积极进取的人生态度。一个社会具有积极心态的人多了，人和人之间的关系才能变得更加和谐，国家和社会才能呈现出祥和之气，人民才能共享幸福美好的生活。

第三编是关于不同群体心理健康的研究成果，包括高校教师、医护人员、空巢老人、大学生等群体的压力、抑郁、职业倦怠、网络成瘾、心理问题等方面的研究。职业倦怠是当前社会普遍关注的一个热点问题。国外研究表明，教师是职业倦怠的高发群体，教育程度高者比教育程度低者易患职业倦怠。美国教师协会在 1983 年的研究中指出，37.5%的教师有严重焦虑和精神紧张等职业倦怠状况。在我国香港，教师职业被视为高压力职业，仅次于警察，排名第二。在我国内地，由职业倦怠所引发的教师身心健康问题日益受到重视。

“过劳死”是源自日本的一种现代病，产生于 20 世纪“二战”结束后日本国内就业压力极大的时期。当时，许多日本人因为工作时间过长、劳动强度加重、心理压力过大导致精疲力竭，甚至引起身体潜藏的疾病急速恶化，继而早逝。“过劳死”在 20 世纪 80 年代的日本一度猖獗，它是一种未老先衰、猝然死亡的生命现象。而今天，它已经悄然来到中国，成为威胁知识分子健康的极大隐患。有关知识分子“过劳死”问题，其实早在 20 世纪 80 年代就已集中暴露。20 世纪 80 年代，蒋筑英的病逝曾引起大范围的关注与讨论。但不幸的是，时隔 20 年这仍是一个严酷的社会问题。

因心理不健康而导致生理不健康是有些高校教师英年早逝的一大原因。在高校里，学生心理咨询相当普及的今天，高校老师的心理健康观念反而显得有些滞后，事实上这是一种观念误区。心理专家已明确提出，高校教师是心理关怀的“盲点”。他们充当着助人人群，经常感到身心疲惫而又心烦意乱，最易产生“心理枯竭”。高校教师跟学生一样存在心理问题，承受着社会、工作的诸多压力，但教师心理健康往往容易忽视。事实上高校中青年教师的心理自我保健意识和能力还十分薄弱，还存在着重视生理疾病而忽视心理疾病的意识倾向。虽然他们具有较高的学历和知识水平，但有相当一部分高校中青年教师缺乏心理卫生知识和心理自我调节的技巧，导致了心理问题的发生和激化。

“空巢”家庭是指无子女共处，只剩下老人独自生活的家庭，主要指老人独居户和老年夫妇户。“空巢”老人是指不与子女居住在一起的老年人，包括无子女或与子女分开居住的老人，是老年群体中的弱势群体之一。资料显示，中国空巢家庭老年人在逐年增加，预计 2030 年空巢家庭的比例将达到 90%，届时中国老年人家庭将“空巢化”。空巢家庭的不断增加，引发了健康保障、人身安全、生活照料及经济供养等一系列严重的社会问题，一定程度上会给社会和经济发展带来影响。空巢家庭老年人极易出现“空巢综合征”，“空巢综合征”严重地影响着空巢家庭老年人的身心健康和生活质量。

空巢家庭作为人口老龄化过程中比较突出的社会现象，对社会发展具有一定的影响，是当前和今后政府和社会必须高度重视的问题。针对部分空巢老人面临着经济困难、缺乏照料和精神孤独等问题，全社会应切实解决好对空巢老人的照料和心理关爱，妥善安排好其晚年生活，积极构筑社会网络的支持系统。具体来说，全社会应重视空巢家庭老年人这个特殊群体，多进行关爱，多提供正式支持，尤其是精神和心理支持，以预防和减少空巢老人抑郁的发生；提倡子女对老年人不仅生活上要全面照护，更要在精神上积极赡养。子女常回家看望老人，与老人团聚。子女对老人生活的精心照料护理，亲情的慰藉和心理的温暖，和老人面对面的心理沟通和情感交流，能够增加对老人的心理支持，可在很大程度上减少空巢老人抑郁情绪的发生；从空巢家庭老年人自身来看，空巢老人应正确面对和认知空巢的现实，保持积极的健康心态，以积极的思维看待自己和空巢带来的各种问题，努力提高自我调节能力，多参加社会活动和健身锻炼，琴棋书画，陶冶情志，修身养性，丰富自我的精神文化生活，提高自身的适应能力，积极做到老有所为，老有所乐，有助于预防和减少抑郁的发生。

医护人员是职业倦怠的高发群体，且医护人员职业倦怠对于医疗质量、自身的职业发展和生活都有消极影响。我国医患比重大大低于发达国家，医护人员的工作负荷过重，承担的压力大，潜藏着倦怠发生的高危因素。国外研究发现，相当一部分医护人员出现情绪疲惫、缺乏个人成就感等职业倦怠症状。国内的医护人员也面临着职业倦怠的困扰，医护人员的服务对象是人的生命和健康，承受长期的压力是无法避免的。在今后的医院管理中，应重视医护人员的职业倦怠现象，并采取积极有效的措施，包括医护人员个体方面的努力，正确认识职业倦怠，提高自我调节能力，采取积极的态度和措施，坚持正确的信念和职业理想；建立社会支持网络，对医护人员持合理期望，进行必要的专业心理干预；加强医院科学管理，建立良性支援机制，以预防和降低医护人员职业倦怠的发生，从而提高医护人员的工作生活质量和医疗效率。

国外研究表明，大学生是网络成瘾的高发人群，成瘾率在5%～10%，尤其以男性大学生居多。美国一项针对本科生的研究发现，

8.1%的大学生有网络成瘾倾向，其中男性成瘾率是女性的4倍。毋庸置疑，网络成瘾已经成为一种新的心理障碍，其严重影响着大学生的身心健康、学习和生活，有时甚至还会危及他们的生命。对于网络成瘾大学生进行研究，并在此基础上提出有效的心理干预策略，就显得尤为重要。有关教育部门应重视网络成瘾对大学生身心健康和学业发展带来的危害，对于网络成瘾大学生群体，应进行及时有效的教育疏导和专业心理干预，对其增加社会支持，让其学会自我心理调适，使其保持心理和谐。

第四编是关于积极心理学在教育中，尤其是在家庭教育中的应用和实践的探索成果，提出了积极家庭教育的相关理念和方法。积极教育是2014年12月在国际上提出的一个全新的教育模式，是积极心理学在教育领域中的应用和实践，它主张对孩子进行品格、学业和积极心理并重的教育理念，认为积极心理品质教育能够有力地促进孩子“心理技能”“幸福技能”“学业技能”的发展。积极家庭教育是积极教育的重要组成部分，其倡导父母在家庭教育中，从幸福、价值观、品格、生命意义等全方位提升孩子的心理能力，充分发掘孩子身上的优势、力量和美德。无数事实表明，积极家庭教育能够为当代父母提供科学的家庭教育理论、有效的方法和实用的技术，是对已有传统家庭教育理论和方法的进一步完善和有益补充。这种完善和补充的价值，就在于使家庭教育变得更科学、更人性、更合理、更积极、更有效。

积极家庭教育探索这一编收集的文章内容新、通俗易懂，文章既体现了专业性又具有实用性，对父母如何教育孩子具有十分重要的指导价值。本编主要围绕积极教育这一核心主题而组织的相关系列文章，具体来说，包括积极家庭教育理论、积极家庭教育的实施、积极家庭环境建设、坚毅力的培养、宽恕教育、家校合作、孩子健全人格的培养、父母如何做到“有所为，有所不为”等方面的内容。本编收集的文章主要是针对家庭教育中的重点、难点和痛点问题，或者说是让父母感到十分迷茫、困惑和焦虑的育儿问题，基于心理学尤其是积极心理学的最新研究成果，结合经典实例进行深入浅出的专业回答、分析和解释，给出有效的方法和科学指导，让父母获得专业的家庭教育知识，具备一定的家庭教育素养，努力成为一名新时期的智慧家长，做到能教育、会教育和善教育，有助于取得良好的家庭教育效果。

总之，本书是我在积极社会心理学领域长期探索和实践取得的部分研究成果，也是我在该领域研究结果的一次汇报和总结，我会在前期研究成果的基础上，继续深入开展相关内容和主题的不断探索，希望能够进一步取得具有一定学术影响力的研究成果。

第一编　宽恕心理积极效应

国外关于宽恕的心理学研究述评

宽恕（forgiveness）的概念在20世纪的全球化交往与和解的要求中成了普遍性的概念。20世纪90年代以来，宽恕作为一种基本的和重要的社会和心理现象逐渐成为西方心理学研究的重要主题，并呈现出备受关注势头；有关宽恕的研究迅速兴起，在道德心理学、发展心理学、认知心理学、社会心理学、咨询和临床心理学以及积极心理学等相关领域中都已经明确提出了对于宽恕现象的研究。引起心理学家对宽恕关注的主要原因之一是希望通过研究它，有助于解决世界范围内的团体及个人暴力行为；原因之二是它与健康之间存在某种关联。近年来，宽恕作为积极心理学视域下的一部分，日益显示出它重要的学术价值和应用潜力。国外在宽恕的心理学理论和实证研究方面进行了大量的研究并取得了丰富的研究成果，这些成果使得人们对宽恕的理解和认识不断深入和完善。文章概述了宽恕概念的含义；介绍了西方心理学在宽恕类型、发展模式、研究方法、影响因素及相关研究方面取得的主要成果；最后在评述前人研究的基础上提出该领域未来的发展方向。

一　宽恕的界定

在宽恕的心理学研究中，由于不同的学者对“宽恕”一词有不同理解，他们对“宽恕”的界定也不同，至今还没有统一的定义。按照麦考夫（M. E. Mc Cullough）等人的观点，宽恕概念是由于理论和经验研究成果两方面影响而发展起来的。一方面，从理论研究的角度来看，宽恕是一种动机结构；另一方面，从社会实证角度讲，宽恕还是一种亲社会行为。基于这两方面的考虑，一般学者更倾向于把宽恕看作一个与其他人相关的具有临床价值的概念。心理学一般将宽恕定义为：宽恕涉及两个人，其中一个人在心理、情感、身体或道德方面受到另一个人深度而持久的伤害；宽恕是使受害者从愤怒、憎恨和恐惧中解脱出来，不再渴望报复冒犯者的一个内部过程。皮格顿（J. pp. Pingleton）把宽恕定义为受害者受到伤害后放弃报复和惩罚侵犯者的需求。① 诺斯（J. North）认为宽恕是个体克服由冒犯者所引起的愤恨时所经历的心路历程，他认为宽恕包括避免消极情感和呈现积极情感两种心理成分。② 这类定义关注的是受害者受到伤害后对待冒犯者的态度及情绪的变化。恩莱特（R. D. Enright）及其同事扩展了诺斯的定义，他们从知、情、意的心理结构出发，认为宽恕应包含受害者对侵犯者的认知、情绪和行为反应三个方面。因此，他们认为宽恕是受害者在受到不公正的伤害后，其对侵犯者的负面的认知、情绪和行为反应的消失，并出现正面的认知、情绪和行为反应的过程。他们认为宽恕包括六个成分：形成对冒犯者的积极认识、避免消极认识；呈现积极情感、避免消极情感；做出积极反应、避免消极反应。③ 麦考夫等对宽恕的经典界定以共情、利他和迁就理论为基础，认为宽恕是促使受害者对侵犯者产生共情的一系列的动机变化过程，该过程降低了受害者报复和疏远侵犯者的动机，增强了受害者善待侵犯者的动机，并促使受害者与侵犯者和解。④ 他们同时指出宽恕并不是动机，而是一个亲社会动机的变化过程。上述定义中，后两个定义具有可操作性也较为综合。不难看出，虽然各个研究者对宽恕的理解多种多样，对宽恕的定义也不尽相同，但都包含冒犯者、冒犯行为和受害者三个基本要素。

目前在西方心理学界已经形成了这样一种共识，即认同宽恕是由一组连续的，并不是单一的社会心理动机所组成。这对于进一步科学地去研究宽恕具有非常有益的价值。而且从各种定义中可以看出，被冒犯者

---

① Pingleton J P, Why we don't forgive: A biblical and object relations theoretical model for understanding failures in the forgiveness process, *Journal of Psychology and Theology*, Vol. 25, 1997, pp. 403 – 413.

② North J, Wrongdoing and forgiveness, *Philosophy*, 1987, Vol. 62, 1987, pp. 336 – 352.

③ Enright R D, Oh Park Y, The development of forgiveness in the contextof Adolescnetconflict in Korea, *Jadolesc*, Vol. 20, No. 4, 1997, pp. 393 – 402.

④ Mc Cullough M E, Rachal K C, Sandage S J, Interpersonal forgiving in close relationships: II. Theoretical elaboration and measurement, *Journal of Personality and Social Psychology*, Vol. 75, 1998, pp. 1586 – 1603.

内在对冒犯者产生的亲社会性改变是宽恕的基础和无可争辩的特征，正是这一共同的特征，构成对各个研究进行整合的基础。

二 宽恕的类型与发展模式

（一）宽恕的类型

特诺（M. Trainer）通过实证研究，认为存在三种类型的宽恕：角色期待宽恕、利己的宽恕和内部的宽恕。① 角色期待宽恕表面上有宽恕的行为表现，但受害者并没有真正宽恕冒犯者，仍旧感到恐惧、焦虑，并心怀对冒犯者的憎恨。利己的宽恕也有明显的宽恕行为表现，但这种行为伴有敌意，宽恕被作为体现受害者道德优越感的手段，之所以宽恕冒犯者是为了向人们展示自己宽宏大量的气度。内部的宽恕是一种真正的宽恕形式，受害者将对冒犯者的憎恨变为对其的仁慈和爱心，这种宽恕是主动的、积极的、发自内心的。

恩莱特根据不同年龄阶段的个体对宽恕的不同理解将其分为：报复性的宽恕，主要表现在儿童早期，认为他人伤害了自己后，只有对自己进行某种补偿，才能得到宽恕；压力迫使下的宽恕，在青年早期表现较明显，只有在外部压力迫使下才会宽恕冒犯者；无条件的宽恕，主要表现在青年晚期或成年期，宽恕是无条件的，是为了提升爱的体验。② 莫格（pp. A. Mauger）将宽恕分为宽恕他人、宽恕自己与寻求宽恕。宽恕他人是指受害者受到他人的伤害后，自愿停止敌视冒犯者，并善待冒犯者的心理过程。宽恕自己是指个人饶恕自己所犯的错误或罪孽，由憎恨自己转变为关爱自己的心理过程。寻求宽恕指冒犯者在伤害他人后，主动承担道德责任并尽力寻求受害者宽容饶恕自己的心理过程。③ 特诺的分类更注重宽恕是主动做出的还是在压力迫使下做出的，是行为层面的还是发

---

① Enright R D, Oh Park Y, The development of forgiveness in the context of Adolescnet conflict in Korea, *Jadolesc*, Vol. 20, No. 4, 1997, pp. 393 - 402.

② Enright R D, Oh Park Y, The development of forgiveness in the context of Adolescnet conflict in Korea, *Jadolesc*, Vol. 20, No. 4, 1997, pp. 393 - 402.

③ Maltby J and Macaskil A J, Failure to forgive self and others: a replication and extension of the relati - onship betweenforgiveness, personality, social desirability and general health, *Pers Indivi Differ*, Vol. 30, No. 5, 2001, pp. 881 - 885.

自内心的，受害者是以仁慈、友爱还是以愤怒、敌意对待冒犯者。恩莱特的分类主要侧重于不同年龄阶段的个体做出宽恕决定的理由或条件等方面。莫格则主要从宽恕对象方面进行分类，这种分类简单明了，易于操作。

（二）宽恕的发展模式

宽恕的发展模式是对宽恕发生发展过程进行探讨的基础理论研究之一。其中有代表性的是恩莱特等人提出的宽恕四个典型的表现阶段：暴露阶段、决定阶段、操作阶段以及成果阶段。在暴露阶段，被冒犯者开始认识并感受到由特定冒犯事件所引起的深度负面情感，如悲伤、愤怒、焦虑、抑郁。在决定阶段，被冒犯者意识到如果他们想要摆脱这种消极情感状态就必须做出相应的改变，于是他们开始思考是否要原谅和饶恕那些冒犯者。在操作阶段，被冒犯者开始以一种新的思维角度来对待自己受到的伤害，更好地去理解冒犯者。最后在成果阶段，被冒犯者开始体会到通过宽恕所带来的情感上的轻松，在宽恕他人的同时，体验自己内心情感由消极向积极的转变。

三 宽恕的影响因素研究

已有的研究对宽恕的影响因素做过比较深入的探讨。从共情、社会认知、侵犯的后果和道歉、人际关系、人格、社会文化背景等方面来分析影响宽恕的因素。研究者大都认为共情是宽恕的一个重要影响因素，因为它不仅直接影响宽恕，而且是很多影响宽恕因素的中介变量。麦考夫等人研究发现，道歉以及关系的亲密程度对宽恕的间接影响是经由共情达成的，对被试者进行共情教育和宽恕的临床干预，结果也发现共情与宽恕间有着密切的关联。① 另有研究发现具有高特质共情的受害者会对

① Mc Cullough M E and Rachal K C, Sandage S J, Interpersonal forgiving in close relationships: II. Theore - tical elaboration and measurement, *Journal of Personality and Social Psychology*, Vol. 75, 1998, pp. 1586 - 1603.

侵犯做积极的归因和描述，进而更倾向于宽恕冒犯者。[①]

责任归因既可以直接影响宽恕也可以经由情境性共情和负面情绪反应而间接影响宽恕。[②] 冒犯后果的严重程度和受害者所感受到的事件的严重性，对宽恕选择的做出有深刻的影响，若冒犯事件使个体遭受重大的经济损失和明显的身体创伤，并被个体认为这种冒犯是有意的、有损自尊的，则冒犯者很难得到宽恕。研究表明，冒犯的后果的消除程度与宽恕呈正相关，在控制了其他影响因素的条件下，侵犯后果消除得越彻底，就越容易得到宽恕。[③] 研究表明，人际关系的亲密程度与宽恕之间呈正相关，亲密、承担义务的人际关系中的一方会更愿意宽恕对方。[④]

关于人格对宽恕的影响，研究者大多从大五人格角度探讨宽恕和人格之间的关系。国外有学者研究发现，宽恕与大五人格中的宜人性具有显著正相关，与神经质呈显著负相关，与外倾性无显著相关。[⑤] 麦考夫等人的研究也发现大五模型中的宜人性能直接影响宽恕中的报复、回避和仁慈动机，而神经质则只能通过受害者对侵犯严重程度的认知间接影响回避和仁慈动机。[⑥]

已有研究发现，东西方文化对宽恕的理解存在着差异。宽恕自己在西方个人主义文化中被认为是必要的，而在东方集体主义文化中被认为是不合理的，东方文化更注重对他人的宽恕。此外，宽恕受宗教意识的

---

① Zechmeister J S and Romero C, Victim and offender accounts of inter – personal conflict: Autobiographical narratives of forgiveness and unforgiveness, *Journal of Personality and Social Pychology*, Vol. 82, No. 4, 2002, pp. 675 – 686.

② Fincham F D, Paleari F G and Regalia C, Forgiveness in marriage: Therole of relationship quality, attributi – on, and empathy, *Personal Relationships*, Vol. 9, 2002, pp. 27 – 37.

③ Mc Cullough M E, Fincham F D, Tsang J. Forgiveness, for bear – ance, and time: The temporal unfolding of transgression – related in – terpersonal motivations, *Journal of Personality and Social Psychology*, Vol. 84, No. 3, 2003, pp. 540 557.

④ Finkel E L, Rusbult C E, Kumashiro M. Dealing with betrayalin closer – elation – ships: doescommitment promote forgiveness? *Journal of Personality and Social Psychology*, Vol. 82, No. 6, 2002, pp. 956 – 974.

⑤ Berry J W, Worthington E L Jr, Parrott L, Dispositional forgiving – ness: Development and construct validity of the transgression narrative test of forgiveness, *Personality and Social PsychologyBulletin*, Vol. 27, No. 10, 2001, pp. 1277 – 1290.

⑥ Mc Cullough M E, Transgression – related motivational dispositions: personality substrates of forgiveness and their links to the Big Five, *Personality and Social Bulletin*, Vol. 28, No. 11, 2002, pp. 1556 – 1573.

影响，宗教意识强的个体容易宽恕他人，但不容易宽恕自己。

除了上述这些主要的影响因素外，还有一些诸如个体的应对方式、年龄、时间、社会环境以及周围人对待冒犯者的态度、对行为意向的解释、对后果的严重性及对冒犯行为能否避免等的认知因素也会影响宽恕。

四　宽恕的研究方法

目前，宽恕的心理学研究主要采用叙事法、问卷法和实验法。叙事法又名临床访谈法，通常是让被试叙述某些与冒犯有关的事件，要求被试把自己认为重要的或有意义的方面在故事中详细描述出来，然后由研究者对其报告中有价值的内容进行分析。研究表明，叙事法能较好地测量出人们的宽恕水平。有研究者采用叙事法针对冒犯者与被冒犯者对人际冲突所做出的解释进行了研究。① 宽恕研究中用得最多的问卷有两类：一类是测量受害者对某个人的某次冒犯的宽恕，代表性的问卷有 Susan - Wades 的与冒犯有关的人际动机问卷和恩莱特宽恕问卷。另一类是测量宽恕倾向，代表性的量表为宽恕意愿量表。② 从内容维度来看，宽恕的测量可分为对具体的侵犯的测量、宽恕自己与宽恕他人的测量、宽恕倾向的测量；从方向维度来看，宽恕的测量可分为受害者给予宽恕及侵犯者寻求宽恕的测量；从评定的方法维度来看，可分为自陈报告、同伴报告、旁观者报告以及对受害者行为的测量。③ 宽恕的实验研究主要包括两个方面，一是探讨宽恕的影响因素和各种影响因素之间的关系，即宽恕的认知函数研究；二是探讨宽恕的临床干预效果。④⑤

---

① Gassin E A, Interpersonal forgiveness from aneastern perspective, *Journal of Psychology and Theology*, Vol. 29, No. 3, 2001, pp. 187 - 200.

② Rye M S, Loiacono D N and Fohc C D, Evaluation of the psychometric cproperties of two forgivenesss cales, *Current Psychology*, Vol. 20, No. 3, 2001, pp. 260 - 277.

③ Rye M S, Loiacono D N and Fohc C D, Evaluation of the psychometric cproperties of two forgivenesss cales, *Current Psychology*, Vol. 20, No. 3, 2001, pp. 260 - 277.

④ Girard M and Mullet E, Propensity to forgive in adolescents, young adults, older adults, and elderly people, *Journal of Adult Development*, No. 4, 1997, pp. 209 - 220.

⑤ Girard M, Mullet E and Callahan S, Mathematics of Forgiveness, *American Journal of Psychology*, Vol. 115, No. 3, 2002, pp. 351 - 371.

上述三种方法中，叙事法主要是一种质的研究方法，它有助于对宽恕的内涵及其过程进行更深入的理解，有助于确定影响宽恕的主要因素及各种因素的出现与否对宽恕的影响，有助于探明人们宽恕的动机。问卷法有助于进行宽恕的实证研究以及不同研究间的比较。实验法中的认知函数的研究主要是确定影响宽恕的各因素间的内在关系。

五　宽恕与健康关系的研究

在宽恕的最新研究取向中，宽恕与健康的关系逐渐成为新的主题，受到研究者越来越多的关注。特别是在医学模式由生物医学模式向生物—心理—社会医学模式转变的过程中，研究者对宽恕与疾病以及整体健康之间的关系倾注了极大的热情，相关的实证研究更是处于不断“萌芽”之中。导致人们对宽恕研究发生兴趣的一个重要原因是宽恕对于人类自身的健康和良好的生活状态具有潜在的影响作用，而且这种影响是多方面的。

在宽恕对个体健康影响这一问题上目前尚未形成较为一致的结论。一小部分心理学家认为宽恕对健康不一定具有积极作用。但是，大部分心理学家认为宽恕是一种自我保护机制，是一个良性循环的过程，对于健康和幸福来说，是一种行之有效的良方，都倾向于强调宽恕对于维护人际关系和整体健康的积极作用，主张宽恕应该融于人格之中，成为一种健康的生活方式。因此，西方医学心理学界最近流传一句名言，即“宽恕那些伤害过你的人，不是为了显示你的宽宏大度，而首先是为了你的健康，如果仇恨成为你的生活方式，那你就选择了最糟糕的生活”。

心理学和医学的研究都已证明，放弃恩怨可以改善情绪和身体健康，反之，抱有反感或伤害心理则会扰乱个人生活和职业生涯，会导致不良的决策，会影响身心健康。研究发现，宽恕水平与正性健康指标呈正相关，与功能障碍或痛苦等负性健康指标呈负相关。宽恕可以使个体平缓愤怒、减轻痛苦、摆脱恐惧，还可以使个体增加希望、提高自尊，保持平和的心境；宽恕有助于建立和维护与他人良好的人际关系，改善和恢复已经破裂的人际关系；宽恕有助于个体做出亲社会行为，减少攻击行为。因此，宽恕有利于个体的身心健康，并使个体能够更好地适应社会。

宽恕可以大大缓解“不宽恕”状态对身心的压力，这种“不宽恕”交织着苦恼、愤怒、敌意、不满、仇恨和恐惧，还有强烈的自卑和自弃，使人产生不良的身心反应。与宽恕他人相比，宽恕自我与低自尊存在更高的相关；自我效能感会影响个体做出改变的努力程度，因此，就更有可能会宽恕他人。

此外，报复欲强、宽恕水平低的个体所体验的主观幸福感往往较低。[①] 里安（pp. Ryan）等人的研究表明宽恕倾向与抑郁具有显著负相关，而报复动机和抑郁具有正相关关系。[②] 研究者从宽恕影响健康的生理及心理社会机制进行分析，认为个体通过增加宽恕他人和自己，以及要求和接受宽恕的频率，可能有助于减少痛苦（愤怒、谴责及报复性的想法和感受）的持续时间，从而降低疾病风险。“不宽恕”者体内的可的松激素分泌增多，由此可损伤免疫功能而引起多种健康问题。宽恕可能孕育更高的安全感以及更为积极的自我评价和乐观思想，能减少患病的风险。宽恕可以培养更强的能力感和自我效能感，以减少疾病的发生，减低致病因素危害，宽恕可以提供更高水平的社会和情绪支持，有助于促进身体健康和提高社会适应能力。[③]

通过以上分析，完全可以相信宽恕与身心健康状态之间存在着关联，宽恕可以对身心健康水平产生影响。通过 Q 分类技术、统计分析以及多因素干预试验等实证研究，研究者也发现了宽恕对于身心健康的积极促进作用。而心理神经免疫学的研究也证明，人类或非人类的灵长类动物长期的社会心理混乱降低了免疫力，因此也降低了个人应对生物和心理社会性病原体时的主动抗拒能力。[④]

---

① Mabuk AI and Radhi H, Robert D, Forgiveness education with parentlly love – deprived late adolescents, *Journal of Moral Education*, Vol. 24, 1995, pp. 440 – 442.

② Ryan P, Brown, Measuring Individual Differences in the Tendency to Forgive: Construct Validity and Links With Depression, *Personality and Social Psychology*, Vol. 29, 2003, pp. 759 – 771.

③ Mc Ewen B S, Protective and damaging effects of stress mediators, *N Engl*, *J Med*, Vol. 338, No. 3, 1998, pp. 171 – 179.

④ Cohen S, Tyrrell D A and Smith A P, Psychological Stress and susceptibility to the common cold, *N Engl*, *J Med*, 1991, Vol. 325, No. 9, pp. 606 – 612.

六　宽恕的未来研究方向

国外关于宽恕的心理学研究存在的问题和不足主要表现在五个方面：一是对宽恕概念的内涵界定不统一，宽恕的各种操作性定义间存在着很大的差异，这种理解差异会直接影响对现有研究结论的整合；二是当前对宽恕的研究主要集中在对人际宽恕的研究，即宽恕他人的研究，缺乏对自我宽恕和寻求宽恕途径的研究；三是关于如何测验和评价宽恕仍存在很大的争议，争议存在的根源主要还在于宽恕界定的不明晰和多样化；四是测量工具的缺乏和不理想无疑在一定程度上阻碍了宽恕研究的发展；五是关于跨文化的宽恕心理学研究或本土化的宽恕心理学研究仍然十分匮乏。

未来宽恕心理学的研究方向，概括起来包括以下四个方面：一是理论构建的研究急需完善，要使宽恕的研究在概念、基本规律上能够形成相对统一的界定；二是宽恕测量工具有待于进一步开发和本土化；三是对于宽恕的发生、效用以及与人类健康、良好生活方式之间的关系，还需更多的纵向实验研究的支持和求证；四是针对特定的冒犯者、冒犯行为和情境以及被冒犯者进行专门化的研究，如对暴力虐待以及婚外情中的受害者的宽恕的研究。

尽管心理学对于宽恕的研究尚处于零散状态，但已经开始显示出良好的发展势头。在最近的宽恕理论和评价研究中可以看到，研究者们做出了一些有益的尝试，这种尝试的结果必将把宽恕应用于发展人类健康生活方式方面。而且除了哲学之外，医学、政治科学、教育学等越来越多的科学领域都开始对此显示出浓厚的兴趣并介入这个非常有价值的研究。

宽恕研究在21世纪正展现出诱人的发展前景，宽恕也许并不是消除人类痛苦和矛盾冲突的灵丹妙药，但是，宽恕却能够有效地医治人类的心灵创伤。以往许多宗教和哲学的研究认为，宽恕是人类强大的驾驭人际关系和身心健康的基本前提。可以肯定，这些假设在今天和未来的研究中会依然存在，唯一不同的是它们将会被更加科学地加以研究和探索。

（原载《医学与社会》2009年第3期）

宽恕内涵的反思与重构

西方心理学对于宽恕的研究是以宽恕他人为主导，这是植根于西方的文化传统对于宽恕内涵的单一理解。中国的本土心理学应以宽恕他人和自我宽恕来构建宽恕的内涵，这是立足于中国传统文化中所蕴含的宽恕思想、中国人的整体思维方式、中国文化传统中的心性学说以及中国文化的社会关系取向，对宽恕内涵的新认识和新理解。此种认识和理解是对西方已有宽恕心理学研究的丰富、完善和发展，是宽恕心理学本土化研究的一种努力和尝试，有助于推进中国宽恕心理学本土化的研究进程。

宽恕是人类最基本、最重要的议题，是人类伟大智慧传统中的核心词语，是21世纪处理各种矛盾和冲突的积极选择。从20世纪80年代开始，宽恕作为一种基本和重要的社会、心理和道德现象，在全球化交往与和解的时代进程中超越了学科、地域和文化的边界，成了普遍性的概念和世界性的现象。美国心理学会前任主席塞里格曼（M. Seligman）提出心理学研究应致力于关切人类正向特质、长处、优势、力量和美德，以帮助人们追寻更真实的幸福与快乐，宽恕是这一光谱中最重要的一环。作为一种跨文化人类共通的美德，一种积极的力量优势，一种建设性的应对策略，一种真正的生命智慧，宽恕借由其对人类的共同福，因其所具有的道德价值、健康价值、生命价值、人性价值、精神价值而成为学界探究的新兴热门视域，成为心理学各分支学科广泛关注的重要主题。

对于宽恕内涵的深刻阐释是关涉宽恕心理学研究的根本问题。当前西方心理学关于宽恕的研究是以宽恕他人为取向，此种研究取向是把受害者视为宽恕的主体，是以宽恕他人来建构或彰显宽恕的内涵，并基于此开发宽恕的测量工具及干预手段，这是一种植根于西方的文化传统而衍生出来的对于宽恕内涵的理解。此种理解难以全面有效地诠释、了解、预测及干预中国人的宽恕心理及行为，尤其是在引证西方相关研究理论、概念及发现时，因其不能有效涵盖非西方人的宽恕心理的特有内容及历程，不免存在着本土契合性与否的商榷。因此，对于宽恕的中国本土心理学的研究，绝不能忽略中西方文化的差异。基于以上的体认和引导，本文试图将焦点锁定在宽恕内涵这一重要的理论问题上。在中国文化的背景下，以消解当代语境下人们对宽恕内涵存有的种种迷思为切入点，以反思西方心理学视域中的宽恕内涵研究的局限为前提，以发掘中国传统文化中蕴含的丰富宽恕思想为核心内容，以会通、融合中西文化中的宽恕内涵以及发展出适合中国文化传统的宽恕心理内涵为最终目的，对宽恕的内涵进行新的解读，建构符合中国文化传统的宽恕内涵与核心构念。希望借此更能契合中国的文化历史语境与关怀向度，为宽恕的深入研究提供一种新的眼光和视域，以进一步推进国内关于宽恕的本土化研究进程。

一　宽恕内涵的迷失与消解

长期以来，虽然不同的思想学派和先贤哲人们对宽恕的认识理解不尽相同，但都以不同的方式解读、诠释和认同宽恕存在的道德价值、生命价值和人性价值。然而，在当代的文化语境下，当一个浸透着宗教精神的价值观——“宽恕”正式进入人们的视域之时，其存在的合理性与正当性却面临着挑战和困境。其中的重要原因，是对宽恕内涵的理解存在各种错误的认知，对宽恕所具有的价值和意义缺乏足够的认识。正是由于这些错误认知观念、迷惑、困惑、疑惑的存在，使得个体在现实生活世界中，难以把宽恕作为生命中的自觉选择以及难以主动践行宽恕。换句话说，这种不愿宽恕的想法其实与宽恕的迷思和错误的认知有关。这些迷思和错误认知主要表现在：人们容易把宽恕想象为某种既含糊、抽象又高深的事物；会普遍认为宽恕是弱者的代名词；容易把宽恕与其相关概念视为等同，混为一谈。如有很多人会认为宽恕就是宽容（tolerance），宽恕就是赦免（amnesty），宽恕就是原谅（pardon），宽恕就是遗忘（forgetting），宽恕就是饶恕（excusing），宽恕就是和解（reconciliation），宽恕就是仁慈（mercy），宽恕就是违背正义（justice）等。这些误解的真实存在，使得人们不愿把宽恕作为处理伤害事件的一种生命选择。

可见，只有对宽恕的不完全或错误的迷思加以确定和澄清，进而消除人们对宽恕内涵的迷思和误解，才能有效地增进对宽恕的全面理解和有利于把握宽恕的真正含义。对宽恕与相关概念进行辨析与区分，有助于澄清由于世俗概念的影响而产生的对宽恕内涵的各种迷思和误解。易与宽恕混淆的相关概念包括原谅、赦免、饶恕、容忍、和解、否认、遗忘等。

“原谅”多是个体迫于外界环境的某种压力，克制和掩饰自己的报复行为和负性情绪，原谅并不会使内心的愤怒情绪消失。

“赦免”比较贴切于法律的领域，需要考虑行为的正当性或可辩护性。

“饶恕”主要发生于法律的范畴，是一个法律名词，涉及对一个被控事件的客观判断，而不是以受害者个人主观感受为依据。而宽恕是不局限于法律层面的。

“容忍”是指对冒犯的事情的忽视或不予理会，对违反道德的行为装作视而不见，或者认为自己所受的虐待是应得的，是对冒犯者的行为做辩解。宽恕的真正含义是受害者清醒意识到其所受的伤害是不公平的，而且不应再发生。

“和解”是透过双向互动关系确认放弃报复行动，是双方当事人在关系破裂后再次复合。当一个人表示愿意和解时，其和解的动机有时是非道德的行为，是为了取悦他人或者想获得某些好处和恩惠而采取的一种谋略，而并非由于对伤害者有善意。宽恕与和解存有关联性，但其含义却有所不同，宽恕只是和解过程的第一步，一个人能做到宽恕他人的过错，但不代表要跟对方复合。

“否认”是个体不愿意去承认、接受和直面痛苦的伤害，试图忘记痛苦的回忆，不愿意正视事情解决的情形。宽恕与否认不同，在宽恕的过程中，受害者是需要意识到并承认那些被伤害的事情的确发生过，而不是去否认它。

“遗忘”是刻意去忘记伤害，是要让那些受伤害的经验溜出个体的记忆，或有意地进行压抑，是一种自我逃避的行为。当个体面对深刻的痛苦时，遗忘有时反而会成为压抑的代名词。宽恕与遗忘不一样，宽恕不是遗忘痛苦，当宽恕一个人时，那些被伤害的经验仍然会停留在脑海中，宽恕的过程会使个体改变对过去伤害记忆的方式，目的是降低忧郁、焦虑情绪，增加幸福感和希望。[①②] 上述辨析表明宽恕不等同于原谅、赦免、饶恕、容忍、和解、否认、遗忘等所指涉，在宽恕与这些概念应有所区分上学者的意见较为一致。

宽恕是一个与社会生活有着内在关联的社会性、心理性和道德性概念，其所具有的价值是不容置疑的。近年来，宽恕作为积极心理学视域的一部分，更是日益显示出它重要的学术价值和应用潜力。国外在宽恕的心理学理论和实证研究方面取得了丰富的研究成果，这些成果使得人们对宽恕的理解和认识不断深入和完善。科学阐释宽恕内涵的目的是消解人们对宽恕的迷失，是增强人们的宽恕意识，学习宽恕理念，提升宽恕能力，践行宽恕行为，体认宽恕价值，具备宽恕之心。使宽恕真正成为当代人的一种普遍的道德共识，一种高尚的人文素养，一种反身自省的伦理规范，一种积极有效的道德行为，一种内在自觉和心理养成；使宽恕内化于个体的人格结构之中，成为一种美德；使宽恕融入个体的生活世界之中，成为当下的一种健康生活方式；使宽恕融进个体的本性之中，成为一种宽厚的道德品格，成为处理生命历程中消极方面的一种生命态度和强大的积极心理资源，成为修复人际伤害、提升身心健康和生命价值行之有效的一剂良方。因此，宽恕绝不仅仅是一个抽象的概念，在当今社会中，宽恕已经进入人们的生活世界和公共领域。宽恕是一个在日常生活和社会交往中具有真实力量、产生巨大实际影响的概念。通过厘清和消解当前人们认识中存在的迷思，从根本上解除这些错误观念对人的遮蔽，才能真正实现从“不宽恕”到“宽恕”的转换，才能真正使宽恕走进人们的心灵深处。

二　对西方心理学宽恕内涵的反思

对于宽恕的探讨，在学界并不是一个新课题。哲学、宗教神学、心理学、社会学、医学、教育学、政治学和法学等领域皆对此有相关论述。

---

① 李新民、陈密桃：《宽恕的测量及其与焦虑的潜在关联》，《教育心理学报》2008 年第 1 期。

② Robert：《宽恕治疗——解除愤怒与重燃希望之理论与应用》，林维芬译，洪叶文化事业有限公司出版 2008 年版，第 33—38 页。

学者们对宽恕内涵的解读亦存有差异和不同侧重，缺乏对宽恕定义的一致性。

心理学对于宽恕的密切关注，对于宽恕概念的深入及严谨思考，始于1980年。梳理西方科学心理学关于宽恕研究的相关文献，可以得到宽恕如下定义：最简洁的定义是考夫曼（M. E. Kaufman）提出的：宽恕就是放弃怨恨。[①] 皮格顿（J. pp. Pingleton）把宽恕定义为受害者受到伤害后放弃报复和惩罚侵犯者的权利和需求。[②] 诺斯认为宽恕是个体克服由冒犯者所引起的愤恨时所经历的心理历程，他认为宽恕包括避免消极情感和呈现积极情感两种心理成分。[③] 这类定义关注的是受害者受到伤害后对待冒犯者的态度及情绪的变化。恩莱特等人（1991）以诺斯的定义为前提，他们从知、情、意的心理结构出发，认为宽恕应包含受害者对侵犯者的认知、情绪和行为反应三方面。因此，他们认为宽恕是受害者在受到不公正的伤害后，其对侵犯者的负面的认知、情绪和行为反应的消失，并出现正面的认知、情绪和行为反应的过程。其认为宽恕包括六个成分：形成对冒犯者的积极认识、避免消极认识；呈现积极情感、避免消极情感；做出积极反应、避免消极反应。[④] 塞伯考威克（M. J. Subkoviak）认为宽恕是一个人克服对伤害者的怨恨，但并不否认受害者在道德上怨恨的权利，即使伤害者没有道德权利来获得受害者仁慈的对待和回应，受伤害者仍然试图以仁慈、怜悯，甚至是爱的新态度来面对伤害者。[⑤] 麦考夫对宽恕的经典界定以共情、利他和迁就理论为基础，认为宽恕的本质是指受害者对于伤害者在动机上有利他行为的改变，该改变过程降低了受害者报复和疏远侵犯者的动机，增强了受害者善待侵犯者的动机，并促使受害者与侵犯者和解。他们同时指出宽恕并不是动机，而是一个亲

---

① Kaufman M E, "The courage to forgive", *Israeli Journal of Psychiatry and Related Sciences*, Vol. 21, 1984, pp. 177 - 187.

② Gassin, "Interpersonal forgiveness from an eastern Orthodox perspective", *Journal of Psychology and Theology*, Vol. 29, 2001, pp. 187 - 200.

③ North J, Wrongdoing and forgiveness, *Philosophy*, Vol. 62, 1987, pp. 499 - 508.

④ Enright R D, The moral development of forgiveness, *Handbook of Moral Behavior and Development*, Vol. 1, 1991, pp. 132 - 152.

⑤ Subkoviak M J, Enright R D, WuC - R, Gassin E A, Freedman S, Olson L M, and Sarinopulos I, Measuring interpersonal forgiveness in late adolescence and middle adulthood, *Journal of Adolescence*, Vol. 18, 1995, pp. 641 - 645.

社会动机的变化过程。[①] 上述定义中，后两个定义具有可操作性也较为综合。麦考夫等人进一步说明人际宽恕的三个重要特质：首先它是发生在个体感受到他人所带来的伤害或不公平的行为；其次这些感受会引起受害者情绪的愤怒或恐惧、动机上的报复、认知上的敌意、行为上的回避及敌对行为等反应；最后通过实施宽恕，使上述负向认知、情绪、动机或行为反应得以缓解，利他行为及人际关系得以重新开始。

不难看出，虽然西方研究者对宽恕的理解多种多样，对宽恕的定义也不尽相同，但多是以宽恕他人为研究内容、研究取向、研究基调、研究导向，这是一种对宽恕内涵理解的单一构念、单一向度。这种研究取向是把受伤害者视为宽恕的主体，是以宽恕他人来建构或彰显宽恕的内涵，并基于此开发宽恕的测量工具，实施宽恕教育及宽恕干预，而忽视了伤害者主体性作用，忽视了对自我宽恕这一层面的研究。西方科学心理学关于宽恕内涵的单一构念源于或者说反映的是西方个人主义文化价值与思维模式。宽恕他人只是出于有利于自身健康的考虑，是出于受害者个人利益的目的，是受社会期望的影响而做出宽恕行动，其中用心思考是谋求受害者心理上的幸福感，而没有考虑对方的情形，忽视了伤害者的主体地位，忽视了伤害者心理上的幸福感。事实上，在现实的生活世界中，个体能够真切地体验到自我存在的价值，同时也对自己的过失、过错、罪恶感到懊恼、羞愧和自责，在越接近道德规范和标准的同时，就越难以释放心中的这份重负。自我宽恕作为一种力量，能够帮助伤害者消除负性情绪体验和内心的冲突，促进自我的整合与悦纳，不再受自责、悔恨的控制和奴役，不再被消极的自我概念所禁锢和驱使，不再感到焦虑、抑郁和痛苦，不再体验到自我的“解体”，能够促进积极的社会交往，提高生活的幸福感。

西方的科学心理学植根于西方的文化传统，西方文化传统一贯强调排斥性、二分法，过分强调人类中心主义、主体中心主义，忽视主体间性，忽视互为主体性，忽视共生关系。西方文化是以个体主义为核心的，西方科学心理学也因此成为唯我独尊、唯我主义、自我中心主义的心理学。西方的人际宽恕心理学植根于基督教神学，源自犹太教和基督教的

---

① Mc Cullough M E, “Interpersonal forgiveness in close relationship”, *Journal of Personality and Social Pshchology*, Vol. 73, No. 2, 1997, pp. 321 – 336.

思想传统，受西方基督文明价值的宗教性宽恕影响较大。因此，宽恕这个概念在西方文化中被染上了浓厚的宗教色彩，打上了宗教神学的烙印。最早的希伯来文圣经及后来的新约圣经被视为最早的全面描述人际宽恕概念的经典。在希伯来文圣经中，宽恕意指上帝将人的罪撤销、移除、覆盖或补偿过错；在新约圣经中，宽恕意为罪被挪除、获免刑罚，并且上帝与犯罪者间的和睦关系被重建。两者对于宽恕的解释，都意含着上帝无条件的爱和赠予，都强调宽恕他人是自己的责任。因此，基督教教义中宣称，每个人都需要赎罪，当他被给予宽恕时，他就应该学习对他人有宽恕之心。毋庸置疑，西方科学心理学关于宽恕的理论和应用充满了西方文化的特点，其对宽恕内涵理解、解说、阐释，是与西方文化传统“原罪（Original Sin）”的价值维度相一致的。原罪说是基于一种消极悲观的人性假设，认为“人之初，性本恶”，把性恶作为本体的存在。中世纪基督教思想家奥古斯丁认为，上帝是至善至美的造物主，按其意志铸造的万物也必定为善，但是，人类始祖亚当滥用自由意志而越天国戒律，偷吃禁果，违背上帝意志，蒙上罪性，并将此本性带入俗世而无力自拔，只能借助于上帝的救赎。[①] 与中国的文化传统不同，西方文化传统强调神性高于人性，强调上帝是自己的救主，认为性恶来自人性对神性的悖离。

西方心理学对于宽恕的探究开始呈现出良好的发展态势，所取得的一系列研究成果都增加了人们对宽恕的进一步认识和了解，有力地推动了宽恕的心理学研究。但是，必须承认一个事实，那就是，目前关于宽恕的心理学研究刚刚起步，其依然是一个非常年轻的研究领域，已有的宽恕研究还是非常零散和相对不成熟的，还有待于进一步深入探索。通过系统梳理、总结、检讨、反思西方心理学现有的宽恕研究，从总体上来看，其还存在一些局限、不足以及需要完善的地方。具体表现为：对宽恕概念的界定不一致；以宽恕他人为研究导向；测量工具缺乏和不理解；跨文化的研究十分匮乏。由此看来，西方心理学对于宽恕研究的局限，归根结底在于缺乏对宽恕内涵的科学阐释。因此，从中国本土文化传统出发，反思西方心理学关于宽恕内涵的不足和局限，发掘、提取和利用中国传统文化中所蕴含的丰富宽恕思想资源，建构符合中国本土文

① 黄海德、张禹东：《宗教与文化》，社会科学文献出版社 2005 年版，第 512 页。

化传统的宽恕内涵，有助于解决上述存在的概念界定不统一、测量工具缺乏、跨文化心理学研究缺失等问题，有助于更好地推进宽恕心理学的研究进程。

三　宽恕内涵的本土心理学构想

可以断言，西方文化传统绝不是诞生宽恕的唯一母体。宽恕也并非西方宗教、神学的专利品、专有名词，中国传统文化中蕴含着丰富的宽恕思想和理念，包蕴着不同于西方的宽恕语言、概念、名词、术语、谚语等文化传统。罗国杰在《中国传统道德》（规范卷）中开宗明义地指出，宽恕是中国传统道德中一个十分重要的规范，是处理个人与他人道德关系的基本态度和要求，是为人处世的基本准则。罗国杰从中国传统的思想典籍和文献中分析和概括出中国传统的宽恕思想为“恕为人则”“推己及人”“以直报怨”“平心容人”的论断。① 可见，中国古代的先贤哲人们对仁恕之道、恕人之心、恕人美德的极力推崇和倡导。傅宏对中国人的宽恕性情进行了深刻的文化阐释，他指出无论是在中国的古代，还是在当代，这种广泛存在于民间村落、社区、学校、工厂及公共场所的互谅互让、互助互惠的行为都可视为中国文化中互相宽恕的一种基本表现形式。② 傅宏从儒家宽恕观、中国古代民间的宽恕故事，宽恕谚语、宽恕格言、宽恕与忠、宽恕与仁等向度进行了一番系统考证，明确提出中国传统文化中有宽恕的文化传统和对宽恕的独特理解和阐释，中国人的宽恕心理在中国历史文化的场域中具有独特的历史文化内涵。

中华民族自古就有悠久的宽恕文化传统，有对于宽恕内涵的独特阐释，有不同于西方基督教的宽恕观。事实上，作为一种十分重要的社会、心理和道德现象，宽恕早已经融入中国人的生活世界，对普通人的心理生活和社会生活产生了十分重要的影响，发挥着不可替代的作用。中国本土的文化传统中存有丰富的宽恕文化资源、思想资源，这可以从中国传统文化中的一些关于宽恕的典故得以印证，例如“负荆请罪”“张英家

① 罗国杰：《中国传统道德》（规范卷），中国人民大学出版社 1995 年版，第 126 页。

② 傅宏：《中国人宽恕性情的文化诠释》，《南京社会科学》2009 年第 8 期。

书”“自责的宋英宗”等。因此，判断中国传统文化中有没有宽恕思想，绝不能以西方心理学的科学观和理论标准来审视和衡量，也不应该按照西方心理学的知识体系和理论框架来理解中国本土文化中的心理学。如果按照西方心理学的知识体系和理论框架作为衡量标准，必然会导致歪曲的理解。西方的宽恕心理学植根于西方文化传统，反映的是西方文化的核心价值，它并不是关于人类宽恕心理和行为的完整的理论知识体系，也无法做到正确地描述和解释中国特定社会文化背景下的个体宽恕心理行为。

在中国的文化传统中，虽然没有宽恕含义的准确定位，但在中国的文化传统中，却可以找到一些与宽恕相对应、相近、相关联的概念、名词、术语、范畴，如“恕”“仁”“善”“忠”“宽”“忍”“和”“慈悲”“感恩”等。以及可以从中国民间流行的谚语、俗语、故事中找寻到宽恕的例证。在这些概念中，“仁”和“善”是宽恕的基础，“恕”是与宽恕最为接近的概念，“礼”和“义”是在生活世界中调节我们社会道德行为（包括宽恕）的元素。

宽恕自古就是中华民族的传统美德，是调节人与人之间社会关系的最基本的道德准则。对于宽恕内涵的理解、诠释需要特别重视文化的影响。傅宏等人（2004）通过半结构个别访谈的质化方法，研究了中国二十七位学者、教师及研究生的宽恕影响因素，结果表明，中国文化传统的一些特质及儒家所倡导的意识形态，诸如仁慈、宽容、友善等是促成宽恕的重要因素，对他们的宽恕认知产生了重要的影响。① 回溯中国的文化历史，从对宽恕的谚语分析中不难发现，中国人的宽恕心理是具有自身独特的历史文化内涵的。② 中国谚语“得饶人处且饶人”“人非圣贤，孰能无过”“能忍为安”“吃亏是福”“唯恕可以成德”等，都表征着这样一个事实，即宽恕是存在于人们的日常生活中的，是普通人在日常生活中践行的一种美德，是一种达成修身养性有效的方式。具备宽恕的知行可以提升自我，使心灵得以成长，道德可以完成，人格也可以升华。可见，在普通人的日常生活中，宽恕是人们应对生命中不可避免的各种

---

① Fu, “Personality correlates of the disposition towards interpersonal forgiveness: a Chinese perspective”, *Interpersonal Journal of Psychology*, Vol. 39, No. 4, 2004, pp. 305 – 316.

② 傅宏：《中国人宽恕性情的文化诠释》，《南京社会科学》2009 年第 8 期。

矛盾、冲突和伤害的积极选择和理性行为。综合上述阐述可以认为，在中国的社会文化背景下，宽恕作为一种对普通人诸多方面产生重要影响的社会、心理和道德现象，具有客观存在的现实性和真实性。

纵观古今中外的诸多宗教学和哲学的研究，宽恕这个主题都曾被或多或少、直接或间接地提及、阐释和解说。除了基督教特别凸显宽恕的训诲，伊斯兰教、佛教谈的“慈悲为怀”，中国儒家强调的“仁爱”“忠恕之道”都间接强调了宽恕的重要性。由此可见，超越了语言、历史和文化等“话语”障碍和界限，宽恕应是不同文化、不同地域中的人们在其特定生活条件下共同认可和践履的人类经验与美德。宽恕的有些性质是许多不同文化所共有的，这一说法可以从宽恕的跨文化研究数据中得到证实。尽管不同文化对于宽恕的理解、表达方式及表达程度有所不同，但是宽恕并不是特定文化的产物。宽恕内涵存在文化差异，人们对宽恕的认识和理解不可避免地打上了文化的烙印。虽然在中国传统文化中，并没有出现现代西方心理学意义上的“宽恕”，但毋庸置疑的是，中国古代哲人先贤也讲“宽”和“恕”；也讲“善”“仁爱”“包容”“慈悲”；讲“宽则得众”“宽以养民”“唯恕可以成德”“恕而行之，德之则也”“得饶人处且饶人”等，这也说明宽恕具有跨文化的统一性、共通性和可沟通性，这是实现中西文化中的宽恕会通、融合的基础。

中西文化虽有差异，但绝非没有“最大公约数”。依据施奈德（C. R. Snyder）和洛佩兹（S. J. Lopez）强调的中西方积极心理学观点应统合、融合、整合的主张，[①] 基于中国文化传统互为依存、顾己也要顾他人的生存观、价值观、人性观，宽恕概念的内涵应包含宽恕他人和寻求宽恕两个构面。宽恕他人是基于西方科学心理学研究所强调的受害者对伤害者的积极心理反应，是指受伤害者从愤怒、憎恨、痛苦等负性情绪中走出来，以无条件的包容善待伤害者，是把受伤害者视为宽恕的主体。寻求宽恕是指伤害者对伤害他人的自我的积极心理反应，是伤害者从罪恶感、羞耻感的情绪中走出来，以正面的角度善待身为加害者的自己，是把伤害者视为宽恕的主体。成长是存在的唯一目的，这种将宽恕的内涵包含宽恕他人和寻求宽恕的二元架构，是建立在中国传统文化强调的

---

① Snyder C R and Lopez S J, Positive psychology: The scientific and practical explorations of human strengths, *Thousand Oaks*, *CA*: *Sage*, 2007, pp. 24 –26.

修身养性，中国人思维的整体性的基础上，是将宽恕他人和寻求宽恕二者等量齐观做法；是强调受害者和伤害者的统一与共同提升，是强调不仅要从受害者的角度出发，也要从伤害者的角度出发，强调二者共同的成长、提升和修身养性。自我宽恕内涵的提出，符合中国传统文化所倡导的“改过从善”“改过迁善”“改过自新”“重新做人”“人靠自修”的理念。

中国传统思维方式是一种系统思维，或称为整体思维，这种系统的思维方式是中国性，或者说是民族性、国民性、国民心理、文化特质的基本构成之一，它直接决定着人们的认知、心理、情志和行为，有别于西方个体主义的自我中心想象范畴的线性思维模式。[①] 整体思维是一种相对主义、关联主义的思维方式。这种思维方式强调一切事物都是相互关联、互为依存的，没有绝对的独立的存在。譬如，儒家倡导折中主义、中庸之道，道家提倡阴阳辩证思维、“齐万物”之相对论，中国佛家主张依存论、缘起论等，都表现出互为联系的思想。中国人在认识、思考问题时，自觉或不自觉地用整体的、联系的观点去看待和解决问题，这可以从中国古代先哲主张的“天人合一”“人我合一”“身心不二”“阴阳一体”的观念上得以证实。整体的思维方式使得中国人在为人处世方面，以及处理矛盾、冲突时，能从兼顾矛盾双方利益的认知取向出发，希望人人和谐，天下大同，而不是仅仅关注矛盾的一方。因此，在中国文化的场域中，从受害者和伤害者的角度出发来定义宽恕内涵是符合中国人整体思维方式的。

中国传统文化强调人性高于神性，人是自己的救主，肯定主体自我的内在价值，肯定自我的主导作用，主张通过自我内心修养、自我省思、立志向善，才能达成本心、自性的觉悟，透过自我的体悟、觉悟提升自己的精神境界，使心灵得以扩展和提升。在中国的历史发展长河中，维系社会伦理道德，调节个人心理平衡和精神生活不是依靠外在的“上帝”或“神”的力量，而是强调通过主体内在的道德自觉来约束自我、提升自我和完善自我。中国的文化传统主张人的精神境界的真正引导者并不是外在的，从来就没有什么救世主，一切都要靠自己，靠自主的引导。在中国传统文化强调的“克己”“为己”“成己”“反求诸己”，以及孔子

① 刘长林：《中国系统思维》，社会科学文献出版社 2008 年版，第 3—5 页。

倡导的为己也要为他的“忠恕之道”的文化价值取向里，“自我宽恕”和“宽恕他人”这一周全式二元理解，共同反映、展现、追寻的是整个社会和谐的生命美德、生命智慧。

中国文化传统的核心、精髓、主脉是心性学说。中国的文化传统有儒、道、佛的思想派别，每个派别都有自己的心性学说，即儒家心性说、道家心性说、佛家心性说。每个派别都发展出了体证的方法，涉及内圣与外王、修性与修命、渐修与顿悟。[①] 中国传统文化强调明心见性；注重修养自身的品性通过“诚意”“格物”“致知”“正心”，达到修身的目的，而后“齐家”“治国”“平天下”。儒家思想积极倡导和弘扬人的主体精神，特别是强调人的德性生命、价值理想的精进与提升，强调立己立人、成己成物。道家主张万物与我为一、天籁其物之宽容。佛家倡导普度众生、悲悯天下之情怀。儒、道、佛的思想派别都从不同侧面彰显了真善美的统一和人生价值的实现，其终极目的是成贤（道德境界）成圣（天地境界），达到人生的最高目标——“至善”的境界。孔子主张“修己以安人”“修己以安百姓”。古人的“虚己容人”“虚己容物”“恻隐之心、羞恶之心、辞让之心、是非之心，人皆有之”，彰显的皆是此种意涵。

中国的文化是以集体主义为核心的，强调天、地、人、物、我整体和谐的生态观，反对人与人之间的相互疏离和异化。中国人对世界的看法及与世界的关系，不是分割的，而是整体贯通的；不是外在的，而是内在的；不是站在旁边的，而是投入其中的。中国文化重统一性，有别于西方文化的重差别性。同时中国的文化也是一种将心比心的文化，此种文化是一种更具包容性的文化，是一种人与人之间相互联系在一起的社会道德化体系，是一个“己所不欲，勿施于人”的克己体系，这个体系是由由内而外不断放大的真诚、协调、共存、和睦、宽厚、温和、利他、建设性等元素构成。中国哲学家认为，天、地、人、物、我之间，心（知）、灵（觉）、神（明）之间，都是“相成”“相济”共生共存的关系，主张身心神形的合一与超越。

以儒、道、佛为主体的中国传统文化具有宽以待人、厚德载物的特征。因此，在中国传统文化中，无论是儒家的“恕道”“仁爱”“德性”

---

① 葛鲁嘉：《新心性心理学宣言》，人民出版社 2008 年版，第 380 页。

“和谐”，还是道家的“包容”“守柔”“利他”“不害”“和平”以及佛家的“慈悲”“度人”“舍身”等所蕴含的宽恕思想，都强调宽恕是一种心性修养的境界，一种回归自然本性的有效途径，一种为人处世应遵循的伦理道德准则，不仅利人，而且利己。因此，无论是受害者还是伤害者，都应通过认知宽恕、践履宽恕，达到修己安人、提升境界和实现生命存在价值这一终极目的。可见，中国传统文化中的“恕道”“仁爱”“包容”“守柔”“利他”“不害”“慈悲”等宽恕思想，是一种主张人人皆可成为尧舜的中国式宽恕智慧，是强调受害者和伤害者互为主体性，强调统一和“双赢”，有别于西方式的只强调受害者宽恕他人的理念，而忽视伤害者的成长。

基于中国本土的文化传统对宽恕的内涵进行新的诠释和解读，是对西方现有宽恕心理学理论的一种有益的补充、完善和发展，并由此会带来宽恕心理学研究的改变，会对宽恕已有的研究方法、测量工具、干预技术和手段产生重要的影响，同时也是对国内靠移植、临摹、照抄、照搬、照套西方心理学宽恕理论、概念、方法及测量工具的突破和创新，这必将有利于推进中国宽恕心理学本土化研究的进程。

（原载《阴山学刊》2013 年第 3 期）

宽恕的生命意蕴

在人类伟大的智慧传统中，经常会出现一些概念、术语、范畴，反映出一种人性共同的心理诉求：修复破碎的关系，寻求彼此的接纳，促进人际的和谐，追求人生的幸福，实现生命的价值，如慈悲、包容、仁爱、宽恕等。在这些众多的范畴中，宽恕以其所具有的道德价值、健康价值、生命价值、人性价值和精神价值成为21世纪处理各种矛盾和冲突的核心词，受到研究者的广泛关注。医学心理学家对宽恕关注的主要原因是宽恕与健康之间存在某种关联，以及宽恕在临床咨询领域中具有治疗价值。①②

然而，在当代的文化语境下，当一个浸透着宗教精神的价值观——"宽恕"正式进入人们的视域时，其存在的合理性与正当性却面临着困境和挑战。其中重要的原因是，长期以来人们对宽恕普遍存在着一种错误的认知和解读，对宽恕所具有的价值缺乏足够的认识，难以把宽恕作为生命中的自觉选择。例如，人们容易把宽恕想象为某种既含糊、抽象又高深的事物；普遍认为宽恕是软弱、退缩、无能、纵容、迁就的同义语；倾向于把宽恕等同于宽容、赦免、原谅、遗忘、饶恕、否认、和解、仁慈、违背正义等。尽管宽恕这个词具有很浓厚的宗教文化渊源，但宽恕绝不是一个抽象的概念。在当代社会，宽恕已经进入到人们的生活世界和公共领域，对人们的身心健康和社会交往产生重要的影响。基于以上的体认和引导，本文试图从宽恕的生命意蕴角度进行深入阐释，希望借此能够厘清、诠释和消解人们对宽恕存有的迷思。作为一种社会心理现象，宽恕具有生命转化的力量；是一种超越伤害的生命智慧；是人性心

---

① 陶琳瑾、傅宏：《宽恕治疗：基于东西方文化比较的研究》，《医学与哲学》（人文社会医学版）2010年第6期。

② 李兆良：《论医生的宽容心》，《医学与哲学》2010年第6期。

灵美德的彰显。深入地阐发宽恕的生命意蕴，有助于把握宽恕的真正含义。

一　宽恕——生命转化的力量

踏入21世纪，和谐、和解、和平成为人类社会发展的主旋律，健康、快乐、幸福成为人们追求的共同福祉。但人类生活的世界并不完美，还不是美德和智慧完善的世界，这种人类世界的不完美性决定了摩擦、矛盾、冲突、伤害、愤怒、仇恨、报复等存在的客观事实。然而，问题的关键在于，面对这些生命中不可避免之重、不可回避之痛，如何降低或减轻这些事件带来的伤痛，如何找寻到超越这些伤害的意义和心境，是选择宽恕还是怨恨和报复，是每个人必须认真思考的人生课题。研究显示，宽恕是一种具有转化生命中各种伤害、冲突、矛盾、仇恨和报复的积极力量，能够使自我和他人的生命得到转化，而怨恨和报复却如同癌症，使人陷入冤冤相报何时了的痛苦深渊而难以自拔。[①] 按照科勒曼（Coleman P）的说法，“由于我们人性和世界的不完美，宽恕是唯一克服仇恨和指责、达到成长和相爱的途径”[②]。宽恕在人类个体的心理生活、地区和国家生活、国际生活、灵性和宗教生活四个层面都具有转化生命的积极力量。可见，宽恕已不仅仅是一个道德命令或神学声明，作为一种社会、心理和道德现象，宽恕在全球化交往与和解的时代进程中超越了文化、地域和学科的边界，成了普遍性的概念和世界性的现象。美国心理学会前任主席塞利格曼提出心理学研究应致力于关切人类正向特质、长处、优势、力量和美德，以帮助人们追寻更真实的幸福与快乐。[③] 宽恕作为一种潜在的积极心理资本、一种优势力量、一种美德、一种亲社会的利他行为，是这一积极人性和积极心理光谱中非常重要的一环。毋庸

---

① 陶琳瑾、傅宏：《宽恕治疗：基于东西方文化比较的研究》，《医学与哲学》（人文社会医学版）2010年第6期。

② ［美］黑尔米克、彼得生：《宽恕与和解：宗教、公共政策和冲突的转化》，纪荣神译，中华福音神学院出版社2008年版，第381—382页。

③ Snyder C R and Lopea S J（Eds.），*Handbook of positive psychology*，New York：Oxford University Press，2002，pp. 3 –9.

置疑，宽恕所具有的正向转化力量和积极价值已经扩展至社会生活的各个领域之中。

在此意义上，可以毫不讳言地讲，我们这个时代需要宽恕。此外，宽恕的转化力量还体现在，宽恕能够促进个体的身心健康。作为一种自我保护机制，宽恕有助于释放愤怒与仇恨等负性情绪，从而可以影响个体的身心健康水平。宽恕对健康的意义和价值，已得到国内外大量医学心理学研究的支持。研究表明，不宽恕或低宽恕水平、报复欲强的个体长期承受和体验着不宽恕状态对身心的压力，这种不宽恕交织着愤怒、自责、仇恨、敌意、不满和恐惧，感受着强烈的自卑和自弃，导致个体情绪压抑、免疫系统功能下降，从而使个体产生不良的身心反应，出现高血压、心脏病等身心疾患。宽恕干预在临床上能有效地缓解患者的抑郁、自责、后悔、内疚、愤怒、焦虑和恐惧等情绪问题，甚至可以减轻癌症患者的心理压力。①

心理学和医学的研究都已证明，放弃恩怨可以改善情绪，促进身体健康，反之，抱有仇恨和报复心理则会扰乱个体良好的生活状态，破坏自身的内稳态。西方医学心理学界最近流传一句名言，即“宽恕那些伤害过你的人，不是为了显示你的宽宏大度，而首先是为了你的健康，如果仇恨成为你的生活方式，那你就选择了最糟糕的生活”。

二　宽恕——超越伤害的智慧

被美国《时代周刊》杂志誉为宽恕研究先驱的美国著名心理学家恩莱特曾明确指出，宽恕是一种“人类长期的智慧”，有助于消解人与人之间、团体之间乃至国家之间的矛盾和冲突，促进人类社会的和谐发展。这一观点是恩莱特多年致力于宽恕的心理学研究而得出的科学结论。生命智慧是一种生命创造和超越生命的修身、修为、修心和修性的内在自我提升的智慧。生命智慧可以说是中国哲学最为关切的核心主题，中国传统文化中儒、道、佛三大流派的精髓、核心理念都是关于“生”的智

① ［美］恩莱特：《宽恕治疗——解除愤怒与重燃希望之理论与应用》，林维芬译，洪叶文化事业有限公司出版社 2008 年版，第 19 页。

慧。儒家思想中的“仁恕”，是一种生命智慧；道家倡导的“包容”观念，具有深刻的生命意义；佛家文化中的“慈悲”，归根结底也是生命智慧。

宽恕作为一种智慧，意味着能使受害者以一种更加积极的态度去看待和解释事件、伤害者所具有的积极面，使受害者能更加理性地分析、审视、处理所面对的问题，从而有助于消解仇恨，克制由仇怨引发的报复行为。伤害事件发生后，个体选择具有破坏性的愤怒和报复作为应对策略，会使当事人出现怨恨、仇视等失衡心态，时刻被愤怒、报复情绪所驾驭和笼罩，陷入冤冤相报何时了的恶性循环而不能自拔，在伤害他人的同时，最终伤害的是自己。然而，面对伤害的另一种应对方式，是愿意选择宽恕作为应对策略，受害者以一种同感的方式推想他人，从伤害者的角度出发，来了解伤害事件以及伤害事件背后的原因，并能够选择合适机会与伤害者进行沟通，以达成二者之间关系的复合。

在人类的生命历程中，不可避免地会经历各种伤害、冲突、矛盾、关系破裂等事件，需要个体学会有效地应对、处理、修复、降低此类事件对当事人所造成的消极影响。显而易见，是非恩怨是人生的羁绊，处理不当会严重影响生命价值的实现。当个体面对生命中不可回避的各种伤害时，不同的选择会产生截然不同的生命结果。学会以一种宽恕的态度和行为来审视和处理现实世界中的各种矛盾和冲突，会使个体不会在一些恩怨是非上纠缠不休，而是着眼于和平、希望和未来。宽恕作为人类社会中一种重要的生命智慧，能够使冲突和伤害带来的压力和张力降到最低。宽恕表达了社会共同体彼此相互依赖、和谐共处的强烈心理诉求。以宽恕作为应对和处理方式，能化戾气为祥和，化干戈为玉帛，使当事人心灵得以释放和自由，不再被强烈的痛苦和仇恨所禁锢。宽恕的心理历程能够使个体产生正向的情感体验、更高的安全感、更为积极的自我意识、更加强有力的自我效能感，从而获得更高的社会支持。否则，就会出现这种情况：“有一个人渐渐消失，因为他的生命变得只剩下一连串的埋怨和愤怒。”在此意义上，宽恕被视为一种实现人生存在价值和意义的生命智慧。

三 宽恕——是人际和谐的诉求

毋庸置疑，在西方文化背景下，尤其是在积极心理学视域下，宽恕的一个明显价值和功能，就体现在人际关系层面上。作为一种亲社会利他行为，宽恕有助于个体建立、维系和修复与他人的良好人际关系，宽恕的目的在于重新修补破裂的重要人际关系，能够为个人、家庭和社会带来益处。

中国传统文化是一种基于社会关系取向的文化，这种文化注重建立和维系与他人良好的人际关系。梁漱溟先生认为中国社会既不是社会本位，也不是个人本位，而是关系本位，这一观点指出关系在中国社会的核心地位。中国传统伦理学将宽恕与恕道视为同义的美德，是一种人际善意共存意识。孔子早在春秋战国时期，就提出“己所不欲，勿施于人”的“忠恕之道”思想，并把其视为儒家仁学“一以贯之”的践行之道和处理人和人之间的根本的为人处世之道，成为中华民族的传统美德之一。儒家主张，人是一种关系的存在，宇宙、天地万物、人类社会都必须处在以情感性为基础的和谐群体人际关系之中。此外，在中国古代思想史中，存有多种关于人我关系的理论主张，如仁爱论、贵己论、兼爱论、不争论、无我论、内外交互论等。儒家倡导的“恕道”成为维系中国传统社会人际和谐有效的伦理原则，儒家以人性本善为前提假设，从人性中蕴含着天理来诠释“恕道”的本质，认为尽己和推己及人都是对人性中固有的天理的顺应、把握、觉解、体悟和践行，是依循天理的要求处理人际关系，实现人际和谐和社会和谐。

显然，宽恕不仅可以帮助人们接纳自己，而且可以转化一个人怎么看待自己，以及怎样看待和回应伤害者，从而能够医治人生中因误解、摩擦、冲突、矛盾和攻击而使人们主观感受到痛苦、不公正、不合理和不受尊重等心灵的伤痛，能够提升自尊，改善人与人之间信任程度。在当代社会，受害者和伤害者双方都应承认对方作为人的基本价值，在现实生活中积极投身于修补已破裂的人际关系之中，并需要诚心地悔改和彼此宽恕，这样整个社会才能走向和谐。可见，宽恕是全人类共有的一种追求人际和谐的心理需求，是想与他人和谐共处，对他人持有正性情感，把冲突和伤害的压力和张力降到最低。

四　宽恕——人性美德的彰显

在当代西方积极心理学的脉络里，宽恕被视为一种美德、一种长处。积极心理学的发起人塞利格曼指出美德包括心灵的超越、正义、智慧和知识、修养、人道与爱、勇气六大范畴。塞利格曼把达成美德的方式称为长处，宽恕是心灵的超越范畴中所包含的长处之一，是人获得心灵的超越的美德。美国著名心理学家彼得森把宽恕视为一种优势美德，具有这种美德的人，报复心不重，易于宽恕那些犯错误的人，愿意给他人第二次机会。①

在中国的文化传统中，宽恕自古就被视为中华民族的美德或者说是一种德性、德行，是中国传统道德中一个十分重要的规范。②“恕”在中国文化传统中，不仅被视为美德，更被看作人终身行之的道德准则。孔子提倡“恕道”，其实佛家的“慈悲”也是恕道。儒家讲“泛爱众，而亲仁”，“爱人是恕”，佛家讲“怨亲平等”，都是一种美德。中国传统文化将宽恕与孔子倡导的“己所不欲，勿施于人”的“恕道”视为同义的美德，认为“恕道”是宽仁之道，是一种人际善意共存意识，并把其视为儒学“一以贯之”的践行之道，成为维系社会和谐、人际和谐、自我和谐的根本为人处世之道。《忍经·劝忍百箴》讲“唯恕可以成德”；《传家宝·群珠》讲“恕则无人我之私，故能进于德”；《左传·隐公十一年》中有“恕而行之，德之则也”；《左传·襄公二十四年》讲“恕思以明德，则令名载而行之，是以远至迩安”。即用宽恕的思想来显明自己的德性。《孟子·尽心上》中有：“强恕而行，求仁莫近焉。”意思是说，以推己及人的恕道去行事，是追求仁德最近的途径。由此可见，宽恕在中国传统文化中是一个调节人与人之间关系最基本的道德法则。

宽恕是人类共通的美德，是一种普遍的人性渴求，是世界人性化进

① ［美］克里斯托弗·彼得森：《打开积极心理学之门》，侯玉波、王非，等译，机械工业出版社 2010 年版，第 4—5 页。

② 罗国杰：《中国传统道德》（规范卷），中国人民大学出版社 1995 年版，第 126 页。

程中普世性的价值伦理。德里达对此有精彩的论述:"宽恕这个既复杂而又充满差异乃至冲突的传统,既有其特殊性又以某种戏剧的场面在普世化的道路上走着。"① 中西文化皆把宽恕作为自己文化的基本元素。也就是说,宽恕是西方文化和中国文化传统的共同美德。因此,无论是儒家的"仁恕"、佛家的"慈悲"、道家的"包容",还是源自西方文化传统的"宽恕",都被看成一种人生体验的美德。

中西方文化都强调宽恕是一种人性中"善"的彰显和表达,宽恕是对人类向善本性和法则的顺应和尊重,是回归和呈现人类道德本性的有效方式和途径。西方心理学者达契尔(Dacher K)在其所著的《生而向善》一书中指出,"善者生存"和"适者生存"或许同样具有正当的理由,同样符合人们有关人类起源的描述,人类在不断进化的过程中催生出诸如宽恕、感恩、爱、敬畏、微笑、同情等善的情感。② 确立一种宽恕的"生命观",就是顺应和尊重人性中固有的善的本性和法则。因此,宽恕不是外在强制力量的产物,而是现实世界中各种违背善的本性的事物对人们的内在诉求。

"善"是中国文化传统人性哲学中最为核心的一个概念,仁、义、礼、恕都被视为"善"的不同表达方式。《中庸》有"心正而行修曰善"之说,可见,善包括善心、善念、善意和善行。从包含从属的关系来看,中国古代先哲们认为,宽恕包含于善之中,是善的一个从属概念。中西方文化中的"宽恕"的核心要义都被认为是一种爱和至善的力量。依据西方心理学家对宽恕的解释,放弃仇怨与愤怒,摒弃报复行为,与冒犯者和好等是宽恕所包含的要素,而这些要素与善所包含的要素恰好相吻合。施维尔对宽恕进行了非常详尽的论述。他从四个层面凸显了宽恕丰富的意涵:第一,宽恕的行动始终弥漫着道德判断的回忆(善念);第二,宽恕的行动会放弃报复,同意容忍(善意);第三,宽恕的行动引发对仇敌的人性有一份同理心(善心);第四,宽恕的行动旨在修补一段破裂了的人际关系(善行)。③ 施维尔的这一论述清楚地表达了宽恕所具有

---

① 张宁:《德里达的"宽恕"思想》,《南京大学学报》(哲学·人文科学·社会科学)2001第5期。

② [美]达契尔:《生而向善》,王著定译,中国人民大学出版社2009年版,第2页。

③ Donald Shriver Jr, *An Ethic for Enemies: Forgiveness in Politics*, New York: Oxford University Press, 1995, pp. 6–9.

的善的含义。

探究宽恕的真正目的在于把握宽恕的真正含义；在于使人们能充分认识和理解宽恕给个体身心健康和人类社会带来的价值和意义；在于提高对宽恕的正确认知，增强宽恕的自觉意识，提升宽恕的实践能力，体验宽恕给生命带来的益处。通过科学认知和实践宽恕，有利于实现自我和谐、维系人际和谐以及促进社会和谐；有利于使宽恕成为当下的一种健康生活方式、一种力量、一种智慧、一种美德、一种处理生命历程中消极方面的积极选择；有利于提升当代人的精神境界、身心健康水平以及领悟生命存在的价值和意义。

做出宽恕的理性抉择，也许在现实的世界中无法立即获得显见的回报，但毋庸置疑，它在人类的心灵深处必能激起巨大的回响，也正是这种心灵中的巨大回响，铸就着人类的历史、人类的当下，也毫无疑问地铸就着人类的未来。事实证明，宽恕无法改变过去，却能够改变未来，让未来变得开阔，让人生充满希望，让心灵得以自由，让生命得到转化。或许正是在这个意义上，诺贝尔和平奖获得者南非大主教德斯蒙德·图图才大声疾呼：“没有宽恕就没有未来！”

（原载《医学与哲学》2012 年第 6 期）

儒家“忠恕”思想与身心健康探析

“忠恕”是儒家文化中的一个重要概念，是贯通孔子学说的核心内容，是儒家仁学“一以贯之”的践行之道和根本的为人处世之道。《论语》中的“忠恕”因其丰富的内涵以及在孔子学说中的重要价值，完全可以称为“忠恕之道”。之所以被称为“道”，是因为它表达了儒家的基本人道理念。儒家的“忠恕之道”是一个统一的概念，其含义为“己所不欲，勿施于人”，意为自己不愿意的事情，不要推到别人身上。也就是说，要善于变换角度，从对方的立场思考问题，严以律己，宽以待人，行宽恕之道。“忠恕之道”是儒家思想的一个重要组成部分，是仁爱思想的重要表现，是孔子行仁践仁的基本行为原则，是用来调节人际关系的重要道德规范。儒家“忠恕之道”蕴含着丰富的心身健康理念，是可以借鉴和吸收的宝贵思想资源，对于提升当代人的心身健康水平和构建和谐社会有着深刻影响和重要启示。

一 “忠恕”概念解读

（一）“忠恕”是不是一个概念

对于孔子“忠恕”思想的探讨，在学界并不是一个新课题。对“忠恕”概念的解释，在早期中国思想家笔下往往各有侧重，但总的来看，大致可分为两种。第一种是把“忠恕”看作一个统一的概念进行阐释，第二种是把“忠”和“恕”看作两个并列的概念进行理解。历代儒家学者多倾向于将“忠恕”视为一个统一的概念。但也有学者将“忠恕”视为两个并列概念，[①][②] 并将二者进行比较，如有学者将“忠”称为“金律”而将“恕”称为“银律”。[③] 对该观点持反驳意见的学者则认为，各家在诠释忠恕时，大都采取了先总释后分释的方法。分释时，也不是将“忠”“恕”二字平行对待，而是从内外、体用、本枝、己物等视角出发，说明其主从或因果关系，结论都是相同的，即“忠恕”是一个概念，而不是两个并列的概念，这一统一忠恕的分析和认识，是完全正确的。如有学者认为“忠”“恕”并非积极和消极的并列关系。[④]《论语·里仁》篇载，子曰：“参乎！吾道一以贯之。”曾子曰：“唯。”子出，门人问曰：“何谓也?”曾子曰：“夫子之道，忠恕而已矣。”曾子在解释孔子“吾道一以贯之”时说：“夫子之道，忠恕而已矣。”[⑤]“忠”与“恕”实际只是“一”道，故孔子说“吾道一以贯之”，若把“忠”与“恕”两者割裂开来，则“吾道”成为两道矣。在孔子的“一”道中，包含着“己欲立而立人，己欲达而达人”和“己所不欲，勿施于人”统一而深刻的意涵。后儒陈淳云说：“大概忠恕只是一物，盖存诸中者既忠，发出外来便是恕，故发出忠的心，便是恕的事，做成恕的事，便是忠的心。”（《北溪字义·忠恕》）宋儒黎靖德也说：“忠、恕两个离不得，方忠时未见得恕，及至恕时，忠行乎其间。”（《朱子语类》卷六）在后儒看来，忠恕是合一的，不可分的，也是不能分的，两者有着相互规定、补充和包含的意思。

（二）“忠恕”概念的内涵

“忠恕”是孔子思想中的重要概念，是儒家伦理道德的基本范畴，亦称“忠恕之道”。后儒也将“忠恕之道”称为“挈矩之道”，即这种道以本人自身为尺度，来调节本人的行为。《礼记》中的《大学》篇说：“所恶于上，毋以使下；所恶于下，毋以事上；所恶于前，毋以先后；所恶于后，毋以从前；所恶于右，毋以交于左；所恶于左，毋以交于右，此之谓挈矩之道。”宋代朱熹在注释《论语》的“忠恕之道”时讲“尽己

---

① 冯友兰：《中国哲学简史》，北京大学出版社 1996 年版，第 9 页。

② 杨伯峻：《论语译注》，中华书局 1980 年版，第 12 页。

③ 冯浩菲：《关于孔子忠恕思想的界说问题》，《孔子研究》2003 年第 4 期。

④ 卜师霞：《孔子忠恕思想的内涵》，《孔子研究》2007 年第 5 期。

⑤ 朱熹：《四书集注》，三秦出版社 2005 年版，第 3 页。

之谓忠，推己之谓恕”。[①] 或曰：“中心为忠，如心为恕，于义亦通。”[②] “忠”是尽己为人，尽力为人谋，是推己及人的肯定方面，推之的否定方面是“恕”，“恕”指推己及人，如人之心，即“己所不欲，勿施于人”。推己及人的这两个方面合在一起，就称为“忠恕之道”，就是“行仁之方”。

从辞源的角度来看，“忠”一般认为始见于战国时期的金文，其结构是上“中”下“心”，因此《说文》解释为：“忠，敬也，尽心曰忠，从心从中。”讲的是“忠”外化的态度。从史籍中对“忠”的溯源来看，其含义包括以下几个方面：一是喻指诚信；二为敬；三即质朴纯真；四则是无私。以上表明，“忠”之本义是古代的一个普通德目，它展示的是人诚实、敦厚的德性状态，也是人与人相处交往的基本伦理规范。关于“恕”的解释，较早的可能是王逸，在他注的《楚辞·离骚》中有“羌内恕己以量人兮，各兴心而嫉妒”句和“以心揆心为恕”。另有《新书·道术》：“以己量人谓之恕。”这些可能合于“恕”的本义。《说文》训“恕”为“仁”显然是受了《论语》的影响。因此，恕的本义可能是“推己及人”，这也合于“如心”之义。孔子说：“己所不欲，勿施于人”，就是说，自己所不喜欢、不愿意的事，也不要强加给别人；一个人不愿意别人这样对待自己，也不要这样去对待别人，这就是宽恕包容待人的意思。由此可见，“己所不欲，勿施于人”最能表达儒家“忠恕”思想的精要。

二 “忠恕”与“仁”内在统一关系

在孔子整个思想学说体系中，“仁”是其理论核心。“仁”的实质和基本内容是“爱人”，此种“爱人”又是推己及人，由亲情而扩大到泛众。在孔子“仁”所包含的众多内容中，“忠恕”更具有它的主导性、概括性和纲领性，所以，曾子才说，孔子之道，“忠恕”而已也。在曾子看来，孔子的全部学说思想用“忠恕”二字就可以加以概括。“仁”是一种

① 朱熹：《四书集注·论语·里仁》，三秦出版社 1998 年版，105 页。
② 朱熹：《四书章句集注》，中华书局 1983 年版，第 72 页。

内在的道德情感，对于个体而言，行“仁”关乎“立世”。“爱人”则是这种情感的外显，要“爱人”，必须要具备修养和道德心。因而，通过什么方式、怎样去“爱人”，就成为仁德的具体行为规范。孔子以“仁”为核心展开的关于人类社会的应然之思，在落实、贯彻到具体实践领域时，其主要内容必然转换为具体行为规范，而这种行为模式就是孔子提出的“忠恕之道”。也就是说，忠恕合一就是仁道，就是更好地行“仁”之方。①

“忠恕”是孔子仁学思想的重要内容，是贯穿仁学的基本观念，是仁爱思想的重要表现，是孔子行仁践仁的基本行为原则和方法。“忠恕”是仁爱这个统一体推己及人的两个方面。也就是说，在以“仁”调节人际关系时，一方面，对人应尽心尽力，奉献自己的全部爱心；另一方面，设身处地地为他人着想，不苛求于人。在《论语·雍也》篇中，孔子和子贡另有一段对话：子贡曰：“如有博施于民而能济众，何如？可谓仁乎？”子曰：“何事于仁！必也圣乎！尧舜其犹病诸！夫仁者，己欲达而达人，己欲立而立人。能近取譬，可谓仁之方也已。”“忠恕之道”体现了仁爱精神，其核心就是仁爱，因为只有具有仁爱情怀，才能做到“己所不欲，勿施于人”。可见，忠和恕存在于“仁”的过程中并构成“仁”本身。② 从孔子学说的整体来看，恕是实现社会理想“仁”的直接途径和中介，具有方法论的地位。“仁”“恕”同本同源，“恕”是“仁”之实行，行恕至“无己之可克”则是“仁”了。《说文》训“恕”为“仁”，段玉裁注曰：“为仁不外于恕，析言之则有别，浑言之则不别也。”总之，仁学体系“一以贯之”的精髓是“忠恕之道”，它使得“仁”的思想更加具体化，切实可行，是至诚与至善合一的人性论。③

三 “忠恕之道”蕴含的健康理念

“忠恕”作为一种道德修养和规范已经被纳入健康的范畴。儒家“忠

① 汪秀丽、郎敏：《也谈忠恕思想的界说——与冯浩菲先生商榷》，《安徽大学学报》（哲学社会科学版）2005 年第 6 期。

② 邵俊峰：《释“忠恕”》，《大连大学学报》2006 年第 1 期。

③ 吴正岚：《金圣叹的心性论与晚明思想的困境——以“忠恕”说为核心》，《南京大学学报》（哲学·人文科学·社会科学）2006 年第 4 期。

恕之道”中蕴含着丰富的心身健康理念，对于人如何实现健康的生活状态和提升个体的生命境界有着深刻的论述。“忠恕之道”强调社会性取向，主张在特定的社会生活中理解和把握人的心身健康状况，在与周围他人交往过程中通过包容生命中的不同部分以及提升自己的主动性，达到健康的生活状态。“忠恕”思想的核心理念是忠诚地面对自己内心的良知，宽容地对待他人，有一颗宽恕心，真正做到尽己和推己，以积极健康的心态直面当下和未来，就会避免心身疾患的发生。一个人内心宽阔、包容、明亮，才能做到“不忧不惧”，才能实现最健康的生活状态。儒家“忠恕之道”对于人类心身健康价值的必然性，应当得到当代人的传承、借鉴和充分关注。应当成为当代人人际认知的原则、方式和信念，应该融合于人格和生活之中，成为当代人的一种健康生活方式，通过认知和实践“忠恕之道”来提升当代人的心身健康水平。

四 “忠恕之道”对构建和谐社会的启示

儒家“忠恕之道”成为维系中国传统社会人际和谐、人与自然和谐有效的伦理原则，“忠恕之道”充分体现了社会心理学中有关人际交往的对等律、利他主义、替代体验等普遍规律，为建立和谐的人际关系起到了积极指导作用。[①]“忠恕之道”倡导的思想正符合中国现阶段构建和谐社会的发展要求，其观点对于中国构建和谐社会有着重要的启示意义。儒家以人性本善为前提假设，从人性中蕴含着天理来诠释“忠恕之道”的本质，认为尽己和推己及人都是对人性中固有的天理的把握、觉察、体悟和践行，是依循天理的要求处理人际关系、实现人际和谐、完善人的本性。人际和谐是和谐社会的重要维度，是构建和谐社会的一个重要基础、重要条件和不可或缺的重要内容。“忠恕之道”包含着丰富的调和人际和谐思想，它主张以自身的心理感受和爱憎好恶去理解和推知他人的感受和爱憎好恶，强调对人、对家庭、对国家要忠、信，倡导在处理人际关系时要胸怀宽广豁达，有宽恕心。重新检视和厘清儒家千百年倡

① 张吉勇：《中国人人际交往中“忠恕”之道的心理学分析》，《社会科学论坛》2008 年第 7 期。

导的“忠恕之道”，不难发现，其在本质上追求的是一种社会的和谐，体现的是一种“有人无我”之精神，是一种保持健康和幸福行之有效的良方，其目标是使社会能够长治久安。“忠恕之道”对于今天构建和谐社会，实现人与人、人与自然的和谐具有重要启示。

在西方科学心理学的思想脉络里，宽恕这个概念在20世纪的全球化交往与和解的要求中成了普遍性的概念，成为一个受到广泛关注的热点课题和一股重要潮流。[①] 在今天全球化背景下，在处理国家层面、民族层面以及个人层面之间的关系时，应大力弘扬和彰显儒家的“忠恕之道”。“忠恕之道”所蕴含的思想和文化价值，是可以借鉴和吸收的宝贵资源、传统和理念，是中华民族宝贵的精神财富，应当成为当代人反身自省的道德规范。

（原载《医学与社会》2009年第12期）

① 李兆良：《国外关于宽恕的心理学研究述评》，《医学与社会》2009年第3期。

消解人们对宽恕的误解

在人类伟大的智慧传统中，经常会出现一些概念、词语、术语、范畴，反映出一种人性共同的渴求和终极关怀：修复破碎的关系，寻求彼此的接纳，达成你我的谅解，促进人际的和谐，提升自身的境界，探寻人生的意义，实现生命的价值，追求人类社会共同的福祉。这些词语有宽恕、仁爱、善良、希望、乐观、勇敢、坚毅、感恩、诚信、慈悲、包容等。其中，宽恕以其所具有的学术价值、研究价值、道德价值、健康价值、生命价值、人性价值、精神价值、社会价值、应用价值、生活价值而成为21世纪处理各种矛盾、冲突和伤害的核心词语，受到人们的广泛关注。[①]

自20世纪80年代起，宽恕作为一种社会、心理和道德现象，在全球化交往、对话、发展、和谐、和解、和睦、和平的时代进程中超越了文化、地域和学科的边界，成为普遍性的概念和世界性的现象。[②] 在过去几十年中，有关宽恕的研究在心理学各分支学科领域迅速兴起，受到了心理学研究者的关注。然而，当一个浸透着宗教精神的价值观——“宽恕”正式进入人们的视野时，其存在的合理性与正当性却面临着挑战和困境。

长期以来，人们对宽恕普遍存有各种迷思和误解。[③] 这种种迷思和误解一方面表现为，人们容易把宽恕想象为某种既含糊又高深的概念，认为宽恕是一个抽象的宗教和哲学范畴，是一个脱离现实生活虚幻难懂的道德命令或神学声明，与普通人之间没有关联；另一方面，人们会普遍认为宽恕是软弱、退缩、容忍、无能、屈服、纵容、迁就、低人一等、无路可走、权宜之计、正义倒退等的代名词。甚至有部分人持有这样一

---

① 李兆良：《宽恕内涵的本土心理学反思》，吉林大学2007年第1页。

② 李兆良：《宽恕内涵的本土心理学反思》，吉林大学2007年第7页。

③ ［美］恩莱特：《宽恕治疗——解除愤怒与重燃希望之理论与应用》，林维芬，等译，洪叶文化事业有限公司出版社2008年版，第31页。

种认识，即“犯错乃人之常情，宽恕则超凡入圣”，认为宽恕这种美德只有圣人才能做到，普通人是难以达成的。还有人把宽恕与其他相关概念混为一谈，认为宽恕就是宽容、赦免、原谅、遗忘、饶恕、和解、否认、容忍、合理化、仁慈，甚至违背正义等。因此，非常有必要对宽恕的各种迷思和误解进行深入的辨析和进一步的澄清。在这一点上，中外的很多学者具有一致性。①

通过深入分析不难发现，无论是在常识水平上，还是在科学研究水平上，大多数人不了解宽恕的真正含义。正是由于这些对宽恕的错误认知和理解，使得人们在面对各种伤害、冲突和矛盾时，难以把宽恕作为处理伤害事件的一种积极选择。尤其在倡导公平正义至上的现代社会中，很多人似乎担心宽恕会导致犯罪与伤害性事件增加，怕再受到进一步的伤害，怕被人看作懦弱的表现，怕公平正义无法伸张，怕失去要求对方赔偿的权利，怕纵容他人犯错，等等。因此，非常有必要对什么是真正的宽恕进行阐发，只有从根本上消解这些错误观念和迷思对人们的遮蔽，才能对宽恕有一个正确的理解和把握，才能使宽恕成为人们处理生命中各种不可避免之痛的心理自觉。

首先，真正的宽恕绝不是懦弱、无能和胆小，更不是卑微和低人一等。“懦弱”是一个贬义词，意指软弱无能，胆小怕事，缺乏力量又无勇气。该词含有批评的感情色彩，适用于形容人的性格、行为、表现等，是人格当中一种自卑胆小、回避屈从、消极颓废、无力反抗、害怕逃避的表现。宽恕与懦弱具有完全不同的精神气质，真正的宽恕不但不是消极退缩、缺乏自尊和低人一等的颓废状态，相反，真正的宽恕代表的是勇气和力量，表现的是勇敢和智慧。事实上，一些受害者在选择宽恕伤害者时，他们是处于权利的一方，而非屈从的一方，他们有权利惩罚对方，他们的宽恕行为是在对伤害性事件有充分的觉察之后做出的个人理性选择，是宽恕者宽恕后可以再寻求对方的公平对待。因此，真正的宽恕绝不是对伤害的懦弱或处于劣势的消极反应。

其次，真正的宽恕可以与社会正义并存和相容，不是纵恶，更不是

---

① Mc Cullough M E, Paragament K I and Thoresen C E, *The psychology of Forgiveness: history, conceptual issues, and view*, In M E Mc Cullough, K I. Pargament and C E Thoresen (Eds.), *Forgiveness: theory, research, and practice*, New York: Guilford Press, 2000, pp. 1 - 14.

纵容，而是扬善，是人类道德之爱的彰显；宽恕不会阻碍公义，也不会使社会公平、正义倒退。真正的宽恕是基于道德原则，[①] 不是因为外力强迫，也不是把宽恕当作达成某种目的的手段。真正的宽恕不是一种权宜宽恕或假性宽恕，权宜宽恕或假性宽恕并不能真正使人获得内心的平静和自由，反而会使人进一步陷入无休止的愤怒中。真正的宽恕使人们更能看清不公平的存在。当一个人开始直面和审视所发生的伤害性事件，并允许和接纳自己的愤怒情绪发生时，他就开始认清对方的行为是“不公平的”或是“错误的”，而不是使宽恕者自我蒙蔽和失去理性。一个被害者可以同时选择宽恕与公平，受害者宽恕了对方的同时，可以要求对方补偿。也就是，“记得而宽恕”，[②] 对公平正义的正确认知是宽恕的前提。例如，一个被小偷窃走100元钱的人，他可以选择宽恕小偷的同时要求小偷还钱。事实上，一些伤害者可能会因为对方的宽恕而改变自己。由此来看，宽恕具有预防伤害行为进一步发生的功能，从某种意义上来说，这也是一种公义。

最后，真正的宽恕是出于个人内心的自由选择，符合人类积极本性，是基于道德原则，不是对自己不利，也不会导致与自我的疏离。相反，宽恕能使当事人挣脱愤怒、仇恨等负面情绪的困扰，恢复内心的平静与和谐。被美国《时代周刊》杂志誉为宽恕研究先驱的美国心理学家恩莱特（R. D. Enright）明确指出，宽恕是一种“人类长期的智慧”，能够提升人的生命价值，具有转化痛苦的力量。[③] 事实证明，宽恕无法改变过去，却能够改变未来，让未来变得开阔，让生命得到转化。真正的宽恕可以有憎恶，允许受害者有愤怒期。宽恕并不是想真正消除伤害行为，而是改变伤害行为对受害者的影响。人们宽恕冒犯者的同时，也释放了自己的愤怒，走出了昔日痛苦阴霾的笼罩。因此，真正的宽恕是基于人类道德之爱，用同理心和良善来对待同类，把伤害者的利益与自己的利益等量齐观的积极有效策略，对不公平伤害他的人给予良善的一种仁慈

---

① North J, Wrongdoing and forgiveness, *Philosophy*, Vol. 42, 1987, pp. 499 – 508.

② ［美］黑尔米克、彼得生：《宽恕与和解：宗教、公共政策和冲突的转化》，纪荣神译，中华福音神学院出版社2008年版，第313页。

③ ［美］恩莱特：《宽恕治疗——解除愤怒与重燃希望之理论与应用》，林维芬，等译，洪叶文化事业有限公司出版社2008年版，第1页。

的反应，是一个人的道德责任。①

综合上述，真正的宽恕绝不是懦弱、胆小、无能、屈服、退缩、处于劣势、缺乏自尊、低人一等、自我疏离、纵容恶行、违背公义；真正的宽恕代表的是勇气、理性、智慧、力量、公义和美德，是一种有效的策略，是一种利他利己的积极选择，是一种主动善行和同理心，是一种对错误源的爱、感激和积极回应，是一种处理生命历程中消极方面的一种积极态度和积极道德情感。深刻阐发宽恕含义的真正目的，在于澄清和消解人们对宽恕的各种迷思，充分认识和理解宽恕给整个人类社会所带来的共同福祉；在于从根本上解除这些错误观念对人们认识上的遮蔽，正确把握宽恕的真正意涵；在于增强宽恕的自觉意识，使宽恕成为当下的一种健康生活方式；在于使人们真正实现从“不宽恕”到“宽恕”的转换，把宽恕作为应对各种伤害的积极选择；在于体验宽恕给个体生命所带来的价值，进而做到自觉地践履宽恕。这对于保持个体自我和谐、维系人际和谐和促进社会和谐，以及提升当代人的精神境界，领悟生命存在的价值和意义，都具有十分重要的现实意义。

（原载《中国社会科学报》2016 年 10 月 24 日）

---

① 郭本禹、倪伟：《宽恕：品德心理研究的新主题》，《教育研究与实验》2000 年第 2 期。

宽恕与健康的关系探讨

在西方宽恕心理学的最新研究中，宽恕与健康的关系问题，成为宽恕研究领域中的重要主题，受到学者们越来越多的关注和重视。特别是在医学模式由生物医学模式向生物—心理—社会现代医学模式转变的过程中，宽恕与健康的关系更是成为研究热点。宽恕与健康的关系机制涉及生理机制和心理社会机制。探讨宽恕与健康的关系，可以不断完善宽恕理论，可以提升个体身心健康水平和心灵境界，可以为实施宽恕教育提供理论依据。考察、分析和探讨宽恕与健康的互涉关联性，对于拓宽宽恕理论视野、提升个体的身心健康水平和生命价值以及对实施宽恕干预和教育都具有十分重要的理论价值和现实意义。

一　宽恕与健康的关系内涵

作为一种普遍的社会心理现象，宽恕与个体的身心健康有着十分密切的关系。正确理解宽恕与健康的关系，是决定宽恕心理学研究和发展的十分重要的问题。所谓宽恕与健康的关系，指的是宽恕与个体身心健康状态之间存在着的关联性，宽恕可以影响个体的身心健康功能、水平和程度。作为一种自我保护机制，宽恕有助于个体释放愤怒与仇恨等负性情绪；有助于个体做出亲社会行为，减少攻击行为；有助于个体建立和维护与他人良好的人际互动，改善和恢复已经破裂的人际关系；有助于个体增加希望、提高自尊，保持平和的心境；并最终有利于个体的身心健康。

宽恕对个体健康的促进作用和积极影响，已得到大部分西方心理学家的认同和大量实证研究的证实。同时，许多相关学者的研究也表明，不宽恕或低宽恕水平、报复欲强的个体长期承受和体验着不宽恕状态对身心的压力，这种不宽恕交织着苦恼、愤怒、敌意、不满、仇恨和恐惧，感受着强烈的自卑和自弃，体验的主观幸福感较低，导致个体情绪压抑、免疫系统功能下降，从而使个体产生不良的身心反应，出现高血压、心脏病等身心疾患。[①] 也就是说，宽恕越少，生理健康问题可能会越多。宽恕干预在临床上能有效地缓解患者的抑郁、自责、后悔、内疚、愤怒、焦虑和恐惧等情绪问题，甚至可以减轻癌症患者的心理压力。这也从另一个角度证实了宽恕与健康的内在关联性。

宽恕对人类的健康和良好生活状态潜在的影响作用是显而易见和客观存在的，人的宽恕性情对自身健康的积极影响也是多方面的，如宽恕者一般会更健康长寿。这或许是由于人类的本性中就存有一种宽厚的情感，使个体不会在一些是非恩怨上没完没了和纠缠不休，而是着眼于积极、和平、希望、宽容和自省。综合上述讨论，完全可以相信宽恕与身心健康状态之间存在着关联性，宽恕的知行必然有益于健康。心理学和医学的研究都已证明，放弃恩怨可以改善情绪和身体健康，反之，抱有仇恨和报复心理则会扰乱个体良好的生活状态，会破坏自身的内稳态和良好的心理环境。西方医学心理学界最近流传一句名言，即“宽恕那些伤害过你的人，不是为了显示你的宽宏大度，而首先是为了你的健康，如果仇恨成为你的生活方式，那你就选择了最糟糕的生活”。

二　宽恕与健康的关系机制

当前，宽恕是如何影响健康的以及其作用机制是怎样的问题，是西方宽恕心理学研究的热点，也是宽恕心理学中非常重要的问题。关于宽恕与健康的关系机制，研究者主要是从宽恕影响健康生理机制和心理社会机制来进行研究的。

（一）宽恕影响健康的生理机制

宽恕对身心健康影响的直接机制是宽恕可以降低敌意，而敌意是不宽恕的一个重要表现，而且宽恕会影响个体中枢神经系统和免疫系统的正常功能。恩莱特（2001）归纳相关文献，认为愤怒和仇恨会影响和改

① 李兆良：《国外关于宽恕的心理学研究述评》，《医学与社会》2009 年第 3 期。

变个体的许多生理反应，如，可导致血压升高、心跳加快、肾上腺素分泌异常、免疫功能紊乱等。后续相关的研究也发现了敌意可能是真正影响健康的危险因素。最具代表性和影响力的是沙伊特（S. A. Scheidt）提出的慢性交感神经系统的过度唤醒理论。该理论认为，影响内分泌腺的慢性交感神经系统的过度唤醒是宽恕影响健康的最重要的机制。① 降低该系统的过度唤醒，会提高免疫力，会减少对心血管系统的依赖。最近有一项研究表明，不宽恕者体内的可的松激素增多，由此可损伤免疫功能而引起多种健康问题。②

目前，引起研究者关注和集中讨论的是基于异构静态的视角对宽恕影响健康的机制进行分析。所谓异构静态，指的是多种生理系统适应压力时获得并保持稳定的能力。当个体在面对内外应激压力时，自主神经系统、新陈代谢和免疫系统等，通过异构静态能够做出必要的变化去适应和保持稳定。高异构静态负荷可能导致不良适应变化，如延长唤醒时间，或者是没有唤醒。③ 由此可见，异构静态概念所表征的是对紧张经验的适应性生理变化。个体通过增加宽恕他人和自己的意愿，以及增加要求和接受宽恕的频率，可能会有助于减少愤怒、谴责和报复性的想法和感受的持续时间以及过度的生理负担和心理压力，进而在频率、强度、持续时间上减少交感神经系统的唤醒，从而能够降低患病的风险，有助于提高身心健康水平。

（二）宽恕影响健康的心理社会机制

宽恕影响健康的心理社会机制主要重在解析宽恕是如何改变个体内在心理、生理状态的。研究表明，宽恕可以使负性情绪、动机、认知和行为反应得以有效缓解，可以减缓负性情绪对身心系统的干扰，降低患病风险。④ 如宽恕可使个体采取更为积极的行动改变长期的敌对情绪、无助感，以及帮助个体做出合理和全面的归因，这样做会增加积极的结果

---

① Scheidt S A, *Whirlwind tour of cardiology for the mental health pro – fessional//Allan R. Scheidt S. Heart and mind: practice of cardiac psychology*, Washington. DC: Amercian Psychology Association, 1996, pp. 15 – 124.

② 李兆良：《国外关于宽恕的心理学研究述评》，《医学与社会》2009 年第 3 期。

③ Mc Ewen B S, Protective and damaging effects of stress mediators, *N Engl*, *J Med*, Vol. 338, No. 3, 1998, pp. 171 – 179.

④ 王志琳、郑爱明：《宽恕与健康：心理学视角的分析》，《中国临床康复》2006 年第 10 期。

预期。宽恕的历程可以产生正向的内省体验，宽恕孕育着更高的安全感，更为积极的自我意识和乐观态度，更为强有力的自我效能感，更为积极的情绪和社会支持，产生更为有效的应对方式，使自身的免疫系统运行更好，可以使个体获得心灵的超越，从而有利于增进身心健康。

一些研究者从宽恕与抑郁、焦虑、自尊、社会支持以及自我效能等的关系的研究来考察宽恕对人的健康的影响作用。研究表明，宽恕倾向与抑郁之间具有显著负相关；[①] 与宽恕他人相比，宽恕自我与低自尊存在更高的相关；塞伯考威克（M. J. Subkoviak）等人测量了青少年对其同性别父母的宽恕与其自身心理健康的关系，结果发现高宽恕的青少年焦虑水平较低。[②] 心理神经免疫学的研究也证明，人类或非人类的灵长类动物长期的社会心理混乱降低了免疫力，因此也降低了个人应对生物和心理社会性病原体时的主动抗拒。[③] 受害者对侵犯者的宽恕是一个从惊恐、愤怒、怨恨等复杂的负面情绪向正面情绪转变的过程，宽恕对健康的影响就是在这一转变过程中实现的。在积极心理学的理论架构中，宽恕被视为重要的个体正向特质和可以学习的美德。尽管目前心理学和医学对于宽恕影响健康的机制研究还不系统，还需要深入探索和证实，还没有形成令人信服的结论，还处于零散和不成熟的起步阶段，还在寻找科学的元方法和元理论，但是，关于宽恕与健康的关系机制的研究已经开始，研究者从动态、系统和生态学的视角来深入研究宽恕影响健康的作用机理，将是未来宽恕心理学研究的重要方向。

三　探讨宽恕与健康关系的意义

宽恕对人类健康的影响已成为当今世界临床心理学和积极心理学研究的最新热点之一，也成为一门受人瞩目的医学新学科。探讨和考察宽

---

① Ryan P, Brown, Measuring Individual Differences in the Tendency to Forgive: Construct Validity and Links With Depression, *Personality and Social Psychology*, Vol. 29, 2003, pp. 759 – 771.

② Subkoviak MJ, Enright R D, Wu C, et al, Measuring interpersonal forgiveness in late adolescent and middle adulthood, *J Adolesc*, Vol. 18, No. 6, 1995, pp. 641 – 655.

③ Cohen. S, Tyrrell. D. A, Smith. A. P, Psychological Stress and susceptibility to the common cold, *N Engl*, *J Med*, Vol. 325, No. 9, 1991, pp. 606 – 612.

恕与健康的关系，可以更好地理解二者的实际关联性，不断地充实和完善宽恕这个年轻的研究领域，更好地提升个体身心健康水平和生命价值，为咨询和临床实践中实施宽恕干预和教育提供理论依据。

在个体的生命历程中，在社会交往的人际互动中，个体在心理、情感、精神和身体等方面，不可避免地有受到他人有意无意、或多或少、或深或浅的伤害的时候。这些伤害会造成个体主观感受到痛苦、不公正、不合理和不受尊重。人们通常应对这些侵犯的反应是逃避或寻找机会以某种方式实施攻击行为，使小问题引发重大矛盾冲突甚至恶性暴力事件，带来更大的伤痛、愤怒和恐惧，使心灵上承受重大的痛苦，从而严重影响个体的身心健康并使人与人之间和谐的社会关系受到破坏，对于个体、社会、国家都具有消极的后果。

因此，如何化解生命历程中出现的伤害，如何找到超越伤害的意义和积极的心境，是每个人必须面对的挑战和认真思考的人生课题。面对伤害，不同的应对方式，会给个体带来截然不同的生命结果。个体学会选择宽恕作为应对策略，其目的和意义在于让自己放下心中的仇恨、愤怒、不平、恐惧等消极情绪、认知和行为反应，回复到内心的宁静与和谐，避免仇恨带来的冤冤相报，使生命历程更加圆满，实现身体、精神和心灵的整体健康。对健康和幸福的追求，是人类社会的永恒主题和终极目标。

考察宽恕与健康的关系，对于更好地优化个体心理环境，产生积极的心理体验，实现内心的和谐；对于预防相关身心疾病的发生，提升当代人的生活品质和精神境界；对于提出更有效的宽恕教育和宽恕干预策略，都具有十分重要的现实意义。明晰了宽恕与健康关系的意义之后，就应该使宽恕成为一个国家和社会去发展的文明内容，成为现代人的一种健康生活方式，成为处理生命历程中消极因素的一种积极策略，成为维系人际和谐、提升身心健康和生命价值行之有效的一剂良方。

（原载《医学与社会》2010 年第 2 期）

论医生的宽容心

在中国文化传统的脉络里，具有核心地位和重要价值的当数“心”的哲学，中国的哲学就是一种“心”的哲学，中国哲学赋予了“心”特殊的地位和作用，认为“心”是无所不包和无所不在的绝对主体。涵盖认知、思维、道德、情感、修养等诸多范畴。中国传统文化中的儒、释、道对“心”呈显出不同的理解向度。儒家强调人的道德心和仁义心是人的本心，主张对本心的体认和践行，就是对道德和仁义的体认和践行。道家强调人的道心就是人的自然本心，主张“致虚守静”“返璞归真”的“无为”的精神境界是道的根本存在方式。佛家强调佛性就在人的心中，是人的本心，强调自心的体悟、觉悟过程，主张明心见性。[①]

中国古代医学哲学中常用“仁心仁术”“妙手仁心”“医者父母心”来诠释医学，其中蕴含着当代医生应从“心”出发来发现、把握、提升、完善自己内在精神世界的隐喻。医生宽容心是医生允许或理解病患及同事有不同行动和判断自由的一种包容态度和豁达心理。宽容心可以提升医生的身心健康水平，促进医德的养成，有助于建立和谐的医患关系和良好的医际关系。

基于以上的引导和体认，本文将遵循中国传统文化对“心”之研究的学术进路，在当代语境下以医生宽容心为基点，阐发其对医生的身心健康、医德、医患和谐、医际关系的价值，希望借此进一步加深医生对宽容的认知，促进医生宽容品德的养成，自觉践履宽容行为，并从中彰显和升华出一种宽容的知识意识、道德意识、人性意识，使宽容真正成为提升当代医生身心健康、医德修养和驾驭医患和谐的强大精神力量和积极心理资源。

---

① 葛鲁嘉：《新心性心理学宣言》，人民出版社2008年版，第380页。

一 宽容与宽容心的含义

宽容，源自拉丁语的 tolerare，原意是“忍受或忍耐”，也有广义的“养育、承受和保护”的含义。对于“宽容”的含义，不同的学科、不同的学者有着各自不同的解释。《大英百科全书》对“宽容”的定义是：“宽容是准许他人有判断和行为的自由，心平气和、不执偏见地容忍有别于自己或传统的观点。”[①]《布莱克维尔政治学百科全书》对宽容作了如下界定：“宽容是指一个人虽然具有必要的权力和知识，但是对自己不赞成的行为也不进行阻止、妨碍或干涉的审慎选择。”[②] 美国当代学者迈克尔·沃尔泽在《论宽容》一书中指出：“宽容被理解为一种态度或一种心，它描述了某些潜在的价值。”[③] 贺来教授在《宽容意识》中指出：“宽容是一种建立在对人与世界的差异性、真理的相对性与人性的多面性自觉意识基础上的理性和明智的思维方式、行为方式与人生态度，是人在处理人际关系所存在的差异、矛盾和分歧时所体现的一种成熟通达的美德和境界。”[④] 综上所述，虽然学者们对宽容内涵的解读存有差异，但都认为宽容的精髓与核心理念是寻求沟通与对话，消解独断与权威，彰显尊重和理解，寻找张力与平衡，其表现出来的是一种人生态度、一种生命智慧、一种道德境界。

医生的宽容心是指在日常的医疗工作情境中，对来自患者和同事的无意触及自身利益的过失不予追究或计较的豁达心理，是一种对于矛盾性、多样性和差异性的容纳精神，是允许或理解他人有不同行动和判断的自由的一种包容态度，是医生驾驭人际关系和身心健康的基本前提，是医生应具备的一种良好的道德心理品质。宽容心可以调节医生的医疗行为，可使医生的知、情、行朝积极建设性方向发展，可促使医患之间进行平等沟通，有利于医患、医际和谐，并最终有利于提高医疗品质。

---

① ［美］房龙：《宽容》，李强译，光明日报出版社 2006 年版，第 15 页。

② ［英］戴维·米勒、韦农·波格丹诺：《布莱克维尔政治学百科全书》，邓正来译，中国政法大学出版社 2002 年版，第 820 页。

③ ［美］迈克尔·沃尔泽：《论宽容》，袁建华译，上海人民出版社 2000 年版，第 10 页。

④ 贺来：《宽容意识》，吉林教育出版社 2001 年版，第 12 页。

二 医生宽容心的价值

（一）宽容心有利于提升医生的身心健康

研究表明，不宽容的个体长期承受着不宽容状态对身心的压力，体验着苦恼、愤怒、敌意、不满和压抑，感受着强烈的自卑和自弃，导致个体主观幸福感较低，免疫系统功能下降，产生不良的身心反应。① 医学的工作对象，决定了医生是一种与人、与人的健康和生命打交道的高压力助人职业，这使得医生在医疗工作情境中，在心理、情感和身体等方面，不可避免地会面临来自患者及其家属有意无意、或多或少的误解、摩擦、冲突和攻击，从而造成其主观感受到痛苦、不公正、不合理和不受尊重，破坏和扰乱医生自身的内稳态和良好的心境，严重威胁着其自身的健康。因此，如何化解、调适、转化、平息、应对临床工作中出现的分歧和纠纷，是每个医生必须面对的挑战和认真思考的人生课题。面对差异、矛盾和分歧，不同的应对方式，会带来截然不同的生命结果。医生学会以一种宽容心作为应对策略，使其不会在一些是非恩怨上没完没了和纠缠不休，而是着眼于积极、和平、希望和意义，有利于释放心中的不满、愤怒等消极情绪，回复到内心的宁静与和谐，实现身、心、灵整体健康。

（二）宽容心是医德的重要组成部分

在现代医学模式下，医患关系的内涵体现的应是更加平等、温馨和宽容。追求和谐的医患关系永远是医患双方共同的目标，也是现阶段构建和谐社会的重要组成部分。近年来，医德滑坡、医德沦丧让社会民众痛心疾首，医生的医德成为当下备受关注的热点话题。检视中国的医德传统不难发现，历代医家皆以“医乃仁术，仁乃爱人”“仁人仁心”作为医德的基本原则。医生要做到“爱人”首先需要具备宽容之心，宽容心是一种体现在差异、矛盾和分歧之中的美德和智慧，是医生面对患者的误解、不合常规言行和反对的意见时对小我与狭隘自我中心的超越。宽

① 王志琳、郑爱明：《宽恕与健康：心理学视角的分析》，《中国临床康复》2006 年第 10 期。

容心是医生处理医患、医际关系中的差异与矛盾时采取的一种理性态度，一个道德水准很高的医生必定是一个具备宽容心的医生。

宽容心彰显了当代医生对生命、对人性、对患者尊严和平等权利的敬畏、尊重和大爱，是医生外在的道德行为规范走向内在精神世界的心理自觉,[①] 是医生应具有的高尚道德人格，是医生面对病人的不满、误解、矛盾、冲突，甚至是敌意和伤害时的道德选择和理性行为。

宽容所具有的道德价值和人性价值，在中外历史都曾得到过充分有力的体现与证明。古往今来，多少有识之士和大度之人用宽容之心，换来了其乐融融的人际关系和如日中天的成功事业。古语有“宽则得众”“宽以养民”“不能容人者无亲”等，是告诫人们应当以一种宽容之心去处理同他人、同社会的关系。传统的智慧认为，宽容是难能可贵的美德，现代哲学和伦理学则告诉我们，宽容不仅仅是一种美德，而且是一种理性和宽厚的德行、德性。

（三）宽容心有利于医患、医际关系的和谐

近年来，医患关系的日益紧张和恶化已成为全社会关注的焦点，其所带来的负面效应也日益凸显。医疗纠纷逐步升级和医患矛盾日趋激化衍生的是猜疑、冷漠、警惕、误解、冲突、憎恨和报复，而不是同情、欣赏、分享、宽容、感激和同理心。以病人为中心对病人宽容、理解和同情，是当下时代精神对和谐医患关系提出的新理念。[②] 面对医疗工作中不可避免的矛盾和冲突，宽容心是医生爱心和责任心的重要体现，是减少医患纠纷的理性方式，是医生平等处理医患冲突有效的沟通方式。很多时候，医患之间不是真的哪一方出现问题，而是宽容不够、理解不够、沟通不够，才导致误会、冲突和矛盾。增强医生的宽容意识，树立宽容理念，常怀宽容之心，学会以宽容的态度处理医患之间的冲突和纠纷，有利于缓解医患关系紧张的困境。

现代的医疗工作通常需要“集团化作战”，医生在强调自身独立人格的同时还应注重与群体的协作。健康向上的医际关系对于建立和谐医患关系，对于医务人员成才、充分发挥医疗部门整体效应和提高医院的医

---

① 唐艳灿：《宽容心：道德教育的必修课》，《湖南师范大学教育科学学报》2009 年第 4 期。

② 曲娜：《宽容——和谐医患关系的新理念》，《医学与社会》2007 年第 3 期。

疗品质都具有十分重要的影响。但在现实医疗工作中往往会出现一些不和谐现象，导致医际关系紧张、矛盾丛生、是非不断、互不服气、互相扯皮，难以配合和协作，贻误最佳治疗时机，严重影响了医院整体效益和医疗质量。医生具备宽容之心，会使其自觉地做到尊重其他医务人员的人格，理解和认同他人的工作，从而有利于医际的有效沟通、互相学习、团结协作和共同提高，有助于建立、维持良好的医际关系。

三　医生宽容心的培养

科学阐释医生宽容心的目的是使宽容深入人心，内化于医生的人格结构之中，成为一种内在自觉和心理养成，在临床医疗服务工作中体认宽容带来的益处。宽容是一种高贵的品质，崇高的境界，是精神的成熟，心灵的丰盈。增强宽容意识，体认宽容价值，学习宽容理念，提升宽容能力，践行宽容行为，具备宽容之心，是现代医学模式和人道医疗对当代医生提出的时代要求。

明晰了医生宽容心内涵和价值之后，就应该使宽容成为医德教育的重要内容。培养医生具有宽容之心，应该在创设积极的宽容体验后的正性情感等实践层面上来进行，要结合医院各种形式的医德医风教育活动，在医院管理、临床工作中有意识地渗透宽容理念。通过实施各种形式的宽容教育与宽容学习活动，通过营造、创设积极的宽容环境和氛围，树立宽容榜样，构建医院宽容文化，使宽容真正成为当代医生的一种普遍的道德共识，一种必备的人文素养，一种宽厚的人性品格，一种健康的工作方式，一种反身自省的伦理规范，一种处理生命历程中消极方面的生命智慧和积极有效的道德行为，一剂改善医患关系和提升医疗品质行之有效的良方。

宽容是一个与社会生活有着内在关联的社会性、心理性和道德性概念，是人类所有美德与价值中的“底线”与“基础”，[①] 是医生必须学习的道德价值和道德行为。宽容心可以使医生树立以“病人为中心”的道德理念，可以培养一种理解、尊重和宽容的人文素养，可以形成一种向

---

① 贺来：《宽容意识》，吉林教育出版社 2001 年版，第 12 页。

善、理性、超然、超越狭隘视野和防范医疗纠纷的伦理意识和价值观念。医学的本质以及医疗工作的对象决定了医学和医生的使命必然要体现对健康和生命的人性关怀和终极关怀，毋庸置疑，宽容心体现的正是一种医生对人性和生命的精神关怀、人文关怀和终极关怀。

[原载《医学与哲学》（人文社会医学版）2010 年第 6 期]

医学生宽恕教育的价值考量

宽恕指的是促使受害者从认识、情绪和行为反应方面，对侵犯者产生共情的一系列动机变化过程，该过程降低了受害者报复和疏远侵犯者的动机，增强了受害者善待侵犯者的动机，并促使受害者与侵犯者和解。[①] 宽恕作为一种社会心理现象，因其具有亲社会、利他性质和自我保护机制，其道德价值、健康价值和生命价值越来越受到社会的关注和重视。宽恕教育是实现宽恕价值的有效途径和重要手段。宽恕教育是指通过各种形式的教育活动，有目的、有计划地向个体传授宽恕知识，树立正确的宽恕认识，明晰宽恕的价值，增强宽恕意识，提升宽恕能力，并主动做出宽恕行为的影响过程。[②] 宽恕教育有利于优化医学生的心理环境，促进医学生的心理成长，提升医学生的身心健康水平，形成和谐的人格；同时，宽恕教育还有利于医学生走上工作岗位后建立和谐的医患关系和良好的医际关系，有利于提高医疗质量。由此可见，加强医学生的宽恕教育，对其身心健康、人际和谐、良好医患关系的建立以及今后从事的医疗工作等尤为重要。

一　宽恕教育对医学生健康心理形成的价值

（一）宽恕教育有利于优化医学生的心理环境

所谓心理环境，指的是在心理上被觉知到的、被理解到的、被意识到的、被把握到的、被创造出的和主动建构的环境。心理环境对人的影

① Mc Cullough M E, Worthington E L and Rachal K C, Interpersonal Forgiving in close relationships, *Journal of Personality and Social Psychology*, Vol. 73, 1997, pp. 32 – 336.

② 李兆良、黄冬梅、高燕：《论宽恕教育与社会和谐》，《医学与社会》2009 年第 8 期。

响是最切近的和最直接的，对人的心理成长具有重要的意义，个体在自己的心理活动中，能够创造、把握和生成自己的心理环境。[①] 换言之，一个人所生活的环境并不是完全外在于他的，不是与这个人的心理天然隔绝的，也不是单向地对其心理行为产生影响的。也就是说，个体并不是完全被动和受制于环境的。相反，还存在个体对其所处的环境主动把握、不同理解和心理建构的过程。也就是说，环境与个体的心理成长是交互作用，互为共生的关系。

在日常交往的人际互动中，在心理、情感和身体等方面，医学生不可避免地会受到他人有意的或者无意的伤害。这些伤害会造成医学生在主观上感受到痛苦、不公正、不合理和不受尊重，会破坏和扰乱医学生的心理环境。宽恕教育就是要医学生具备宽恕品格和宽恕精神，在遇到各种冲突、矛盾和误解时，能够放下心中的仇恨、愤怒、不平、恐惧、报复等消极情绪、消极认知和消极行为，回复到内心的宁静与和谐，获得安宁感，保持良好的心理环境。

（二）宽恕教育有利于医学生形成和谐人格

和谐人格既是健全统一的心理人格，又是美善相谐的道德人格，是在理性支配下的心、身、灵的整体和谐，是衡量个体心理健康的重要标准。具有和谐人格的人是一个能与他人、社会、自然万物和谐共存的人。心理成长是个体心理和心性的全面扩展和纵向提升，是个体心理的成熟。宽恕教育能够增加医学生宽恕意愿，学会辨别对方的宽恕与和解，能觉察到宽恕所带来的益处，感知并体验到更多的正性情绪；可以提升医学生的精神境界，达到生命的超然和体认；可以内化于医学生的人格结构之中，形成积极的人格，培育乐观、豁达、宽容的和谐人格、和谐精神；可以塑造理性平和、积极向上的社会心态，从而可以优化医学生的人格和促进其心理不断成长。

（三）宽恕教育有利于医学生提升身心健康水平

宽恕教育使医学生在与周围他人交往过程中，建立和恢复和谐的人际关系，达到健康的生活状态。同时，宽恕教育能够使医学生自觉选择宽恕作为一种自我保护机制，使自己的身心免受伤害。有研究表明，不宽恕或低宽恕水平、报复欲强的个体长期承受和体验着不宽恕状态对身

---

① 葛鲁嘉：《新心性心理学宣言》，人民出版社 2008 年版，第 380 页。

心的压力，这种不宽恕交织着苦恼、愤怒、敌意、不满、仇恨和恐惧，感受着强烈的自卑和自弃，体验的主观幸福感较低，导致个体情绪压抑、免疫系统功能下降，从而使个体产生不良的身心反应，出现高血压、心脏病等身心疾患。也就是说，宽恕越少，生理健康问题越多。

宽恕对人类的健康和良好生活状态潜在的影响作用是显而易见和客观存在的，人的宽恕性情对自身健康的积极影响也是多方面的，如宽恕者更健康长寿。这或许是由于人类的本性中就存有一种宽厚的情感，使个体不会在一些是非恩怨上没完没了和纠缠不休，而是着眼于积极、和平、希望、宽容和自省。

综合上述讨论，完全可以相信宽恕与身心健康状态之间存在着关联性，宽恕的知行必然有益于健康。心理学和医学的研究都已证明，放弃恩怨可以改善情绪和身体健康，反之，抱有仇恨和报复心理则会扰乱个体良好的生活状态，会破坏自身的内稳态和良好的心理环境。西方医学心理学界最近流传一句名言，即“宽恕那些伤害过你的人，不是为了显示你的宽宏大度，而首先是为了你的健康，如果仇恨成为你的生活方式，那你就选择了最糟糕的生活”。

医学大量实证研究显示，宽恕有助于平缓愤怒和仇恨、减轻痛苦和压抑、摆脱不满和敌对情绪、摒弃自卑和自责、缓解焦虑和恐惧；有助于消除不宽恕状态或低宽恕水平对医学生身心的压力，有助于做出亲社会行为，减少攻击行为；有助于增加正性情感，提高自尊和主观幸福感，并最终有利于医学生的身心健康和内心和谐。①②③④

---

① 王志琳、郑爱明：《宽恕与健康：心理学视角的分析》，《中国临床康复》2006 年第 10 期。

② Al Mabuk, Radhi H and Rober D, Forgiveness education with parentally love – Deprived late adolescents, *Journal of Moral Education*, Vol. 24, 1995, pp. 440 – 442.

③ Ryan P and Brown, Measuring Individual Differences in the Tendency to Forgive: Construct Validity and Links with Depression, *Personality and Social Psychology*, Vol. 29, 2003, pp. 759 – 771.

④ Mc Ewen BS, Protective and damaging effects of stress mediators, *N Engl, J Med*, No. 3, 1998, pp. 171 – 179.

二　宽恕教育对医学生今后从事职业的价值

（一）有利于建立和谐的医患关系

近年来，各种医疗纠纷发生率逐步上升，由此也加剧和催生了医患双方的猜疑、警惕、误解、冲突、矛盾、憎恨和报复，而不是同情、欣赏、分享、宽容、理解、信任、感激和同理心。如何有效地解决医疗纠纷和建立和谐的医患关系，是医院组织层面和医务人员个体层面值得反省和深思的重要问题。

古语说得好，“医乃仁术”“医者父母心”，这是对医术和医务人员应具有伦理规范深刻的诠释。对病人宽容、理解、同情、爱护和尊重，是历代医家所遵循和倡导的医德原则，也是对新时期医务人员提出的道德要求和伦理责任。毋庸置疑，医疗工作需要面对各种各样的不同人群，其中不乏来自社会较低阶层的弱势群体。对待弱势群体，用理解和宽容往往是爱心和责任心的重要体现，特别是当临床疗效未能达到患者和家属所期望的结果，患者和家属所表现出的不满情绪和问题意见时，对患者及家属的宽容和理解是减少医患矛盾和纠纷的有效保证。因此，宽恕之心是医务人员处理医患关系的润滑剂。很多时候，医患双方矛盾冲突的原因，主要是双方对彼此的宽容不够、理解不够、沟通不够，才导致各种误会、矛盾和冲突的发生，甚至对簿公堂。可见，宽恕教育能使医学生在今后所从事的各种医疗服务工作中，学会用宽恕这一理性的方式和积极策略，应对和处理各种医患冲突和纠纷，从而有利于建立和谐的医患关系。

（二）有利于建立良好的医际关系

医际关系历来受到古今中外医学家和伦理学家的重视，并把其作为道德教育、修养和评价的重要内容。良好的医际关系，对于建立和谐的工作氛围和激发医务人员工作热情，提高工作效率以及加强医务人员彼此间的交流与沟通，具有十分重要的作用。现代的医疗工作需要“团队与合作精神”，但在实际工作中却时常会出现一些不和谐现象，导致医务人员彼此间的关系紧张、矛盾丛生、是非不断、互不服气、互相扯皮，相互间难以配合和协作，甚至贻误患者最佳治疗时机，给医院带来严重的负面影响。研究表明，宽恕对个体维护和谐的人际关系有积极的影响。①

宽恕教育是实现和构建医患关系和谐的重要途径。有效的宽恕教育有助于维持和建立良好的医际关系，有利于医务人员相互之间对其人格的尊重和工作的理解与认可，有助于激发每一位医务人员的工作积极性，保证医疗工作各环节处于良好的运行状态。

三 宽恕教育对医学生其他方面的价值

医学生是未来的“白衣天使”，肩负着救死扶伤的光荣使命，这要求医学生不仅要掌握扎实的医学理论知识和各种临床工作技能，更要提升自身的道德修养和精神境界。宽恕不单是一个宗教概念，也是医学生应该学习和具备的道德价值和道德行为。宽恕教育可以树立医学生以“病人为中心”的宽恕思想，能够不断提升医学生宽恕的能力，有助于医学生在今后的职业工作和日常生活中摒弃仇恨、报复等消极狭隘的思想，使他们具有宽恕之心。

宽恕作为一种积极心理品质，一种积极的社会、道德现象，其价值不仅体现在医学生自身的发展上，宽恕对于高等医学教育工作也有十分重要的应用价值。基于此，高等医学教育工作者在日常教学和管理工作中，可以通过有目的、有意识的各种形式的宽恕教育，使宽恕内化于医学生的人格修养之中，同时逐步融入医学生的学习和日常生活，使宽恕成为医学生健康的生活方式和宽厚的道德品格。同时，也可以引导医学生在面对各种人际矛盾、误解、伤害和冲突时，学会以宽恕之心积极面对和应对，克服消极思想、认知、情感和行为，树立积极向上、勇于进取的良好心态、认知、情感和行为，有助于医学生个人学业和未来职业的良好发展。

（原载《医学与社会》2010 年第 3 期）

---

① Mc Cullough M E, Worthington E L and Rachal K C, Interpersonal Forgiving in close relationships, *Journal of Personality and Social Psychology*, Vol. 73, 1997, pp. 321 – 336.

论宽恕教育与社会和谐

宽恕是当今世界临床心理学和积极心理学研究的最新热点之一，受到了众多研究者的关注，宽恕的概念也在20世纪的全球化交往与和解的时代精神中超越了文化边界，成了普遍性的概念和世界性的现象。长期以来，对于宽恕的研究，多是在哲学和宗教学的视域下进行。中国传统伦理学将宽恕与恕道视为同义的美德，是一种人际善意共存意识。孔子早在春秋战国时期，就提出了“己所不欲，勿施于人”的“忠恕之道”，并把其视为儒家仁学“一以贯之”的践行之道和处理人际关系根本的为人处世之道，成为中华民族的传统美德之一。宗教对于宽恕的解读完全是正面的，多是宣扬倡导这种精神，进而达到对心灵的体认和对生命的超越。哲学的研究，使宽恕真正进入科学领域。从哲学角度看，宽恕不仅是一种道德价值，更是一种道德行为。

20世纪90年代以来，宽恕作为一种基本的和重要的社会和心理现象逐渐成为西方科学心理学研究的重要主题。近年来，宽恕作为积极心理学视域下的一部分，更是日益显示出它重要的学术价值和应用潜力。[①] 作为一种亲社会行为，宽恕有助于个体的身心健康，有助于个体建立和修复与他人的良好人际关系，有助于缓解彼此之间的矛盾、冲突和误解。当前宽恕教育的缺失，以及当代人的心理基础和社会文化为实施宽恕教育提供了必要性和可能性。宽恕教育关注的是宽恕的知行问题，宽恕教育的终极目标是致力于促使社会成员优化自身的心理环境，产生积极的情绪体验，做出积极的行动，形成积极的人格，实现内心的和谐。一个社会心理和谐的人多了，才能出现祥和之气、安静之态和人际和谐，才有助于建成和谐社会。不可否认，人际和谐是社会和谐的重要基础和前提。宽恕教育对于实现人自身的和谐、人与人之间的和谐以及社会的和

---

① 李兆良：《国外关于宽恕的心理学研究述评》，《医学与社会》2009年第3期。

谐，都具有十分重要的现实意义。

一　宽恕与宽恕教育

心理学一般将宽恕定义为：宽恕涉及两个人，其中的一个人在心理、情感、身体或道德方面受到另一个人的深度而持久的伤害；宽恕是使受害者从愤怒、憎恨和恐惧中解脱出来，不再渴望报复冒犯者的一个内部过程。[①] 心理学家研究宽恕的出发点是肯定宽恕对人的生活、健康、人际关系等有积极的影响，其研究目标是使宽恕深入人心，成为一种健康的生活方式和习惯，在日常生活之中更愿意宽恕他人。宽恕教育是实现上述目标的途径和手段。在这里，宽恕教育可以理解为通过各种形式的活动有目的、有计划地向个体传授宽恕知识、方法和技能，使受教育者掌握宽恕方法、提升实践宽恕的能力，明了宽恕的价值和意义，从而达到对宽恕有正确的认知和态度，并主动做出宽恕行为的影响过程。宽恕教育有助于个体以更积极的态度与人交往和处理道德问题。

人的生命中会有许多挑战，当一个人面临不公正的对待时，如何平息心中的怨恨和不满的情绪反应，来保持和谐的心理，是每一个个体尤为关注的问题。当前中国正处在社会转型与变革的关键时期，在日常的社会交往中，个体不可避免地会经历和感受到来自他人有意或无意，轻微或严重的具有困扰性的伤害或侵犯。这些伤害或侵犯可以是生理上、心理上、伦理上或者是混合性的，会使个体感知和体验到诸如缺陷、弱点等消极行为并进而生成一些消极后果。也就是说，人们通常应对侵犯的反应是回避和报复，这些反应在日常生活中随处可见，即与侵犯者保持距离或是寻找机会以某种方式实施攻击行为，这使得小问题引发大矛盾甚至发生恶性暴力事件，这不仅严重影响个体的心理健康，而且破坏了人与人之间和谐的社会关系，对于个体和他人甚至整个社会来说，都会产生消极的后果。其中的原因，与现代人宽恕教育的缺失以及缺乏对宽恕的知行有关。

---

① Denton R T and Martin M W, Defining forgiveness: An empirical exploration of process and role, *The American Journal of FamilyTherapy*, Vol. 26, No. 4, 1998, pp. 281 - 292.

因此，如何增加宽恕意愿，怎样学会辨别对方的宽恕与和解，如何能觉察到宽恕所带来的好处，感知并体验到更多的幸福和自由，让心灵得到释放与快乐，这些都与宽恕教育息息相关。家庭和学校对一个人的宽恕认知和宽恕行为有着重要的影响，个体可以透过自己的父母和学校的教育学习如何去宽恕。可是，目前学校的品德及性情教育很少加入宽恕这一课题去帮助学生改善人际关系和面对冲突。宽恕不单是一个宗教概念，也是学生必须学习的道德价值，学校非常有必要将宽恕的理念引入正规课程中，通过宽恕教育，学习和掌握有关宽恕的理念和方法，使个体在处理不公正和愤怒的事情上获益。由此可见，宽恕教育应该成为学校心理辅导课程和德育课程中的重要内容。

二　宽恕教育与心理健康

宽恕教育是实现宽恕价值的途径和有效手段，宽恕教育的价值是与宽恕的价值密切相关的。考量宽恕对心理健康的价值，可以凸显宽恕教育的价值。作为一种普遍的社会心理现象，宽恕与个体的心理健康有着十分密切的关系。所谓宽恕与心理健康的关系是指个体心理健康状态与宽恕之间存在着关联，宽恕可以影响个体的心理健康功能、水平和程度。归结起来，这种影响可以分为积极的影响和消极的影响两个方面。积极的影响主要表现为：宽恕作为一种自我保护机制，有助于个体平缓愤怒，减轻痛苦，摆脱恐惧；有助于个体做出亲社会行为，减少攻击行为；有助于个体建立和维护与他人的良好人际关系，改善和恢复已经破裂的人际关系；有助于个体增加希望，提高自尊，保持平和的心境；并最终有利于个体的心理健康。

宽恕对个体心理健康的促进作用和对于维护人际关系的积极影响，以及宽恕水平与正性心理健康指标呈正相关，与功能障碍或痛苦等负性健康指标呈负相关，已得到了大部分心理学家的认同和大量实证研究的证实。[①②③④] 宽恕消极的影响主要表现为：不宽恕或低宽恕水平、报复欲强的个体长期承受和体验着不宽恕状态对心理的压力，这种不宽恕交织着苦恼、愤怒、敌意、不满、仇恨和恐惧，感受着强烈的自卑和自弃，体验的主观幸福感较低，导致个体情绪压抑，产生不良的心理反应，出现心理疾患。宽恕是一种健康生活方式，可以渗进社会生活的每一个部分，是处理生活中消极方面的一种积极方法，对于人类的心理健康具有潜在的影响作用。

中国谚语有“寻求报复者，需挖掘两个坟墓”，其意为不能宽恕对个人会造成强烈的破坏性和毁灭性。西方哲学家、诺贝尔和平奖获得者图图曾经说过：“没有宽恕，就没有未来。”其实，在每一个人的心中，都有一座监狱，这监狱禁锢着每一个人自己的身心，而开启这座心灵监狱的钥匙，正是宽恕。因此，学会宽恕，就是善待自己，就是拯救自己。[⑤]

三　宽恕教育与社会和谐

宽恕教育的目的是科学地探索如何缔造个体的和谐心理与和谐美好的社会。这一宗旨正符合中国现阶段构建和谐社会的发展要求，其观点对于中国构建和谐社会有着重要的启示意义。社会的和谐与社会每个成员的心理和谐有着密切关系，个体的心理和谐是社会和谐的出发点和落脚点，是构建和谐社会的一个重要基础、重要条件和不可或缺的重要内容。

心理和谐是个体内在自我知、情、意的统一，是一种平和的境界、良好的情操、积极的态度、正向的心理体验。中国自古就强调“修身养

---

① 王志琳、郑爱明：《宽恕与健康：心理学视角的分析》，《中国临床康复》2006 年第 10 期。

② Al Mabuk, Radhi H and Robert D, Forgiveness education with parentally love - deprived late adolescents, *Journal of Moral Education*, Vol. 24, 2000, pp. 440 - 442.

③ Ryan P, Brown, Measuring Individual Differences in the Tendency to Forgive: Construct Validity and Links With Depression, *Personality and Social Psychology*, Vol. 29, 2003, pp. 759 - 771.

④ Mc Ewen B S, Protective and damaging effects of stress mediators, *N Engl, J Med*, Vol. 338, No. 3, 1998, pp. 171 - 179.

⑤ 李兆良：《国外关于宽恕的心理学研究述评》，《医学与社会》2009 年第 3 期。

性正心齐家治国平天下”，其中强调修身、养性和正心的重要性，修身、养性和正心就是要调适好自己的心性修养，不断提升自己的精神境界，保持积极的阳光心态。健康、积极、和谐、阳光的心理，是社会安全运行与和谐发展的重要保障，反之，则会对公共政策信用、人际信任、价值信仰等造成损害，破坏社会的稳定和平衡，妨碍社会发展。人际交往是社会生活基本的和经常性的行为，广泛地渗透在人们的日常活动中。人际和谐是和谐社会的重要基础，和谐社会说到底在于人与人之间的和谐。宽恕有利于人际和谐，宽恕教育是实现这一和谐的重要途径和手段。通过宽恕教育，可以提高现代人的精神境界；可以培育乐观、豁达、宽容的心理品质；可以塑造理性平和、积极向上的社会心态，从而为构建和谐的社会创造一个积极的心理环境。因此，宽恕教育对于实现人与人之间的和谐、人自身的和谐、社会的和谐，都具有十分重要的现实意义。

宽恕教育对个体及全人类的发展有着重要的价值。当前的宽恕教育，应在树立正确的宽恕认识，巩固和增强宽恕意识，学习和掌握科学的宽恕理念，提升和发展自身的宽恕能力，创设积极的宽恕环境和氛围，体验宽恕后的积极情感等实践层面上来进行。通过宽恕教育，使宽恕成为一个国家和社会的文明内容，成为一种良好的价值观；使宽恕内化于个体的人格之中，成为一种品格；使宽恕融入生活的每一部分，成为现代人的一种健康的习惯和生活方式；使宽恕融进人类的本性，成为一种宽厚的情感，懂得如何去实践宽恕。通过宽恕教育的过程，在个人层面上，有助于个体改善个人的品德与人际关系；在社会层面上，有助于建立一个更富同情心的和谐社会，以此来推动现阶段中国和谐社会的发展进程。

（原载《医学与社会》2009 年第 8 期）

第二编　积极社会心理研究

新时代培育积极社会心态与实现人民美好生活需要

习近平总书记在党的十九大报告中明确指出，要加强社会心理服务体系建设，培育自尊自信、理性平和、积极向上的社会心态。积极社会心态建设思想是党的十八大以来，以习近平同志为核心的党中央立足世情国情，在决胜全面建成小康社会的关键时刻，高度重视人民的心理健康问题，将积极社会心态建设问题纳入到国家社会和经济发展战略规划之中，而做出的一系列重大决策部署和提出的一系列新思想、新理念。习近平积极社会心态建设思想为我们在中国特色社会主义新时代不断提升人民的心理健康水平、大力提高国民心理素质指明了方向，是我国心理学工作者十三五期间理论研究和实践工作的重要纲领和行动指南。

决胜全面建成小康社会，必须大力加强社会心理服务体系建设，培育自尊自信、理性平和、积极向上的社会心态。从 20 世纪 90 年代开始，心理学研究发生了重要的范式转移，越来越多的心理学家意识到心理健康问题将会成为 21 世纪的人类社会必须面临的一个非常重要的生存问题。大数据研究表明，人类在过去的200 多年间，物质财富快速增长，但人类对信仰、意义和生活目的的重视程度却显著滑坡，人类的心理幸福感有所流失。2012 年 6 月 28 日，第 66 届联大提出“幸福是人类必须关注”的话题，并确定每年 3 月 20 日为国际幸福日，目的是在全球范围内推广幸福、普及幸福，让全世界更多的人关注幸福、认识幸福、追求幸福、获得幸福、分享幸福。2012 年，习近平总书记向世界庄严承诺：“人民对美好生活的向往，就是我们的奋斗目标。”2016 年 8 月 19 日至 20 日，习近平总书记在全国卫生与健康大会上发表重要讲话，指出要加大心理健康问题基础性研究，做好心理健康知识和心理疾病科普工作，规范发展心理治疗、心理咨询等心理健康服务。2016 年 12 月 20 日，国家卫计委、中组部等 22 个部门联合印发了《关于加强心理健康服务的指导意见》（以下简称《指导意见》），对加强心理健康服务提出了具体要求。《指导意见》中明确指出，心理健康是影响经济社会发展的重大公共卫生问题和社会问题，是国家经济社会发展的重要目的所在，把心理健康问题提升至国家经济和社会发展的高度，更加符合党和国家“以人为本”的宗旨。《指导意见》中进一步指出，心理健康服务是运用心理学及医学的理论和方法，预防和减少各类心理问题，促进心理健康，提高生活质量。实际上，生活质量不仅仅受到环境和收入等因素的影响，生活质量也是一个心理学变量，受人们心理的主观判断、情绪所左右。《指导意见》中指出，心理健康服务主要包括心理健康宣传教育、心理咨询、心理疾病治疗、心理危机干预等。通过加强心理健康知识的科普宣传，引导民众转变观念，注重心理健康，提高心理健康意识；采用科学专业的心理学方法和技术，疏导和化解负性情绪，培育民众具有积极心态、阳光心态、健康心态和成熟心态；采取有效的干预手段和措施，解决和消除各种心理问题和心理疾病。

心理健康是一个具有战略意义的社会问题。近年来，国家越来越重视国民经济与社会发展中的积极社会心态建设问题，越来越重视人民追求美好幸福生活的心理需求问题，越来越重视人民的心理健康问题。事实上，国家经济发展和社会和谐的确与国民心理息息相关，二者互相影响、互相促进。新时代，加强心理健康服务体系建设，培育自尊自信、理性平和、积极向上的社会心态，是全面建成小康社会的重要内容，也是实现人民对美好生活需要这一目标的关键。

新时代，大力加强积极社会心态建设意义重大。从国家层面来说，加强社会心理服务体系建设，培育自尊自信、理性平和、积极向上的社会心态，是实现中华民族伟大复兴中国梦的内在要求，也是建设健康中国、富强中国、法治中国、幸福中国、美丽中国的要求。“夫国者人之积也，人者心之器也，而国事者一人群之心理现象也。”这句话充分说明了国家的大事是人的问题，而人的问题归根结底是人的心理问题，是人的心态、意识、认知、信念、情感、动机、意志、价值观、追求、行为等的问题。无论是经济发展、社会和谐、思维创新、环境保护，都与人的各种心理活动息息相关。正所谓心安才能民安，民安才能国安。

习近平新时代积极社会心态建设思想是实现党和国家兴旺发达、长治久安、人民幸福的重要举措。中国先贤早就提出：诚意正心，才能修身齐家治国平天下。其中最重要的就是正心。在中国人的认知里，正心是特别重要的修行和实践。正心就是积极心态修炼，是一种健康心理，一种积极思维习惯，一种对周围人和事物的积极看待、积极归因和积极解释，一种热爱生活、工作和生命的积极信念，一种习惯性地帮助他人和成就他人的积极行动，一种愉悦、快乐和幸福的积极情绪体验，一种充满希望的积极进取的人生态度。一个社会具有积极心态的人多了，人和人之间的关系才能变得更加和谐，国家和社会才能呈现出祥和之气，人民才能共享幸福美好的生活。

从人民层面来看，习近平新时代中国特色社会主义思想中，“人民”二字分量最重。党的十八大闭幕时，习近平总书记宣誓：“人民对美好生活的向往，就是我们的奋斗目标。”认真梳理我们不难发现，在党的十九大报告中共出现了 57 个“心”字，如初心、同心、信心、民心、核心、关心、心连心……从这些最真实、最纯粹、最振奋人心的内心情感表达中，我们看到了中国共产党不忘初心，顺应民心，团结一心，凝聚民心，万众一心，齐心协力带领全国各族人民为实现中华民族伟大复兴中国梦的坚定信心，这充分彰显了我们党把人民群众放在心中，全心全意为人民服务的民心、党心和中国心。

习近平新时代积极社会心态建设思想准确把握影响当代中国发展进步的心理健康问题，从理论和思想高度概括了加强积极心态建设的精神实质和丰富内涵。积极社会心态建设思想是以促进社会公平正义、增进人民福祉为出发点和落脚点，把民心作为最大的政治，把人民健康、快乐、幸福的生活作为党和国家改革和发展的目标，这也是中国特色社会主义的优越性的体现和内在要求。习近平总书记在十九大报告中指出：“中国特色社会主义进入新时代，我国社会主义矛盾已经转化为人民日益增长的美好生活需要和平衡不充分的发展之间的矛盾。”

什么是人民的美好生活需要？新时代人民的美好生活需要绝不是再以过去的物质需要作为标准，也不是以所谓 GDP 作为标准，更不纯粹是以经济发展作为指标，而是从物质享受的需要转变为心理享受的需要，是一种心理安全感、获得感和幸福感。新时代美好生活一定包含人类特别美好的积极情感，一定是有爱的，爱我们的国家、爱我们的民族、爱我们的文化、爱我们的同胞、爱我们的亲人。一个人如果从来没有爱过任何人，没有爱过任何事情，也没有被任何人爱过，他的生活就不能叫作美好生活。此外，美好生活一定是一种积极的心理感受和体验，大多数时间能感受和体验到人生的快乐和幸福，感受到一种积极愉悦的力量，感受到一种美满的心理状态。新时代美好生活的第三个重要方面是要活出对国家、对社会、对他人的价值感、贡献感和服务感。新时代美好生活的第四个非常重要的方面是人生的意义感，是在平凡重复的生活和工作中感受到一种意义、一种目标、一种创造、一种价值、一种希望，这样的人生意义感会让你获得美好。简而言之，新时代美好生活的心理维度，一定包含大爱、幸福、贡献和意义。

这要求中国的广大心理学工作者要牢记使命，充分发挥心理学的学科优势和特色，切实提升我国心理健康问题基础性研究、心理健康知识科学普及以及社会服务的水平，努力打造和培养一支具有高尚职业道德，科学、专业、规范，具有使命感、服务意识和丰富实践经验的心理咨询师队伍，使其成为大力加强和有效推进我国社会心理健康服务体系建设的重要力量，为国民经济和社会发展做出独特的贡献。

新思想引领新时代，新思想指导新征程。在社会主义新时代实现中国梦的路上，如何发挥心理学的更大作用，如何打造更具中国特色、中国气派和中国风格的社会心理服务体系，习近平新时代积极社会心态建设思想对广大中国心理学研究者，特别是社会心理服务工作者，提出了具体要求，指明了工作方向。中国的心理学研究者和工作者要不忘初心、牢记使命，勇于担当国家赋予我们的神圣责任，把“大力加强社会心理服务体系建设”和“培育积极社会心态”作为今后理论研究和实践探索的重中之重，以时不我待、只争朝夕的精神积极投身于新时代社会心理服务体系建设的伟大事业，利用心理学的最新研究成果和方法技术，科学有效地评估、预测、咨询、疏导、优化和干预民众的心理，努力为打造共建共治共享的社会治理格局提供理论支撑，为不断提升国民心理健康素养，建设幸福的心理家园，培育自尊自信、理性平和、积极向上的社会心态，助力全面小康和实现中华民族伟大复兴的中国梦贡献自己的力量。

（原载《长春社会科学》2020 年第 2 期）

从“思想实验”到“科学实验”：道德研究的新路向

传统哲学借助哲学家的“思想实验”对道德进行研究，新近兴起的实验伦理学采用“科学实验”的研究范式来探索伦理问题，特别是致力于道德判断、道德决策、道德行为、道德责任和道德价值的心理模式与认知机制研究。实验伦理学主要关注道德判断的情理问题、道德判断对意图判断的影响问题、道德行为的影响因素问题以及道德原则的普适性与文化差异问题。作为一种用实验、逻辑、数量的方式探索伦理问题的有益尝试，实验法的应用突破了传统哲学“思想实验”的局限，有助于揭示人类复杂道德现象背后的真正原因。

实验伦理学（experimental ethics）是近年来在西方学术界新兴起的一门交叉学科，是用科学的实验方法研究普通人对有意义的伦理问题的日常看法，特别是致力于道德判断、道德决策、道德行为、道德责任和道德价值的心理模式与认知机制研究。① 作为伦理学研究的一种新范式，一种用实验、逻辑、数量的方式探索伦理问题的有益尝试，实验伦理学的出现在西方哲学界引起了十分强烈的反响，受到了国内外相关学者的积极关注，成为一种研究道德的新路向。

我们认为，科学的实验方法能够突破传统哲学“思想实验”的局限，能够为求解纷繁复杂的道德问题提供客观的数据和科学解释，能够帮助我们看清道德困境背后隐藏的心理事实，能够为当代道德研究提供可资借鉴的理论和方法，进而有助于揭示人类复杂道德现象背后的真正原因。实验、测量和统计的实证方法也可以为我们长期以来认为是主观的、人文的、理念性的道德问题的研究提供更为客观、可靠、民主、可证伪的

---

① 彭凯平、喻丰、柏阳：《实验伦理学：研究、贡献与挑战》，《中国社会科学》2011 年第 6 期。

证据和假设。

一 实验伦理学兴起的哲学背景

随着科学技术的进步和不断发展，学科之间的交融日益深入，同一个问题呼唤多个学科从不同侧面来进行探讨。自 21 世纪初开始，西方一些年轻的哲学家开始走出“扶手椅上的沉思”，探索研究哲学问题的新路径。他们结合心理学、语言学、计算机科学、认知科学、脑科学、神经科学的最新研究成果，尝试用科学的实验心理学方法来研究普通人对于哲学问题的看法，例如对赞扬、批评、道德责任等的直观认识，这个新兴的研究领域被称作实验哲学。① 长期以来，一个不争的事实是，传统的哲学研究主要甚至是唯一的方式是依赖于哲学家抽象的思辨、直觉、推理、想象，也就是所谓“思想实验”，即哲学家在思维中设定实验情境，进行推演，展开论证，得出结论。如哲学史上我们所熟知的普特南“缸中之脑论证”、赛尔的“中文屋论证”以及克里普克的“哥德尔和施密特的故事”都属于这一类。② 随着全球化多元价值观的融合、冲突和改变的日益加剧，诉诸哲学自身独特的反思、批判、辩证逻辑和缜密的分析能力于具体的社会文化情境之中，的确为人类认识其自身的一些基本问题，如心智、意识、精神、道德责任、自由意志等，以及认识人类所生活的丰富多彩、复杂多变的世界提供了科学依据。

但问题是，建基于哲学家个人的直觉所得出的结论是否具有真实性、可靠性、普遍性和代表性，是否为每个人所共享，是否能够真正把握事物或概念系统的复杂性。当代的实验哲学通过科学实验研究显示，答案是否定的。也就是说，一些哲学家认为理所当然的哲学论断、主张、观点遭到了经验的反驳，这表明仅依靠传统的哲学思辨方法得出的结论并不总是正确的，并不被所有人所分享，这让我们不得不重新审视哲学家的观点和论证过程的可靠性。针对传统哲学“思想实验”的局限和现实

---

① Knobe J and Nichols S, *Experimental Philosophy*, New York: Oxford University Press, 2008, pp. 3 – 14.

② 张学义：《实验哲学：一场新的哲学变革》，《哲学动态》2011 年第 11 期。

困境，实验哲学家对诉诸哲学家的直觉而得来的一些哲学理论、观念、主张提出了批评、疑问和挑战，呼吁一种新的科学研究路径和方法来解决和突破传统哲学面临的论争和困境。从某种意义上讲，实验哲学的兴起，正是对哲学方法论自身变革需求的积极响应。我们认为，通过对人们可观察和可测量的外显行为进行科学的实验研究，有助于揭示和证实人们的道德信念、道德行为、道德决策和道德判断的心理模式和认知机制。

2008 年 5 月，耶鲁大学哲学系的诺贝（J. Knobe）和亚利桑那大学的尼克尔斯（S. Nichols）合著的《实验哲学》（*Experimental Philosophy*）一书的出版，被视为实验哲学兴起的标志。该书收录了近年来实验哲学的主要研究成果，在开篇两位作者共同发表了一份“实验哲学宣言”，对实验哲学的宗旨、研究方法、主要研究问题和意义进行了阐述，同时对实验哲学的一些异议、批判进行了澄清和反驳。[①] 近年来，美国一些著名大学的哲学系里，先后建立起实验哲学实验室，涌现一批从事实验哲学的哲学家。如哈佛大学、耶鲁大学、普林斯顿大学、纽约大学、亚利桑那大学等。英国、法国等欧洲国家也相继出现了实验哲学的研究机构和倡导者，实验哲学的出现促使我们去认真思考这个学科对道德伦理进行实验研究的意义和价值。作为实验哲学的一个分支学科，实验伦理学正是在这样一种背景下悄然兴起的交叉学科。伦理学是对人类道德生活和行为进行系统考察和探究的科学，其研究对象是现实社会和日常生活中的伦理行为、道德决策、道德判断、道德责任和道德价值等，其采用的主要研究方法是理性思维和传统的哲学思辨及内省式的“思想实验法”，即凭借道德哲学家的直觉思维对道德命题做事实判断和对道德价值做真伪判断。我们认为，伦理学就其本质来说不应该是纯粹的知性探究和推理，而应是一种实践科学，应诉诸科学的实验方法和数据进行探讨。简而言之，通过科学的实验方法更有助于提高伦理学研究的可靠性、有效性、客观性和普遍性。

① Knobe J and Nichols S, *Experimental Philosophy*, New York: Oxford University Press, 2008, pp. 3 – 14.

二 实验法应用于道德研究中的证据

（一）道德判断中的情理问题

道德判断在人们的日常生活中随处可见，通过道德判断对好与坏、对与错、善与恶、美与丑等进行评价，进而影响和决定人们的道德行为。长期以来，关于道德判断中的情与理问题也是哲学家、伦理学家和心理学家一直争执不休的问题。所谓情与理，是指伦理学中所讲的情感与理性，民众世界中的感情与理智，心理学中的情绪与认知。人们争执的焦点是，在道德判断中情与理的作用如何，谁是首要因素。休谟认为，道德判断基于道德情操，即情感驱动道德判断；理性必须依附于情感才能起作用；情感是道德判断的首要因素。而康德却认为，道德判断是基于理性的，即责任驱动道德判断，情感在道德判断中并不起作用，在道德判断中理性是最重要的，通过严密的推理使我们做出道德判断。

可见，休谟持有的是结果论的伦理学思想，而康德秉持的是义务论的伦理学思想。发展心理学家皮亚杰（J. Piaget）和科尔伯格（L. Kohlbery）通过对“儿童打碎杯子”和“海因兹偷药”的道德两难故事的心理学实验研究，认为审慎的认知加工下的推理决定了人们会做出何种道德判断，而情绪在其中并不起什么作用。受心理学中情感革命的影响，社会心理学家对情绪在道德判断中的作用的系列实验研究表明，康德主义所谓道德判断与道德行为源于人类理性的假设并不总是正确的。人类的道德判断和道德行为在很多情况下受情绪和情境因素的影响，一些研究包括认知神经科学的研究支持了情绪对道德判断的影响。海特通过实验研究提出了道德判断的社会直觉模型（social intuition model，SIM）。他认为，人们做出道德判断依赖的是道德直觉，而驱动道德直觉的是情绪。①

哈佛大学社会心理学家格林依据心理学中的两个系统的双加工理论（dual - process model），提出了推理和情绪在道德判断中具有同等作用的观点。格林借助功能性核磁共振（functional Magnetic Resonance Imaging,

---

① Haidt J, The Emotional Dog and Its Rational Tail: A Social Intuitionist Approach to Moral Judgment. *Psychological Review*, Vol. 108, 2001, pp. 814 - 834.

fMRI）技术对实验者脑区进行扫描，发现当人们面临道德情境进行道德判断时会同时激活情感和认知两个加工过程，作出义务论的道德判断时与情绪相关的脑区被激活，作出结果论的道德判断时与审慎的认知加工，特别是工作记忆和执行功能有关的脑区会被激活。① 格林用"杀 1 救 5"的列车难题来说明和解释这一问题。情形一：列车疾驰而过，会轧死前方铁轨上的5 个人，但你可以选择扳道，这将会轧死岔道上的1 个人。请问你是扳道还是不扳？情形二：同样是这辆列车，此时你站在列车上方的天桥上，你前面有个胖子，你可以将他推下天桥来阻挡列车以救活前方铁轨上的 5 个人。请问你是推还是不推？格林发现，同样是杀 1 救 5，大多数人会选择扳道，而不愿意选择推人。为什么在前一种情境下的道德原则不适用于后一种情境了，原因可能是这两种情境下激活的脑区并不相同。在前面选择扳道的情境下人们进行判断时基本上是大脑理智区域在活动，与认知加工相关的脑区会被激活，而在后面推人的情境下，人们做判断时是大脑情感区域在活动，与情绪相关的脑区会被激活。

对于道德判断中的"情—理问题之争"还会持续下去，究竟道德判断取决于何种因素，相信在不断的科学实验及获得的实证数据中答案会变得越来越明晰。

（二）道德判断与意图判断问题

新近的实验研究表明，在我们自动生成的直觉判断和我们对道德责任的理性推理之间，存在着某种不平衡的张力，这可以通过一项被称作"诺布效应"的研究来解释和说明。实验哲学家诺布（J. Knobe）进行了一项值得关注的研究，他向人们呈现两个情境并询问他们的意图判断。在第一个情境中，副总经理向董事会主席提供一个新项目并告诉董事会主席，这个项目能帮助我们盈利，承办这个项目会使环境得到改善；在第二个情境中，副总经理告诉董事会主席，这个项目能帮我们盈利，但同时这个项目也会破坏环境。在这两个情境中，董事会主席给出的答案都是他并不在乎环境会如何改变，他一心只想要承办这个项目。结果在第一种情境下，新项目开始了，公司盈利了，环境得到了改善；在第二种情境下，新项目开始了，公司盈利了，环境受到了破坏。然后询问被

---

① Greene J D, Sommerville R B, Nystrom L E, et al, An fMRI Investigation of Emotional Engagementin Moral Judgment. *Science*, Vol. 293, 2001, pp. 2105 – 2108.

试：在第一种情境下，董事会主席是不是故意想改善环境；在第二种情境下，董事会主席是不是故意想破坏环境。结果听了项目破坏环境故事的被试中有82%的人断言主席是有意要破坏环境，而听了项目有益于环境故事的被试中有77%的人断言主席不是有意要改善环境。

诺布通过这项研究发现：我们在对别人的意图进行判断时，对不好的、有害的行为总是倾向于认为对方是故意这样做的，而对好的、有益的行为却不太倾向于认为对方是有意这样做的。[①] 这时我们的大脑已经把“同样的事情应平等对待”的道理置之脑后，所以我们会指责做出有害行为的那个人，但却不愿意表扬做了有益行为的那个人。

事实上，这一研究结果是不符合常识的，也不合逻辑。但为什么会出现这一结果呢？这是因为道德在人的认知发生伊始就发挥作用，影响了其他判断，人类的道德判断出现在意图判断之前，道德判断起到了直接中介情境和意图判断的作用。[②] 除此之外，研究者还证实了道德判断在信念、知识等领域中所具有的中介作用。[③] 我们应该如何理解人类这种直觉的、自动化的且相对稳定的反应意向？是心理上的谬误，还是我们的情绪情感的原因？传统的哲学家们研究这个问题的普遍方式是去分析和探讨伦理道德抉择的原因。而实用主义者不再关心伦理道德抉择的原因，转而通过实验的方法去探索道德抉择的结果，即关注那些影响我们理解、认识、解释道德判断和意图判断的情境因素。

（三）道德判断与道德行为的影响因素问题

道德判断与道德行为到底是取决于个人因素还是社会情境因素。长期以来，对于决定道德行为的“人—情境之争”始终没有中断。美德伦理学强调，相对于社会情境因素，人类的内在倾向对道德认知、道德情绪和道德行为产生重要的影响，美德作为人格特质对道德行为的影响要远远胜过社会情境因素，决定着人们的道德判断和道德行为，能够使人做出跨时间、跨情境的道德行为。而情境主义（situationism）伦理学则以

---

① Knobe J, Intentional Action and Side Effects in Ordinary Language, *Analysis*, No. 3, 2003, pp. 190 – 194.

② Knobe J and Mendlow G, The Good, The Bad and the Blameworthy: Understanding the Role of Evaluative Reasoning in Folk Psychology. *Journal of Theoretical and Philosophical Psychology*, Vol. 24, 2004, pp. 252 – 258.

③ Knobe J, Buckwalter W, Nichols S, Robbins P, Sarkissian H, Sommers T, Experimental Philosophy, *Annual Review of Psychology*, Vol. 63, 2011, pp. 81 – 99.

科学实验的研究结果为证据旗帜鲜明地反对美德伦理学，认为美德伦理学高估了人类内在倾向对道德行为的影响，同时，低估了情境因素的作用，指出康德主义所认为的道德判断与道德行为源于人类理性的假设并不总是正确的，人类的道德判断和道德行为在很多情况下受物理情境的影响。沃尔特（M. Walter）对特质论提出了疑问，指出人的道德行为更多受情境的影响，情境变化能改变人的行为。[①] 20 世纪 70 年代，社会心理学家艾森（I. Alice）和勒温（pp. Levin）通过科学实验研究发现，情境中细微变化就能影响到人是否做出亲社会行为。[②]

当代的道德心理物理学家通过大量的实验研究证实了在具体的社会情境中，诸如明暗、香臭、上下、左右、远近、轻重、软硬、强弱、冷热、洁脏等物理变量细微改变均能使人的道德行为和道德判断发生改变。[③] 这些研究结果支持情境主义反对美德伦理学的论调，即情境中的物理变量的改变可以使人类道德行为发生改变。道德的心理物理学研究启示我们，社会情境因素对于新时期加强道德建设和重建当代社会核心道德价值观的重要性，同时，也提示我们在对个体进行道德教育和社会政策的制定上，一方面，应在采取以规范性道德理论为指导的传统道德教育同时，教给学生一些诸如情境可以产生道德行为的描述性道德知识；另一方面，应努力塑造一种有助于人们做出道德行为的良好的外部社会环境和氛围。

（四）道德原则的普适性与文化差异问题

实验伦理学十分关注是否存在 些跨文化、普适性的道德原则，以及人类的道德是否存在文化差异。早期的研究者，如发展心理学家皮亚杰和科尔伯格认为，人类的道德发展都是由低到高、由浅到深遵循相同的发展原则和经历相同的发展阶段。但道德的心理物理学的最新研究表明，发展心理学家所认为的人类普遍的道德发展阶段的基本假设并不完全正确，人类的道德发展水平并不是一种能力或特质，它也并非具有跨

---

① Roberts B W, Back to the Future: Personality and Assessment and Personality Development. *Journal of Research in Personality*, Vol. 43, 2009, pp. 137 – 145.

② Isen A M, Levin P F, The Effect of Feeling Good on Helping: Cookies and Kindness. Journal of Personality and Social Psychology, Vol. 21, 1972, pp. 384 – 388.

③ 彭凯平、喻丰、柏阳：《实验伦理学：研究、贡献与挑战》，《中国社会科学》2011 年第 6 期。

情境的稳定性，情境中的物理变量的改变也会使人们的道德行为发生改变。菲斯克（A. Fiske）从人类关系的视角出发，认为人类普遍存在驱动人类行为的四种道德动机：团结、阶层、平等和均衡。[①] 舒瓦茨（R. Shweder）认为至少存在普遍存在的道德伦理：自治伦理、社群伦理和神性伦理。海特在舒瓦茨三种道德伦理的基础上，认为存在五种跨文化、普遍性的道德心理基础：伤害/关怀、公平/互惠、群体/忠诚、权威/尊敬、纯净/圣洁。[②]

我们认为，尽管人类社会存在跨文化、跨地域的、普世性的道德原则和道德价值，但道德的确会受到社会文化和历史时代的影响。社会心理学家尼斯贝特（R. Nisbett）研究发现，美国南方人和北方人在攻击行为上存在文化差异，受南方荣誉文化的影响，为捍卫荣誉，在同样的情境下南方人会比北方人表现出更多的攻击性。[③] 米勒（J. Miller）通过实验研究也发现，道德判断和道德决策同样存在文化差异，例如亚洲人在面对道德判断和道德决策时更强调伦理责任，而西方人则更强调公正伦理。[④] 由此可见，道德具有文化差异，我们应该在中国的文化背景下，采用科学的实验方法对中国特有的道德传统进行实证的探索、现象的验证和理论的建构。

三　意义与展望

如果说科学实践的目的和价值在于提高人类的生活，那么将实验法应用到能使人们生活得更好的伦理学研究中是符合情理的事情。从目前

---

① Fiske A P and Haslamb N, *The Four Basic Social Bonds*: *Structures for Coordinating Interaction*, *in Baldwin M. ed.*, *Interpersonal Cognition*, New York: Guilford Press, 2005, pp. 267 – 298.

② Greene J D, From neural "is" to moral "ought": What are the moral implications of neuroscientific moral psychology? *Nature Reviews euroscience*, No. 4, 2003, pp. 847 – 850.

③ Cohen D, Nishett R E, Bowdl B, et al, Insult, Aggression, and theSouthern Culture of Honor: An Experimental Ethnography, *Journal of Personalityand Social Psychology*, Vol. 70, 1996, pp. 945 – 960.

④ Miller J G, Bersoff D M, Culture and Moral Judgment: How Are Conflicts between Justice and Interpersonal Responsbi1ities Resolved? *Journal of Personality and Social Psychology*, Vol. 62, 1992, pp. 541 – 554.

实验伦理学的发展态势来看，受实验哲学运动的影响，实验伦理学在西方国家正呈现出不断扩散蔓延之势，其影响会波及和涵盖越来越多的伦理学范畴。我们认为，伦理学的研究不应与人们现实生活世界中的真实道德问题相脱离，不应只是伦理学家依赖自己的直觉坐在扶手椅上进行抽象的判断、思维、推理和沉思，而应采用更可靠、有效、可证伪的实验方法。伦理学家的道德直觉应服从于实证的检验，心理学家和实验伦理学家通过科学实验将伦理学问题诉诸普通人的直觉判断，依靠客观的实验数据来验证伦理学家的观点和主张，使人们能更加清晰地看待这些单凭有限的理性思维和传统的哲学思辨难以全面解释的伦理问题，这对于传统伦理问题的解决无疑是有价值的。对于很多伦理困境和道德难题来说，传统伦理学家关注的是“应该如何”的问题，而科学研究注重的是“是什么”的问题，如此一来，两者必然难以形成交集。[①]

实验伦理学以伦理学问题为研究对象，以科学实验心理学的方法为研究手段，希望通过科学实验的方式重新审视和思考道德困境。因此，实验伦理学的出现，并不是要否定、消解、取代伦理学原有的思辨、概念分析、想象和推理的研究方式，也不是说探究所有的伦理学问题都要诉诸实验，而是试图为求解纷繁复杂的伦理问题提供经验数据和佐证，帮助我们看清道德困境背后隐藏的心理事实。

我们认为，科学实验的方法在伦理学中的运用将会被越来越多的哲学家和伦理学家接受和认同，将会极大地推进伦理学的研究和发展，其不仅能够补充和验证已有的伦理学理论，而且能够为我们带来“扶手椅上沉思”发现不了的结论，有助于把道德伦理研究带入一个全新的方向。正如实用主义心理学家詹姆斯、杜威等所言的，道德伦理既是一项心理的事业，又是一项实验的事业，在这项事业里，所有关于心理学的科学实验方法都可以被用来验证假设，从而解决现实世界中特定的道德伦理问题。[②] 从实用主义的视角来看，我们无法完全走出普通人类的认知，也达不到所谓“上帝视角”或者绝对客观权威的立场，通过科学实验获得的数据能够在最大程度上帮助我们去认识、理解、判断和反思什么是好

① 喻丰、彭凯平：《道德困境之困境——情与理的辩争》，《心理科学进展》2011 年第 11 期。

② Jessica W, Experimenting with Ethics in the Twenty - first Century, *Journal of Speculative Philosophy*, Vol. 25, No. 1, 2011, pp. 33 - 47.

与坏、善与恶等伦理道德问题。

实验伦理学拓展了伦理学家的研究视野，超越了传统哲学家“扶手椅上沉思”的“思想实验”套路，能够消解哲学与科学之间的鸿沟，拉近伦理学“应该”与道德的心理物理学“是”的距离，有利于伦理学和科学走向合流。伦理学上的理论思辨和推理为科学实验提供了思路和假设，科学上的实验数据为伦理学思考提供了强有力的证据和支撑。[①] 和传统伦理学相比，实验伦理学将科学实验的方法引入到道德问题的研究中，在方法论上具有实质性的突破，对于求解复杂疑难的伦理学问题应该能够提供新的证据和科学的解释。

需要指出的是，在对道德进行理解和探索的过程中，提出以心理学科学实验的方式来探讨道德这样的传统哲学问题，并不是要取代或否认其他研究路径或范式在道德研究中的地位和价值，而是意图拓展道德研究的路径，推进道德研究的进程，使实验方法成为对道德问题探讨的一个有益补充。同时，希望借助实验的方法使伦理学家和心理学家在面临共同的道德问题时，能够站在同一平台上进行有意义的对话和交流，共同探索人类复杂道德现象背后的机制。

从总体来看，实验伦理学作为一门新兴学科，一个新的研究领域，还处在起步和发展阶段，其自身体系还存在一些需要不断完善的地方，还面临着许多挑战，还需要心理学家、伦理学家、神经科学家以及认知科学家进行多层面的合作与探讨，还需要更深入的实证探索与跨文化的分析来佐证。但无论如何，作为一个新生事物，实验伦理学是对传统伦理学自身方法论困境要求变革的积极响应，这种响应反映了人们希望通过科学实验的方式重新审视和思考伦理问题的诉求。就此而言，当擅长思辨的哲学家和伦理学家运用科学实验的方法来探究普通人对有意义的道德问题的日常看法时，它能够为我们提供更客观、更普遍、更可靠、更有效的结论，有助于揭示道德判断和道德行为背后的真正原因。

（原载《医学与哲学》2013 年第 4 期）

① 张学义：《实验哲学：一场新的哲学变革》，《哲学动态》2011 年第 11 期。

加强医德建设道德心理物理学的新思考

国外新近兴起的道德的心理物理学研究表明，在具体的情境中，诸如明暗、冷热、洁脏、大小、左右、甜苦、远近、强弱等物理变量的改变可以使人的道德判断和道德行为发生明显的变化。基于上述研究成果，新时期在以规范性道德理论为指导对医务人员进行传统医德教育的同时，应加强对医务人员进行诸如情境可以影响道德行为的描述性道德知识的教育，在文化和制度上努力营造一种有助于医务人员表现出良好医德行为的医疗环境和氛围。

医德问题历来都是备受社会关注的重要主题。古人云，“无德不成医”“医乃仁术”，这些真知灼见蕴含着医德是医院的灵魂，是构建和谐医患关系和提高医疗质量重要保证的深刻意涵。纵观古今，无数历代名医在精研医术的同时，无不具备高尚医德，时刻不忘践行大医医德。① 在新形势下，不断加强对医务人员的道德教育，培养其具有高尚的医德行为，提升广大医务人员的医德境界，仍然是当前乃至今后医院管理和发展中的一项重中之重。②③ 新时期如何在科学发展观的指导下，不断探索加强医德建设的新方法、新路径，成为我们深入思考的重要课题。本文即基于国外道德心理物理学的最新研究成果，对新时期进一步加强医德建设的新思考和新探索。

---

① 王文娟：《近现代京城名医高尚医德的体现及成因分析》，《医学与哲学》（人文社会医学版）2012 年第 5 期。

② 李兆良：《论医生的宽容心》，《医学与哲学》（人文社会医学版）2010 年第 6 期。

③ 曾翠：《刍议医德迷失与重塑》，《医学与哲学》（人文社会医学版）2011 年第 8 期。

一 道德的“人—情境之争”

人类的道德判断和道德行为到底是取决于个体的内部认知与情绪因素还是外部社会情境因素。长期以来，对于这一复杂问题，哲学家、心理学家和伦理学家的争论始终没有中断过。美德伦理学强调，相对于社会情境因素，人类的内在倾向、内在特质对道德认知、道德判断、道德情绪和道德行为的产生有着十分重要的影响。美德伦理学认为，美德作为人格特质对道德行为的影响要远远胜过社会情境因素，它决定着人们的道德判断和道德行为，导致了人们如何做某事，能够使人做出具有跨时间、跨情境一致性的道德行为。而情境主义（situationism）伦理学则以科学实验的研究数据结果为证据，认为美德伦理学高估了人类内部因素对道德判断、道德行为的影响，同时，低估了人类所处的外部情境因素对道德判断和行为的作用。通常人们把出现道德行为差异归结为个体内部因素的使然而非外部情境的结果，这是因为我们在思维上存在一种向内归因的基本归因偏差（fundamental attribution bias）局限。[①] 我们更看重也更容易高估稳定的、不易改变的内部人格特质对我们行事方式的影响，而倾向于低估经常变化的、不可控的外部情境因素的作用。国外新近兴起的实验伦理学研究表明，康德主义所认为的影响人类道德判断与道德行为的首要因素是理性、责任和严密的推理的观点并不总是正确的，人类的道德判断和行为在很多情况下是受情境影响的。[②] 沃尔特（M. Walter）也对特质论提出了疑问，他指出人的道德判断与道德行为更多受情境的影响，情境的变化能改变人的道德判断和道德行为。[③]

社会心理学新近的实验研究表明，外在的社会情境对人们的道德判断和道德行为有着十分重要的影响，有时候即使是微小的情境改变也能

---

① Ross L, *The Intuitive Psychologist and His Shortcomings: Distortions in the Attribution Process*, *In L. Berkowitz (Ed.)*, *Advances in Experimental Social Psychology*, New York: Academic Press, 1977, pp. 173 – 220.

② 彭凯平、喻丰、柏阳：《实验伦理学：研究、贡献与挑战》，《中国社会科学》2011 年第 6 期。

③ Robert B W, Back to the Future: Personality and Assessment and Personality Development, *Journal of Research in Personality*, Vol. 43, 2009, pp. 137 – 145.

使人的道德判断和道德行为发生很大的变化。[①] 换言之，人们所处的外部环境对是否做出良好的道德行为至关重要，决定着人的道德判断和道德行为。例如意外获得了1毛钱的人更愿意对他人表达自己的爱心行为，身处光线昏暗房间里的被试比在明亮房间里的被试更倾向于虚报他们做对难题的数目以获得本不应属于自己的奖励，戴着墨镜的被试也比戴着普通眼镜的被试作弊更多。同样，仅仅是外界温度条件的改变，也会影响人们的道德行为，过低或者过高的温度都会增加人们的攻击行为。[②] 再有，仅仅是情境干净与否这一简单的变化都会使个体对同一道德问题做出不同的道德判断。身处散发着洁净气味房间内完成任务的被试比身在没有洒满清洁剂房间内完成任务的被试更倾向于相信别人，表现出更多的合作和利他行为。[③]

通过对道德的“人—情境之争”的讨论与分析，可以得出这样的结论，即对于道德判断机制问题的探究，绝不能仅局限在道德判断主体的情绪反应或审慎的认知这一内部过程上，还应更加关注和考虑道德判断主体所处的涵盖范围广阔的情境因素，包括广义的情境因素——文化变量。也就是说，人类的道德判断与行为或许并不只是个体内部对结果、意图、信念等信息的整合加工与推理过程，也不是在面对一些非道德事件进行道德判断时的自动情绪反应的结果，而是在很多情况下，个体的道德判断受到其所处的外部社会情境因素及其各种物理变量的影响。有时，这种影响甚至要远远超过道德行为主体内部审慎的认知加工作用和自动情绪反应。

二　道德的心理物理学研究

道德的心理物理学（psychophysics of morality）是近年来在国外新兴

---

① 李兆良、彭凯平：《从“思想实验”到“科学实验”：道德研究的新路向》，《医学与哲学》（人文社会医学版）2013年第4期。

② Williams L E, Bargh J A, Experiencing Physical Warmth PromotesInterpersonal Warmth, *Science*, Vol. 322, No. 10, 2008, pp. 606 –607.

③ Liljenquist K, Zhong C B, Galinsky A D, The Smell of Virtue: Clean Scents Promote Reciprocity andCharity, *Psychological Science*, Vol. 21, No. 3, 2010, pp. 381 –383.

起的一个研究方向，其主要探讨微观情境中的物理变量对心理变量特别是对道德判断、道德评价、道德行为等的影响。道德的心理物理学强调外部微小的情境变化也会影响人的道德行为，这种影响效力在特定道德行为上甚至要超过人的内部因素（人格特质、能力）。道德的心理物理学诉诸社会心理学的实验方法，探索和验证社会情境中不同的物理变量（如大小、明暗、香臭、上下、左右、远近、轻重、软硬、甜苦、强弱、冷热、洁脏等）与道德概念之间的关系，并基于具身认知、隐喻认知和表征认知的理论来解释并揭示物理变量影响人类道德判断与行为的心理机制。①

国外实验伦理学家通过大量的科学实验研究，向我们提供了物理变量影响人类道德判断和行为的证据。研究表明，上与下这对物理变量与道德相联系，当具有正向含义的积极词语呈现在计算机屏幕上方，负向含义的消极词语呈现在屏幕下方时，被试的反应和编码速度会更快。② 用道德与不道德替换正向和负向含义的词汇，也得到了同样的研究结果和效应。③ 研究发现，与描写出伤害他人的经历相比，描写出亲社会利他经历的情况下，举同等重量哑铃的时间更长；在做出慈善公益捐款行为之后，被试举哑铃的时间也更长。④ 这表明，人的身体力量的大小与道德行为之间也存在密切关系。同样，道德也具有显著的明暗效应。明、白、亮通常具有正向、光明正大、好事的含义，暗、黑、灰则具有消极、见不得阳光、坏事的意涵。实验研究发现，橄榄球队或冰球队队员在身着黑色队服时比身着其他浅色队服时表现出更多的犯规和攻击行为。⑤ 有研究发现，无论是成人还是儿童，都会把写有积极自我评价词汇的卡片和美好的东西放进白色的盒子，而把消极自我评价的卡片和不好的东西放

---

① 彭凯平、喻丰：《道德的心理物理学：现象、机制与意义》，《中国社会科学》2012 年第 12 期。

② Meier B P, Robinson M D, Why the Sunny side is up: Associations between Affect and Vertical Position, *Psychological Science*, Vol. 15, No. 4, 2004, pp. 243 – 247.

③ Chasteen A L, Burdzy D C, Pratt J, Thinking of God moves Attention, *Neuropsychologia*, Vol. 48, No. 2, 2010, pp. 627 – 630.

④ Gray K, Moral Transformation: Good and Evil Turn the Weak into the Mighty, *Social Psychological and Personality Science*, Vol. 3, No. 1, 2010, pp. 253 – 258.

⑤ Frank M G, Gilovich T, The Dark Side of Self – and Social Perception: Black Uniforms and Aggression in Professional Sports, *Journal of Personality and Social Psychology*, Vol. 54, No. 1, 1988, pp. 74 – 85.

在黑色的盒子里。味觉上的甜与苦与道德判断、道德行为关系的研究发现，饮用了苦茶的被试比喝了甜的饮料的被试表现出更多厌恶、反感等消极情绪，在一些道德情境下会做出更苛刻的甚至错误的道德判断。[①] 同样，吃了甜食的人比吃了非甜食的人自我报告表现出更多亲社会利他助人行为和随和性。[②] 自身感受到温度的冷热不同，也对道德判断和行为产生影响。身处温暖房间半小时后的个体，会更加关注他人的感受，在交往中会更加注重建立和维持和谐的人际关系，对人更友善，更愿意相信他人，会表现出更多的道德行为。研究也发现，端着热咖啡的被试在随后的任务中对陌生人给予更多的“热情”等偏向正向的评价，而端着冷咖啡的被试则更多地做出“冷漠”等偏消极的评价。[③]

除上述变量对道德产生影响之外，道德心理物理学的研究也发现，诸如软硬、香臭、洁脏、远近、左右等物理变量也与道德之间存在着关联，这些实验研究的结果为社会情境因素影响道德判断和行为提供了有力的支持和佐证，也为新时期不断加强医德建设和对医务人员进行医德教育带来了新的启示。

三　对加强医德建设的启示

道德心理物理学的实验研究结果表明，一个人的道德判断以及所表现出来的道德行为并非只是简单的个体内部审慎推理加工过程和情绪反应结果，在很多情况下，它依赖于个体所处的外部情境因素，受某些特定物理变量的影响。事实上，医务人员的医德认知、医德情感、医德判断和医德行为的发生，有时并不一定是他们理解和使用了某些医德原则和医德规范的结果，而很可能是受到其所处的一些外部特定社会情境因素或某些物理变量的影响，而产生的快速自动化联结的道德直觉过程。

---

① Eskine K J, Kacinik N A, Prinz J J, A Bad Taste in the Mouth: Gustatory Disgust Influences Moral Judgments, *Psychological Science*, Vol. 22, No. 3, 2011, pp. 295 – 299.

② Meier B P, Moeller S K, Riemer – Peltz M, Robinson, M D, Sweet Taste Preferences And Experiences Predict Pro – Social Inferences, Personalities, And Behaviors, *Journal of Personality and Social Psychology*, Vol. 102, No. 10, 2012, pp. 163 – 174.

③ IJzerman H, Semin G R, The Thermometer of Social Relations Mapping Social Proximity on Temperature, *Psychological Science*, Vol. 20, No. 10, 2009, pp. 1214 – 1220.

道德的心理物理学研究结果对新时期加强医德建设及对医务人员进行医德教育具有重要的启示和指导作用主要体现在：首先，新时期加强医德建设及对医务人员进行医德教育时，不能仅从规范伦理的角度出发，认为医德是一种内部的人格特质，具有跨时间、跨情境的稳定性，决定医务人员的道德价值、道德判断、道德决策和道德行为。也不能像传统规范医德教育那样只单向讲授一个完善的道德规范知识体系，阐述义务论或功利主义的原理与原则，灌输道德思想，然后通过设置道德困境，让医务人员自行领悟、反省和主观评价，从而达到提升其医德水平的目的。

事实上，通过这种形式的医德教育，绝大多数医务人员能够理解和阐释医德原则和规范，知道什么是道德的，怎么做是正确的，但问题是当他们在现实医疗情境中面临真正的道德难题时，他们还是很难做出正确的道德判断与抉择，还是不会经常表现出高尚的医德行为。即表现出我们所说的言行不一，说一套做一套的道德伪善。这表明，接受了医德教育并不等于能够做出良好的医德行为。也就是说，学习抽象的医德规范知识与在现实中做出合乎道德的行为并不是一回事。有时，人们身处外部强大的情境压力之中，人的意志、观念和道德规范会显得苍白无力。

新时期加强医德建设应在传授医德规范知识的同时，加强文化和制度建设，注重教育的效果和方法，不要单纯地进行提高个人修养的医德思想教育，而应将医德视为一种受外部社会情境因素和物理变量影响的社会认知过程（包含情感、认知、思维、动力、社会文化和时代特征等），对医务人员进行诸如情境因素和物理变量可以影响医德判断和医德行为、情境可以产生道德行为等描述性的医德知识的教育，使医务人员意识到情境对医德行为影响的重要性，以及在培养其良好的医德品质的同时培养其塑造良好情境的能力。

其次，医院在管理制度的制定上，应自觉树立社会情境因素对医德影响的观念和意识，应注重进一步改善和优化医疗环境，努力营造一种有助于诱发、唤醒、维持和激发医务人员做出良好医德行为的医疗文化情境氛围。依据道德心理物理学的实验研究结果和发现，以及具身认知理论所主张的，当情境中的物理变量达到一定值时，通过个体自身的身体体验和感受或者活动状态，能够激活具有道德意涵的心理表征的观点，在现实的医疗工作情境中，应该尽量使医务人员的日常办公环境和医疗环境变得更加明亮、干净、整洁、温暖、空气清新、气味纯净，以此对医务人员产生积极的影响，使其体验到更多的积极道德情绪情感体验，激发崇高的亲社会道德动机，积聚自身的正能量和调动内在积极的心理资源，增强医务人员工作积极性和救死扶伤的神圣使命感，从而有助于其做出良好的亲社会医德行为，减少医患矛盾和冲突，进一步提升新时期医务人员的道德水准和医德境界。

最后，在中国的文化背景下，对医德判断与医德行为的影响因素进行心理物理学的跨文化验证，这对于丰富和完善国外已有的相关理论，为今后进一步加强和改进医德建设提供重要的理论支持，都具有十分重要的现实意义和理论价值。

需要指出的是，新时期加强医德建设和对医务人员进行医德教育的时候，既不能断言人格特质是医德判断、医德行为的唯一决定因素，也不能仅强调外部情境因素或物理变量对医德判断、医德行为的关键作用，而应主张两者的互为补充，对医德行为的共同影响作用。也就是说，在强调医德存在内部个体差异的同时，也要考虑医德受医务人员所处的更为广阔的社会情境的影响。当我们在现实医疗情境中同时关注二者对提升医德水平和医德境界的价值时，将会对新时期加强医德建设和对医务人员进行医德教育具有更直接、更有效的指导作用。

（原载《医学与哲学》2013 年第 12 期）

大学生内隐感恩与外显感恩对主观幸福感的影响

长期以来，感恩一直是哲学和神学探讨的重要主题。[①] 心理学对于感恩的关注才开始十几年的时间。感恩作为一种积极的人格特质和正性的情感，能够加强社会人际关系，帮助人们应对紧张的情境，有助于个体的自我接纳和健康，能提高个体的幸福感。当前，对于感恩的研究还处于“国外热，国内冷；实践活动热，理论研究冷，心理学研究更冷”的阶段。[②]

国外心理学学者十分重视对感恩的理论和实证研究，在感恩的概念、理论和测量方面成果颇丰。对于感恩的概念，研究者还没有统一的界定，有学者认为感恩是一种积极人格特质，[③] 也有研究者认为感恩是一种情感特质。[④] 何安明等人从理论层面和操作层面对感恩做出了较为全面的界定。[⑤] 从理论层面来讲，认为感恩是个体在认识到施恩者所给予自己的恩惠或帮助基础上产生的一种感激并力图有所回报的情感特质，是知、情、意、行的有机统一，是一种积极的、具有社会道德意义的人格特质；在操作层面上，认为感恩作为一种情感特质是个体即时性或持久性地感知

---

① Harpman E J, Gratitude in the history of ideas, In R. A. Emmons and M E Mc Cullough (Eds.), *The psychology of gratitude*, 2004, pp. 19 – 36.

② 何安明、惠秋平、刘华山：《外显感恩、相对内隐感恩和整体内隐感恩》，《心理学探新》2013 年第 4 期。

③ Wartkins P C, WoodwardK, StoneT, and Kolts, Grtatitude and happiness: development of a measure. Gratitude, and relationships with Subjective Well – Being, *Social Behavior and personality*, Vol. 31, No. 5, 2003, pp. 431 – 452.

④ Mc Cullough M E, EmmonsRA and TsangJA, The Grateful Disposition: A Conceptual and Empirical Topography, *Journal of Personality and Social Psychology*, Vol. 82, No. 1, 2002, pp. 112 – 127.

⑤ 何安明、刘华山、惠秋平：《大学生感恩内隐效应的实验研究》，《心理发展与教育》2013 年第 1 期。

和体验、表达和回报他人、社会或自然恩惠。张利燕等人认为感恩在本质上是一种道德情感，根据罗森伯格（M. Rosenberg）的理论，他们进一步将感恩分为状态感恩与特质感恩两种。[①]

目前，对于感恩的理论解释主要有认知情绪理论、拓宽建构理论和道德情感理论。认知情绪理论认为，当人们从真诚的给予者那里得到帮助时，就会体验到感激的心情，感恩的意图对产生感恩体验有良好的指示作用；拓宽建构理论将感恩看作一种积极情绪，[②] 它拓宽了人们的认知和行为，从而建构出各种资源；麦考夫等人提出的道德情感理论把感恩视为一种道德情感，并具有道德计量、激发道德动机和强化道德三种功能。[③] 感恩的量表主要集中在对特质感恩的测量方面，国外以麦考夫等人2002 年编制的六项感恩问卷（The Gratitude Questionnaire -6，简称GQ -6）和沃特金斯（Wartkins P C）等人 2003 年编制的感恩怨恨和感激量表（The Gratitude Resentment and Appreciation Test，简称 GRAT）为代表。[④⑤] 国内最早的感恩量表是由马云献和扈岩（2004）编制的大学生感戴量表，共包含 14 道题目；[⑥] 国内其他有代表性的量表有何安明、刘华山等人2012 年编制的青少年感恩量表，[⑦] 孙天义 2011 年为了解公务员队伍素质而编制的公务员感恩量表等。[⑧]

何安明（2013）等人受内隐—外显社会认知分离研究的启发，在2013 年首次提出了内隐感恩的概念，认为内隐感恩是指个体在认识到施

---

① 张利燕、侯小花：《感恩：概念、测量及其相关研究》，《心理科学》2010 年第 2 期。

② 蒲清平、徐爽：《感恩心理及行为的认知机制》，《学术论坛》2011 年第 245 期。

③ Mc Cullough M E, Kilpatrick, EmmonsRA and Larson, Is gratitude a moral affect? *Psychological Bulletin*, Vol. 127, 2001, pp. 249 -266.

④ Mc Cullough M E, Emmons RA and Tsang JA, The Grateful Disposition: A Conceptual and Empirical Topography, *Journal of Personality and Social Psychology*, Vol. 82, No. 1, 2002, pp. 112 -127.

⑤ Wartkins P C, Woodward K, Stone T, and Kolts, Grtatitude and happiness: development of a measure. Gratitude, and relationships with Subjective Well - Being, *Social Behavior and personality*, Vol. 31, No. 5, 2003, pp. 431 -452.

⑥ 马云献、扈岩：《大学生感戴量表的初步编制》，《中国健康心理学杂志》2004 年第 5 期。

⑦ 何安明、刘华山、惠秋平：《基于特质感恩的青少年感恩量表的编制——以自陈式量表初步验证感恩三维结构理论》，《华东师范大学学报》（教育科学版）2012 年第 2 期。

⑧ 孙天义：《公务员感恩量表的初步编制》，《信阳师范学院学报》（哲学社会科学版）2011 年第 5 期。

恩者所给予自己的恩惠或帮助基础上产生的一种无意识或者自动化的感激并力图有所回报的情感特质，它是意识无法觉察和控制的。[①] 他们的系列研究证明了内隐联想测验 IAT、单类内隐联想测验 SC－IAT 和 Go/No－go 联想任务测验 GNAT 可作为测量内隐感恩的重要方法。研究还发现大学生整体存在积极的内隐感恩，外显感恩与内隐感恩是两个不同的建构，自我—他人 IAT 测量的是相对内隐感恩，自我 SC－IAT 测量的是整体内隐感恩，是两个相对独立的建构。[②]

主观幸福感是个体依据自身的标准对其生活质量所进行的综合性评价，它具有主观性、稳定性和整体性的特点。[③] 主观幸福感以快乐论为基石，认为幸福就是情绪愉快和生活满意。就主观幸福感而言，研究表明感恩的个体是幸福的，感恩对主观幸福感具有显著的预测作用，与不感恩的大学生相比，感恩的大学生报告经历更多的积极情绪、希望、乐观、活力、生活满意度和幸福感，以及更少抑郁、妒忌和消极情绪。[④⑤] 其他对成人和青少年的研究也得到了一致的结论。由此可见，感恩能使个体有更多的积极情绪情感体验，能提高个体整体生活满意度，是影响个体幸福感最大的人格特质之一。

甘启颖采用计数感恩实验的方法所构建的因果模型发现，感恩、应对方式与人际关系对主观幸福感均有预测作用；[⑥] 汤茉玲的研究发现，感恩对主观幸福感有预测作用，感恩通过影响人际关系来间接影响主观幸福感；[⑦] 马丽的研究证明感恩在一定程度上可以预测主观幸福感，并通过

---

① 何安明、惠秋平、刘华山：《外显感恩、相对内隐感恩和整体内隐感恩》，《心理学探新》2013 年第 4 期。

② 何安明、惠秋平、刘华山：《SC－IAT 范式下大学生感恩的内隐性》，《心理学探新》2014 年第 6 期。

③ Dinener E，Subject Well－being，*Psychology Bulletin*，Vol. 95，No. 2，1984，pp. 542－575.

④ Mc Cullough M E，Emmons R A and Tsang J A，The Grateful Disposition：A Conceptual and Empirical Topography，*Journal of Personality and Social Psychology*，Vol. 82，No. 1，2002，pp. 112－127.

⑤ Wartkins P C，Woodward K，Stone T，and Kolts，Grtatitude and happiness：development of a measure. Gratitude，and relationships with Subjective Well－Being，*Social Behavior and personality*，Vol. 31，No. 5，2003，pp. 431－452.

⑥ 甘启颖：《大学生感恩心理对主观幸福感影响的实证研究》，硕士学位论文，陕西师范大学 2009 年。

⑦ 汤茉玲：《大学生感恩与人际交往、主观幸福感的关系研究》，硕士学位论文，东南大学 2010 年。

社会支持、应对方式、亲社会倾向和积极情绪来影响主观幸福感;[①] 罗利等人考察了中学生感恩和主观幸福感的关系，以及社会支持和抗挫折能力的中介作用。研究结果发现，中学生的感恩能通过社会支持和抗挫折能力来影响主观幸福感;[②] 林珂等人通过内因联想测验和问卷法考察了感恩对主观幸福感的内隐社会认知的影响，结果发现外显感恩预测外显幸福感，内隐感恩预测内隐幸福感;[③] 何安明等人的研究证明了以内隐的方式测量内隐感恩的可行性。[④]

综上所述，感恩对幸福感具有独特的预测作用，是影响个体幸福感的重要因素，能有效提升个体幸福感，但当前关于感恩与幸福感的关系研究大多集中在外显感恩层面，对于内隐感恩与主观幸福感关系的研究并不多见。大学生是否存在内隐感恩，内隐感恩对主观幸福感是否有预测作用，外显感恩与内隐感恩是不是两个独立的建构，这些问题都值得更进一步探究和验证。基于上述分析，本研究从内隐社会认知视角出发，综合采用经典的内隐联想测验、单侧内隐联想测验和自陈式问卷考察外显感恩、内隐感恩对大学生主观幸福感的影响。

一　研究方法

（一）被试

共选取两所综合性大学本科生、研究生被试 120 人，年龄在 18 至 27 岁之间，由于 IAT 程序的反应时要求，排除 3 名数据无效的被试，保留有效数据 117 份。其中男生 38 人，女生 79 人，人文社科专业 40 人，理工农科专业 77 人，被试平均年龄为 22. 4 岁。

---

① 马丽:《感恩与主观幸福感：中介效应和调节效应的探讨》，硕士学位论文，南京大学 2011 年。

② 罗利、周天梅:《中学生感恩与主观幸福感的关系：抗挫折能力与社会支持的中介作用》,《心理发展与教育》2015 年第 4 期。

③ 林珂、黄萍萍、陈颖，等:《感恩对主观幸福感的内隐社会认知》,《科教文汇》2015 年第 5 期。

④ 何安明、惠秋平、刘华山:《外显感恩、相对内隐感恩和整体内隐感恩》，《心理学探新》2013 年第 4 期。

（二）实验材料

1. 外显感恩问卷

采用麦考夫等人 2002 年编制的感恩问卷（GQ－6）和沃特金斯（pp. C. Watkins）等人编制的感恩怨恨和感激量表（GRAT）。感恩问卷为自陈式量表，共 6 个题目 7 点计分，为单因子结构量表，总分范围为 6～42 分，内部一致性信度为 0.82（黎玉兰 2008）。感恩怨恨和感激量表也为自陈式量表，包括 44 道题目 5 点计分，包括三个分量表：感激他人、简单感激和充实感。该量表内部一致性系数为 0.92，与 GQ－6 相关系数为 0.82。

2. 内隐感恩测验

感恩的内隐测量采用 E－prime 编制的 IAT 和 SC－IAT 两个测验：概念词包括自我词和他人词各四个：我、我的、自己、自己的、他、他的、别人、别人的。IAT 运用自我和他人词，SC－IAT 采用自我词。属性词采用何安明（2013）的研究所评定的八个描述感恩的属性词，并由 6 名心理学硕士对词汇进行评定。积极属性词包括：知恩图报、饮水思源、感恩戴德、助人为乐；消极属性词包括：忘恩负义、恩将仇报、见利忘义、过河拆桥。IAT 与 SC－IAT 采用相同的属性词。

3. 主观幸福感测量

本研究拟运用结构方程模型的方法来考察感恩与幸福感的关系，因此选用了三个量表对主观幸福感进行全面的测量。三个量表分别是坎贝尔（A. Campbell）幸福感指数量表（2007），[①] 布拉德伯恩（N. Bradburn）的情感量表和迪纳（E. Diener）等人编制的《国际大学调查》中的生活满意度量表。[②] 幸福感指数量表包括 8 个项目的总体情感指数量表和 1 个项目的生活满意度量表两部分，7 点计分，后者权重为 1.1，二者的一致性系数为 0.55。布拉德伯恩的情感量表包括 10 个项目，奇数项为正性情感题，答案为“是”计 1 分“否”不计分，偶数项为负性情感题，答案为“否”计 1 分“是”不计分。总的得分为正性情感分数减去负性情感分数再加 5，所得分数在 1～9 之间。3 天后的重测信度为 0.76。迪纳等

① Campbell A and Suh E M, Subjective measures of well－being, *American Psychologist*, Vol. 31, 1976, pp. 117－124.

② Dinener E, Subject Well－being, *Psychology Bulletin*, Vol. 95, No. 2, 1984, pp. 542－575.

人的生活满意度量表包括 5 个项目，7 点计分，分数越高则被试的幸福感和生活满意度越高。

（三）实验程序

首先，被试需完成纸质的外显感恩和主观幸福感测量，之后在计算机上进行内隐感恩的测量。IAT 和 SC－IAT 的反应时和正确率由电脑自动记录，反应时精确到毫秒。内隐测验要求被试在确保正确的基础上迅速对屏幕中央显示的词汇做出归类反应，并按“F”和“J”键进行判断。IAT 的任务包括七个步骤，具体程序为：①对自我词和他人词进行归类，自我词请按“F”，他人词请按“J”；②对积极和消极的属性词进行归类，积极词请按“F”，消极词请按“J”；③将概念词和属性词混合，自我词和积极词归为一类按“F”，他人词和消极词归为一类按“J”；④与③程序相同，刺激数量变为三倍；⑤对自我词和他人词进行归类，但他人词请按“F”，自我词请按“J”；⑥将概念词和属性词混合，但他人词和积极词归为一类按“F”，自我词和消极词归为一类按“J”；⑦与⑥程序相同，刺激数量变为三倍。③与④为相容反应，⑥与⑦为不相容反应，数据仅收集④和⑦阶段的反应时间与正确率。之后，被试可自行选择休息 5～10 分钟，然后进行下一阶段 SC－IAT 任务。

SC－IAT 任务是对内隐联想测验的修正，用来测量属性和单一态度对象之间的联结强度。SC－IAT 包括四个步骤，具体程序为：①对自我词和属性词进行归类，自我词和积极词归为一类按“F”，消极词归为一类按“J”；②与①程序相同，刺激数量变为三倍；③对自我词和属性词进行归类，积极词归为一类按“F”，自我词和消极词归为一类按“J”；④与③程序相同，刺激数量变为三倍。为防止形成反应偏差，①和②中自我词、积极词和消极词的比率为 1∶1∶2，③和④中自我词、积极词和消极词的比率为 1∶2∶1，这样使得每个阶段的正确反应在“F”和“J”键上各 50%，整个实验大约持续 20 分钟。

（四）数据分析

在得到可靠的数据样本后，采用 IBM SPSS Statistics 20.0 和 IBM Amos 21.0 对实验数据进行分析。

二 研究结果

（一）实验结果预处理

内隐联想测验自 1998 年被提出以来已经在社会认知的研究方面得到了广泛应用。[①] 随着 IAT 的发展，其创始人 Greenwald 在 2000 年又提出了 IAT 反应时的新计算方法——D 值。[②] D 值的具体运算步骤如下：①删除高于 10000ms 或低于 350ms 的数据；②将错误反应的反应时用所属组块正确反应的平均反应时加上 600ms 来代替；③计算相容任务与不相容任务的平均反应时之差，再除以所有正确反应时的标准差，所得的值即为 D 值。D 值代表了内隐效应的大小，越大则代表内隐上对态度对象越认同。与传统的计分方式相比 D 值不受被试反应时的影响，因此有更高的说服力。本研究采用 D 值的计算方法对实验数据进行预处理，以此来代表被试内隐效应的大小。

（二）感恩的描述性统计

GQ－6 量表的中值为 24.00，被试所得的平均分为 35.03 ± 3.459，GRAT 量表中值为 126.00，被试所得的平均分为 176.14 ± 15.318，说明大学生群体外显感恩程度较高，但两个量表性别差异均不显著（$t = -1.160$，$p = 0.248$；$t = -1.932$，$p = 0.056$）；IAT 均值为 0.68 ± 0.421，SC－IAT 均值为 0.27 ± 0.258，单样本 t 检验显示，IAT 与 SC－IAT 的值与 0 的差异显著，这说明感恩的内隐效应显著；单样本 t 检验显示，内隐测量的性别差异不显著（$t = -1.840$，$p = 0.068$；$t = 0.605$，$p = 0.546$）。

（三）感恩的结构分析

各个感恩之间的相关见表 1，由表 1 可知 GQ－6 与 GRAT 之间相关显著，IAT 与 SC－IAT 之间相关不显著，外显感恩与内隐感恩之间相关不显著。这说明外显感恩与内隐感恩分别对感恩产生影响。为了进一步探究感恩的结构，本研究用 Amos 建模的方式对感恩的结构进行了验证性因素

---

① 张珂、张大均：《内隐联想测验研究进展述评》，《心理学探新》2009 年第 4 期。

② Greenwald A G, Banaji M R, Rudman L A, Farnham S D, Nosek B A and Mellott D S, A unified theory of implicit attitudes, stereotypes, self－esteem and self－concept, *Psychology Review*, Vol. 109, No. 1, 2002, p. 3.

分析，在模型验证时对数据进行标准化转换，验证模型如图 1。

表 1　　感恩之间的相关（n = 117）

\	GQ－6	GRAT	IAT	SC－IAT
GQ－6	1.00			
GRAT	0.843**	1.00		
IAT	0.067	0.161	1.00	
SC－IAT	0.176	0.138	0.130	1.00

注：** $p<0.01$。

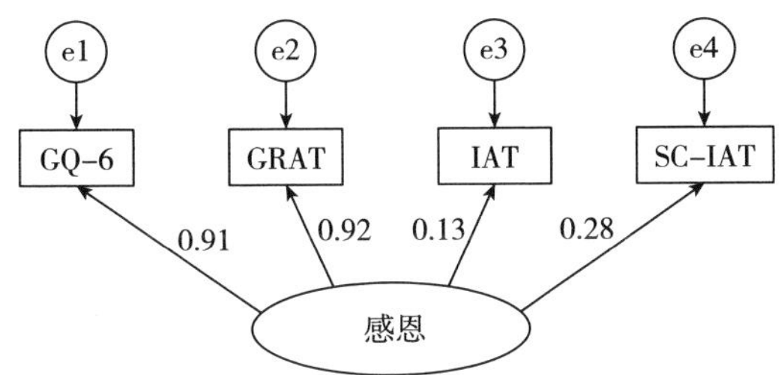

图 1　感恩的结构模型

图 1 中感恩的结构模型拟合指数为：$\chi^2=5.529$，df = 2，$p=0.063$；RMSEA = 0.123；GFI = 0.978；AGFI = 0.892。感恩的结构模型中，IAT 到自尊的路径不显著，SC－IAT 的显著性低于 GQ－6 和 GRAT，说明感恩的内隐测量可能有其他潜变量。

（四）感恩对主观幸福感的影响

各感恩测量与主观幸福感测量相关见表 2，由表 2 可知外显感恩的两个量表 GQ－6、GRAT 与主观幸福感的三个量表幸福感指数、情感量表、生活满意度两两之间均存在显著相关，而内隐感恩的两个测量 IAT、SC－IAT 与主观幸福感三个量表之间都不存在显著相关。

为了探究内隐感恩与外显感恩对主观幸福感的预测，采用 Amos 建模的方式对三者的关系进行了考察，模型见图 2。如图所示，内隐感恩、外显感恩对主观幸福感的预测模型拟合指数为：$\chi^2=16.225$，df = 10，$p=0.093$；RMSEA = 0.073；GFI = 0.964；AGFI = 0.899。结果表明，外显感恩能够较好地预测主观幸福感，而内隐感恩则不能预测主观幸福感。

表 2　　感恩测量与主观幸福感测量之间的相关（$n=117$）

	GQ－6	GRAT	IAT	SC－IAT	幸福感指数	情感量表	生活满意度
GQ－6	1.00						
GRAT	0.843**	1.00					
IAT	0.067	.161	1.00				
SC－IAT	.176	.138	0.130	1.00			
幸福感指数	0.782**	0.782**	0.107	0.108	1.00		
情感量表	0.295**	0.319**	－0.132	0.068	0.264**	1.00	
生活满意度	0.478**	0.409**	0.015	0.129	0.524**	0.461**	1.00

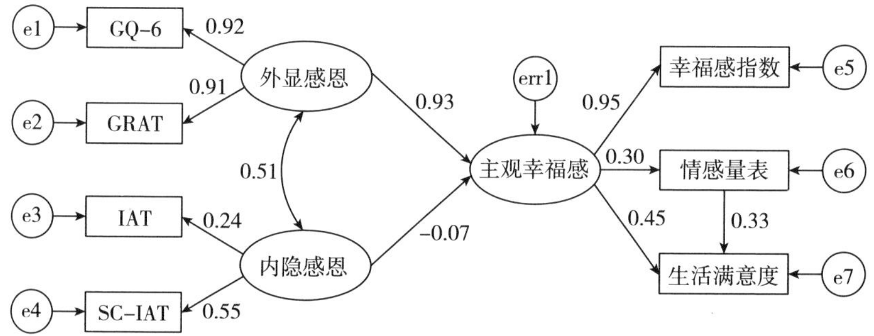

图 2　内隐感恩、外显感恩对主观幸福感的预测

三　讨论

（一）内隐感恩的测量

内隐态度是指过去经验和态度形成的一种无意识痕迹，这些痕迹对意识的影响是无法知觉的，对社会对象的情感取向、认识和行为具有潜在作用，① 而内隐联想测验 IAT 可能是目前最为重要的内隐态度测量方法。② 对于内隐态度和外显态度的关系存在两种不同理论。同一论认为，

① 苟雅红：《应用内隐联想测验的内隐社会认知研究新进展》，《社会心理科学》2008 年第 5 期。

② 吴明证：《内隐态度的理论与实验研究》，博士学位论文，华东师范大学 2004 年。

外显态度与内隐态度测量是相同的心理结构，内隐态度相当于真实态度，而外显态度由于受到个体意识的影响不能反映真实的态度；分离论则认为外显态度和内隐态度是两种不同的心理结构，外显态度是意识和自我的产物，内隐态度则是无意识的结果。[①]

本研究中对内隐感恩和外显感恩的测量都显示出大学生对自我有较高的积极评价。外显感恩的两个测量得分水平较高，二者之间显著相关，与前人研究得出的研究成果相一致。[②] 但外显感恩的性别差异不显著，这与申正付等人的结论不同，[③] 二者都发现女生的外显感恩显著高于男生，这可能与本研究被试规模有关。根据内隐社会认知统一论，感恩具有跨性别的普遍性，[④] 因此感恩的性别差异不显著。IAT 与 SC－IAT 的内隐效应显著，说明大学生在内隐态度上对自我的评价积极，但二者的相关不显著，这与何安明等人的研究结果一致，说明自我—他人 IAT 和自我 SC－IAT 是两个相对独立的建构。[⑤] 感恩从本质上来说是一种积极的社会态度，是在社会比较的基础上产生的。本研究中自我—他人 IAT 偏重于自身与他人之间相比之下的感受，是一种相对的感恩；自我 IAT 侧重于自身的主观感受，是对自身感恩程度的整体评价。内隐感恩与外显感恩之间相关不显著，本研究同何安明等人研究的结论一致，即外显感恩和内隐感恩是两个不同的建构，两者具有不同的内在心理结构和心理加工机制。[⑥] 今后的研究可着力考察内隐感恩的内在心理加工机制。

（二）感恩对主观幸福感的影响

本研究发现，大学生感恩与其主观幸福感呈显著正相关，说明感恩与主观幸福感之间存在关联。这与朱桂萍、姚本先（2009）和惠秋平

---

① 吴明证：《内隐态度的理论与实验研究》，博士学位论文，华东师范大学 2004 年。

② 魏昶、安晓镜、刘芳，等：《大学生感恩状况及其与应对方式、领悟社会支持的关系》，《中国健康心理学杂志》2012 年第 6 期。

③ 申正付、赵东城、杨秀木：《大学生感恩状况调查及相关因素分析》，《蚌埠医学院学报》2011 年第 2 期。

④ Greenwald A G, Banaji M R, Rudman L A, Farnham S D, Nosek B A and Mellott D S, A unified theory of implicit attitudes, stereotypes, self－esteem and self－concept, *Psychology Review*, Vol. 109, No. 1, 2002, p. 3.

⑤ 何安明、惠秋平、刘华山：《外显感恩、相对内隐感恩和整体内隐感恩》，《心理学探新》2013 年第 4 期。

⑥ 何安明、惠秋平、刘华山：《SC－IAT 范式下大学生感恩的内隐性》，《心理学探新》2014 年第 6 期。

（2010）的研究结论相一致，[①] 但朱桂萍的研究将主观幸福感作为预测感恩的指标，而本研究则将感恩作为主观幸福感的预测指标。本研究进行的相关分析与所做的结构方程模型表明，包括 GQ－6 和 GRAT 在内的外显感恩与主观幸福感呈显著正相关，外显感恩能显著预测主观幸福感；内隐感恩与主观幸福感相关不显著，对主观幸福感的预测不显著。内隐感恩对主观幸福感预测性低的可能原因：一是内隐感恩具有不同于外显感恩的内在心理结构和心理加工机制，其对主观幸福感的影响作用机制区别于外显感恩；二是内隐感恩本身并不会直接影响主观幸福感，而是要通过某些中介变量对主观幸福感产生内在和实质性的影响，比如个体的认知水平和能力、移情、应对方式、亲社会行为、情绪状态等；三是内隐感恩与主观幸福感的关系可能受第三变量（调节变量）的影响。因此，未来的研究需要对内隐感恩与主观幸福感之间的中介作用和调节作用进行研究，以揭示内隐感恩影响主观幸福感的机制。这些问题还需要今后更多的理论和实证研究进一步深化和拓展。

四　结论

本研究条件得出如下结论：大学生感恩内隐效应显著，内隐感恩不存在性别上的显著差异；大学生外显感恩与内隐感恩之间相关不显著，外显感恩与内隐感恩相互分离，是感恩的两个不同建构；外显感恩能显著预测大学生的主观幸福感，内隐感恩对大学生主观幸福感的预测不显著。

（原载《中国临床心理学杂志》2018 年第 4 期）

---

① 朱桂萍、姚本先：《大学生感恩、主观幸福感及其相关研究》，《皖西学院学报》2009 年第 5 期。

大学生宽恕与焦虑的相关性探讨

宽恕是指受害者不仅对于伤害者在情绪、认知和行为方面负向反应的消失，而且在这三个方面发展出正向的反应。① 焦虑彰显的则是个体紧张不安的情绪反应，包括状态焦虑和特质焦虑。状态焦虑表明个体受到压力情境所引发的负向情绪反应，特质焦虑说明个体在各种情境中都能感受到广泛性的紧张不安的心理倾向。② 国外心理学和医学等实证研究表明，宽恕对于焦虑症状的缓解有潜在的影响，③④ 在中国文化背景下，宽恕是否依然具备消除人的焦虑情绪的功能，值得进一步的实证分析和探讨。文章采用中国—Mullet 宽恕问卷和状态—特质焦虑问卷对 493 名大学生进行调查，探讨大学生宽恕与焦虑的关系。

一 研究对象与方法

（一）研究对象

采用随机抽样的方法选取长春地区 2 所高校的在校大学生作为被试，发放问卷 536 份，回收有效问卷 492 份，有效回收率为 91.79%；其中男生 211 人（42.89%），女生 281 人（57.11%）；一年级 183 人，二年级 158 人，三年级 81 人，四年级 70 人；城市 294 人（59.76%），农村 198 人（40.24%）。

---

① 李兆良：《国外关于宽恕的心理学研究述评》，《医学与社会》2009 年第 3 期。

② King P R, Endler N S, The trait anxiety – perception score: A composite predictor for state anxiety, *Journal of Personality and SocialPsychology*, Vol. 58, No. 4, 1990, pp. 679 – 684.

③ Brown R P, Measuring individual differences in the tendency to forgive: Construct validity and links with depression, *Personality and Social Psychology Bulletin*, Vol. 29, 2003, pp. 759 – 771.

④ Thompson L Y, Snyder C, Hoffman L, etal, Dispositional forgiveness of self, others, and situations, *Journal of Personality*, Vol. 73, No. 2, 2005, pp. 313 – 360.

（二）研究工具与方法

1. 中国—Mullet 宽恕问卷

该问卷是由南京师范大学傅宏教授2004年修订的。此问卷共有16个项目用以测量中国人的宽恕行为，采用1~7级记分方式，分数越低表示对问题中陈述的情况越不赞同，分数越高表示越赞同。其内部一致性系数为0.85。①

2. 状态—特质焦虑问卷

采用上海师范大学叶仁敏修订的状态—特质焦虑问卷（State - Trait Anxiety Inventory，STAI）。该量表为自评量表，操作方便，应用广泛，易于被受试者接受和掌握。STAI可以分别评定状态焦虑和特质焦虑，优于其他焦虑量表。STAI共有40个题项。前20项为状态焦虑量表，后20项为特质焦虑，量表每一项条目按1~4级评分，根据分数分别反映状态或特质焦虑的程度，该量表具有良好的信效度，可用于测量中国大学生状态或特质焦虑情况。②

3. 统计分析

用SPSS12.0统计软件对所得数据进行核对、非参数检验及Spearman等级相关分析。

二　结果与分析

（一）大学生宽恕的总体状况

大学生总体的平均宽恕指数为（195.24±35.978），得分分布的偏度为-0.641，偏度的标准差为0.11。因为众数214大于平均数，偏度小于0，说明数据的“高峰”出现在高端，也就是说，测得较高分数的人多于测得较低分数的人，经过统计，56.1%的人得分高于平均数。

---

① Hong Fu, David Watkins, Eadaoin K P Hui, Personality correlates of the disposition towards interpersonal forgiveness: A Chinese perspective, *International Journal of Psychology*, Vol. 39, No. 4, 2004, pp. 305 - 316.

② 汪向东、王希林、马弘：《心理卫生评定量表手册》（增订版），中国心理卫生杂志社1999年版。

（二）大学生宽恕与焦虑的差异比较

曼－惠特尼U检验结果表明，大学生宽恕在性别上差异有统计学意义（$Z = -3.623$，$p < 0.001$），女生显著高于男生；在生源地上差异没有统计学意义（$Z = -0.941$，$p > 0.05$）。Kruskal－Wallis H 检验结果显示，年级对于大学生宽恕主效应差异有统计学意义（$\chi^2 = 13.965$，$df = 3$，$p < 0.01$），大一学生表现出的宽恕水平最高，其次为大二学生，再次为大四学生，大三学生最低。男女大学生在状态焦虑上差异有统计学意义（$t = 4.18$，$p < 0.05$），男生的状态焦虑高于女生；在特质焦虑上差异没有统计学意义。大学生状态焦虑、特质焦虑在年级、生源地上差异没有统计学意义。

（三）大学生宽恕与焦虑的相关分析

大学生宽恕与状态焦虑、特质焦虑均呈显著的负相关，具体见表1。

表1　大学生宽恕与焦虑的相关分析（$n = 492$）

	状态焦虑	特质焦虑
宽恕	-0.228*	-0.246*

*表示 $p < 0.01$。

三　讨论

本研究结果表明，当代大学生多数能够表现出较高的宽恕倾向；大学生宽恕在性别和年级上差异具有统计学意义，女大学生的宽恕水平显著高于男大学生，这可能与男性对冒犯自己的人与事大多耿耿于怀，报复倾向、控制感和攻击性水平明显高于女性有关。在年级上，大一宽恕水平最高，大二、大四居中，大三最低。这是因为大一新生刚刚步入大学，还处在高考胜利者的喜悦之中，他们对即将开始的大学生活充满美好憧憬，面对周围的人际环境会极力展现自身积极的一面，在日常的人际交往中会更多地表现出尊重、热情、理解和宽容。大三学生承受的心理压力最大，需要面对的现实问题最多，他们要对毕业后是择业、考研还是出国做出选择，因此会表现出更多对未来的担忧、迷茫和不确定感，会产生更多的内心冲突、矛盾和焦虑，这些都会影响他们的宽恕水平。大二的学生已对大学生活基本适应，还没有切身感受到考研或就业的严峻形势，相对压力较小，因此会表现出较高的宽恕水平。大四学生去向已基本确定，他们会更加珍惜同学间的情谊，会多一份理解和包容。

本研究结果表明，男女大学生在状态焦虑上差异有统计学意义，男生高于女生。这可能是因为社会文化价值对男女性别角色期待形成的刻板印象对大学生具有潜在的影响。性别角色社会期望理论认为，男性在各项活动中应居于主导地位，社会更多地赋予男性要承担“主外”的重任，这种观念对男性提出了更高的社会期望值，要求男性要比女性更有能力、更坚强、更独立、更有学识、更有责任心。受到这种性别角色社会期望观念的影响，一些男大学生在自身方面会产生较大的压力感，具体包括学业、恋爱、自我认同、人际交往、适应、挫折和身体健康等方面的压力。使得一些男大学生在日常学习、交友过程中，一旦遇到困难、挫折，会更易产生不同程度的内心冲突、矛盾和困扰，自然心理压力会更大，产生比女生更高的焦虑水平。男女大学生状态焦虑差异除社会文化因素影响外，还可能与女性自身较能忍受压力以及应对压力的能力、解决内心矛盾和冲突的能力高于男性有关。研究表明，与男大学生相比，女大学生更善于情感表达，她们的心理压力、内心冲突、矛盾会通过表达更快地得到释放，而男大学生由于不善表达，致使他们的心理压力可能越积越深，因而也会产生较高的焦虑反应。①

本研究结果发现，大学生宽恕与状态焦虑和特质焦虑均存在着显著的负相关，说明宽恕水平越高的大学生焦虑水平越低。这一结论可从国外下述研究中得到支持。② 国外学者 Fredrickson 和 Levenson 得出结论，宽恕具有舒缓个体焦躁不安心境之功效，可以让负面情绪得以释放。由此可见，宽恕对于大学生的焦虑具有正向的影响，本研究也支持这一结论。本研究还发现，特质焦虑是影响大学生宽恕的显著预测变量。这可能是因为特质焦虑是比较稳定的个性特征，它不是一种随情境而变的情绪反应，而是表现为人们在紧张情绪反应的频率和强度上的显著差异。这与

---

① 李虹：《大学校园压力的年级和性别差异比较研究》，《清华大学教育研究》2004 年第 2 期。

② 李新民、陈密桃：《宽恕的测量及其与焦虑的潜在关联》，《教育心理学报》2008 年第 1 期。

台湾学者李新民的研究结论宽恕与特质焦虑存在显著的互动效应一致[①]。

通过上述研究，得出如下结论：从总体来看，在中国社会文化背景下，56.1%的大学生宽恕得分高于平均宽恕指数（195.24±35.978）；大学生宽恕在性别和年级上差异有统计学意义，在生源地上差异没有统计学意义；大学生宽恕与状态焦虑、特质焦虑呈显著负相关。说明当代大学生具有较高的宽恕水平；宽恕显著影响大学生的状态焦虑和特质焦虑，大学生宽恕越高，其焦虑越低；特质焦虑对大学生宽恕具有显著负向预测作用。

（原载《医学与社会》2010年第8期）

① 李新民、陈密桃：《宽恕的测量及其与焦虑的潜在关联》，《教育心理学报》2008年第1期。

大学生宽恕与人际关系困扰的相关探讨

宽恕是指促使受害者对侵犯者产生共情的一系列的动机变化过程，该过程降低了受害者报复和疏远侵犯者的动机，增强了受害者善待侵犯者的动机，并促使受害者与侵犯者和解。[①] 研究表明，宽恕具有亲社会利他性质和自我保护机制，有助于个体建立和维护与他人良好的人际互动，改善和修复已经破裂的人际关系，促使个体从负面人际伤害中向积极认知、情绪、行为等心理反应转化。[②③] 本研究采用中国—Mullet 宽恕问卷和人际关系诊断量表对 493 名大学生进行调查，试图从实证和定量分析的视角调查大学生的宽恕状况并探讨大学生宽恕与人际关系困扰的关系。

一　研究对象与方法

（一）研究对象

2009 年 5 月至 2009 年 7 月随机抽取吉林大学和长春税务学院在校大学生作为被试，共发放问卷 536 份，回收有效问卷 492 份，有效回收率 91.79%。其中男生 211 人（42.89%），女生 281 人（57.11%）；一年级 183 人，二年级 158 人，三年级 81 人，四年级 70 人；城市 294 人（59.76%），农村 198 人（40.24%）。

---

① 李兆良：《国外关于宽恕的心理学研究述评》，《医学与社会》2009 年第 3 期。

② 李兆良、葛鲁嘉：《儒家“忠恕”思想与身心健康探析》，《医学与社会》2009 年第 12 期。

③ 李兆良、高燕、金庆英：《宽恕与健康的关系探讨》，《医学与社会》2010 年第 2 期。

（二）研究工具与方法

1. 中国—Mullet 宽恕问卷

该问卷由南京师范大学傅宏教授 2004 年修订，[①] 共有 16 个项目用以测量中国人的宽恕行为，采用 1～7 级记分方式，分数越低表示对问题中陈述的情况越不赞同，分数越高表示越赞同。其内部一致性系数为 0.85。

2. 人际关系综合诊断量表

采用郑日昌等人编制的《人际关系综合诊断量表》，[②] 该量表是一份人际关系行为困扰的诊断量表，共 28 道题，每道题作“是”“否”回答。回答“是”得 1 分，“否”得 0 分，分数越高，说明其受到人际关系行为困扰越严重。该量表包括人际交谈困扰、人际交友困扰、待人接物困扰、与异性交往困扰四个方面。总分在 0～8 分之间，说明与人相处困扰较少；9～14 分之间，说明与人相处存在一定程度的困扰；15～28 分之间，说明与人相处的困扰较严重。

3. 统计分析

用 SPSS12.0 统计软件对所得数据进行录入核对并作相关统计分析。

二　结果与分析

（一）大学生宽恕总体状况及差异分析

1. 大学生宽恕总体状况

492 名大学生平均宽恕指数为（195.24 ± 35.978），得分分布的偏度为 -0.641，偏度的标准差为 0.11，因为众数 214 大于平均数，偏度小于 0，说明数据的“高峰”出现在高端，经过统计，56.1% 的大学生得分高于平均数，也就是说，测得较高分数的人多于测得较低分数的人。

2. 大学生宽恕在性别、年级、地域上的差异

大学生宽恕在性别、年级和城乡上的交互作用均不显著。曼 - 惠特尼 U 检验结果表明，大学生宽恕在性别上差异有统计学意义（$Z = -3.623$，

① Hong Fu, David Watkins, Eadaoin K P Hui, ersonality correlates of the dispositiontowards interpersonal forgiveness: A Chinese perspective, *InternationalJournal of Psychology*, Vol. 39, No. 4, 2004, pp. 305 - 316.

② 郑日昌：《大学生心理诊断》，山东教育出版社 1999 年版。

P < 0.001），女生显著高于男生；在生源地上差异无统计学意义（$Z=-0.941$，$P>0.05$）。Kruskal - Wallis H 检验结果显示，年级对于大学生宽恕主效应差异有统计学意义（$Z=13.965$，df = 3，$P<0.01$），大一表现出的宽恕水平最高，大二次之，大四再次之，大三最低。

（二）大学生人际关系困扰总体状况及差异分析

492 名大学生人际关系困扰的平均得分为（9.45 ± 4.97），最小值为 0，最大值为 27。得分在 0 ~ 8 分的有 207 人（占 42.1%），9 ~ 14 分 201 人（占 40.9%），15 ~ 28 分 84 人（占 17.1%）。大学生人际关系困扰在性别、年级和城乡上的交互作用均不显著。主效应分析结果表明，性别对于大学生人际关系困扰的主效应差异有统计学意义（$F=6.582$，$P<0.05$），男生显著高于女生。大学生人际关系困扰在年级和生源地上差异无统计学意义。

（三）大学生宽恕与人际关系困扰的相关分析

由表 1 可知，大学生宽恕与人际关系困扰及其所包含的各个因子均呈显著负相关。

表 1　大学生宽恕与人际关系困扰的相关分析（$n=492$）

	人际关系困扰	人际交谈困扰	人际交友困扰	待人接物困扰	与异性交往困扰
宽恕	-0.204**	-0.175**	-0.121*	-0.179**	-0.130**

注：* $p<0.05$，** $p<0.01$。

三　讨论

（一）大学生宽恕的总体状况分析

本研究表明，大多数大学生具有较高的宽恕水平，这与国内相关调查研究结论一致。[①] 说明多数大学生在认知和行为层面上能够表现出宽恕

① 李湘晖：《大学生宽恕与心理健康的相关分析》，《中国健康心理学杂志》2008 年第 7 期。

意愿。大学生宽恕在性别上差异极其显著，女大学生比男大学生有着更高的宽恕倾向。这可能与男性对冒犯自己的人与事大多会耿耿于怀，报复倾向和攻击性水平明显高于女性有关。① 大学生宽恕在年级上差异具有统计学意义，大一表现出的宽恕水平最高，大二次之，大四再次之，大三最低。大一新生刚刚进入大学，有着良好的心理环境，内心充满着向往和对美好未来的憧憬，学业和就业压力最小，面对周围的人际环境会极力展现自身积极的一面，在日常交往的人际互动中会更多地表现出尊重、理解和宽容。大三学生承受的心理压力最大，需要面对的现实问题也最多。他们要对毕业后是择业、考研还是出国做出选择，因此会表现出对未来更多的担忧、迷茫和不确定感，产生更多的内心冲突、矛盾和焦虑，这会影响他们的宽恕水平。大二学生生活已渐趋稳定，没有考研或就业的压力，会表现出较高的宽恕水平。大四学生去向已经基本确定，加之分别在即，他们会更加珍惜同学之间的情谊，也会多一分理解和包容。

（二）大学生人际关系困扰的状况分析

本研究结果表明，从总体来看，大学生存在一定程度的人际关系困扰，这与国内的一些研究结论相同。② 由于当代大学生大都是 80 年代出生的独生子女，他们在互相理解、容忍、谦让、合作和有效的人际交往技巧方面相对缺失，多的是竞争、防御和以自我为中心，因而容易出现更多的人际关系困扰。不同性别间人际关系困扰差异具有统计学意义，男生比女生的人际困扰程度要高，这与前人的研究结果一致。③ 这可能与女生在人际交谈上具有优于男生的天赋，女生比男生有更高的宽恕意愿有关。在年级和生源地上差异不显著。这可能是因为不同年级的大学生面对的人际交往主题不同，都会产生各自不同的人际困扰。在生源地方面，可能是由于中国农村城镇化进程加快，城乡差距逐渐缩小，城乡大学生都会具备诸如尊重、真诚、宽容、理解、倾听等人际交往技巧，因此差异无统计学意义。

---

① 胡三嫚、张爱卿、钟华：《大学二年级学生人际宽恕与报复心理及其与抑郁的关系研究》，《心理发展与教育》2005 年第 1 期。

② 贾文华：《师范院校大学生人际关系调查研究》，《社会心理科学》2009 年第 3 期。

③ 李湘晖：《大学生宽恕与心理健康的相关分析》，《中国健康心理学杂志》2008 年第 7 期。

（三）大学生宽恕与人际关系困扰关系的分析

研究结果发现，大学生宽恕与人际关系困扰及各因子存在着显著负相关，说明宽恕水平越高的大学生人际关系困扰越少。这一结果反映了宽恕对于个体人际和谐的潜在影响。研究表明，宽恕对于个体的身心健康、内心和谐、良好人际关系有积极的潜在影响，宽恕有助于修复人与人之间的关系，是和谐人际关系发展的主要元素。[①][②]

宽恕的心理历程可以使大学生在面对日常社会交往中的伤害、误解和冲突时，使负性的情绪、认知和行为反应得以有效缓解，并能减少报复性的想法和感受的持续时间，减缓负性情绪对个体身心系统的干扰和过度压力，有助于大学生回复到原有的宁静与心灵的自由，有助于大学生用一种类似于“禅定心”的方式来处理人际关系，因而会表现出更多的人际和谐。

四　结论与建议

在本研究条件下，获得如下结论：56.1%的大学生宽恕得分高于平均宽恕指数（195.24±35.978）；大学生宽恕在性别和年级上差异有统计学意义，在生源地上差异无统计学意义；大学生宽恕与人际关系行为困扰总分、人际交谈困扰、人际交友困扰、待人接物困扰、与异性交往困扰均呈显著负相关。说明多数大学生具有较高的宽恕水平；大学生宽恕与人际关系困扰存在显著负相关，宽恕水平越高，其人际关系困扰越少；提高宽恕水平，有助于大学生建立和谐的人际关系。针对本研究结果，笔者建议高校应在各种教育教学活动中有意识地渗透宽恕教育理念，以树立大学生正确的宽恕认知，增强大学生的宽恕意识，提升大学生的宽恕能力，使大学生在面对各种人际冲突与人际伤害时，能够自觉地把宽恕作为处理、应对、调适、化解这些人际冲突与伤害的一种积极方法，一种积极态度，一种积极选择，一种积极策略，一种积极的道德情感；使大学生学会放下、转变过去的消极体验和负性经验，使生命获得一种

---

① 李兆良：《国外关于宽恕的心理学研究述评》，《医学与社会》2009年第3期。

② 李兆良、高燕、金庆英：《宽恕与健康的关系探讨》，《医学与社会》2010年第2期。

新的意义和希望，以更有效、更积极的心态面对未来和人生，获得身心的全面成长。

（原载《医学与社会》2010 年第 7 期）

离退休老干部生活满意度与心血管疾病的相关性研究

研究显示，心血管疾病是危害老年人健康及生命的主要疾病，① 在心血管疾病的死因分析中，生活方式和心理行为因素已超过传统的生物因素，成为心血管疾病发病的主要诱因。如何提高老年人的生活质量，让他们满意、幸福安度晚年是老年学的重要研究课题。本文将心血管疾病概念引入老年人生活满意度研究，采用老年人生活满意度量表、老年人生活满意度影响因素调查表和心电图对长春市 271 名离退休老干部进行调查和检测，探讨离退休老干部生活满意度与心血管疾病之间的关系，为进一步提高老年人健康水平和制定合理的预防保健措施提供参考依据。

一　对象与方法

（一）调查对象

2004 年 6 月对吉林省老干部活动中心，长春市老干部活动中心女 55 岁以上、男 60 岁以上，共计 286 人进行问卷调查。先对主管单位协助调查者讲清调查目的和方法，然后由研究者和协助者共同将调查表呈现给离退休干部，说明研究目的、填写调查表的方法与注意事项。采用自评法，即由离退休干部根据自己的实际情况来回答。在审核过程中剔除一般项目中有逻辑错误的调查表 15 份，共获取 271 份（男 157，女 114）有效调查表，占 94.8%。

---

① 朱宪：《北京地区离退休高级知识分子健康状况调查和分析》，《中国全科医学》2004 年第 9 期。

（二）方法

调查分为指导语、老年人生活满意度量表①、老年人生活满意度影响因素调查表、心电图测量及血压测量 5 个部分。老年人生活满意度量表共 20 个项目，其中 12 个条目反映正性情感，8 个条目反映负性情感，采用 4 级评分，0～5 分为 1 级，6～10 分为 2 级，11～15 分为 3 级，16～20 分为 4 级。根据心理学生活满意度判定结果，1 级：老年人对现在的生活不满意，必须尽快走出"角色迷失"，重新找到自己的定位，积极地进行社会适应；2 级：老年人对现在的生活较不满意，可以总结以下哪些方面适应得好，哪些方面还欠缺，用自己的成功经验来调整；3 级：老年人对现在的生活比较满意，再做些努力，将体会到退休生活中更多的乐趣；4 级：老年人对现在的生活很满意，将这种有意义的生活保持下去，晚年会过得很精彩。影响因素调查表是结合老年人的实际情况自行编制的，共 53 个条目，包括一般情况、婚姻家庭、离退休前的工作情况、离退休、住房与居住环境、经济状况、健康状况、兴趣爱好与活动共 8 个方面，每个项目分非常满意、基本满意、不太满意、不满意和很不满意 5 个等级，分别记 5、4、3、2、1 分。本量表单个条目得分与总分的相关系数为 0.49～0.87，分量表与总量表的相关系数为 0.65～0.89，其重测一致性为 0.92。说明该量表有较好的结构效度和信度。心电图机采用日本 Cardiofax－MODELECG6151 型。按心血管疾病的典型临床表现将检测结果分为 4 种：心肌缺血、心肌劳损、心动过缓和其他（包括频发房早、陈旧性心梗、窦性心律不齐、频发室早、左心室高电压、完全性右束支传导阻滞等）。

（三）统计学方法

获得的资料输进微机，应用 SPSS 11.0 统计软件进行处理，组间比较采用 χ^2 检验，双变量间做质量相关分析。

二　结果

（一）离退休老干部生活满意度情况

271 名离退休老干部中生活满意度分值 1～4 级分别为 18 人、57 人、

① 汪向东：《心理卫生评定手册》，《中国心理卫生杂志》1993 年第 13 期（增刊）。

122 人、74 人，所占比例依次为 6.64%、21.03%、45.02%、27.31%。根据老年人生活满意度判定标准，271 名离退休老干部中，生活满意度在 3～4 级的老年人共 196 人，占调查总人数的 72.32%，1～2 级 75 人，占调查总人数的 27.68%，表明大多数离退休老干部总的心理状况以正性情感占优势，生活质量比较高，对目前的生活自觉幸福，比较满意，但同时也有一部分离退休老干部认为生活不太满意或很不满意。

（二）离退休老干部生活满意度影响因素分析

离退休老干部生活满意度影响因素（见表 1）。

表 1　　离退休老干部生活满意度影响因素分析

影响因素	人数	生活满意度分级		χ^2 值	P 值
		1～2 级	3～4 级		
文化程度				172.63	<0.05
小学	42	26（61.90）	16（38.10）		
中学	135	39（28.89）	96（71.11）		
大专以上	94	10（10.64）	84（89.36）		
经济收入（元）				157.46	<0.05
600～	89	59（66.30）	30（33.70）		
1000～	182	16（8.80）	166（91.20）		
健康状况				162.27	<0.05
健康	56	3（5.36）	53（94.64）		
一般	134	15（11.19）	119（88.81）		
不健康	81	57（70.37）	24（29.63）		
与子女关系				96.30	<0.05
无子女	9	6（66.67）	3（33.33）		
差	17	13（76.47）	4（23.53）		
一般	36	19（52.78）	17（47.22）		
好	209	37（17.70）	172（82.30）		
性别				3.32	>0.05
男	157	39（24.84）	118（75.16）		
女	114	36（31.58）	78（68.42）		
与配偶关系				79.89	<0.05

续表

影响因素	人数	生活满意度分级		χ^2 值	P 值
		1～2 级	3～4 级		
丧偶	19	13（65.00）	6（35.00）		
差	5	4（80.00）	1（20.00）		
一般	76	40（52.63）	36（47.37）		
好	171	18（10.53）	153（89.47）		
参加活动				34.97	<0.05
从不参加	21	13（61.90）	8（38.10）		
偶尔参加	89	38（42.70）	51（57.30）		
经常参加	161	24（14.91）	137（85.09）		

（三）不同生活满意度的离退休老干部心血管疾病患病情况（见表2）

表 2　　不同生活满意度的离退休老干部心血管疾病患病情况

影响因素	人数	生活满意度分级	
		1～2 级	3～4 级
心肌缺血	28	13（17.33）	15（7.65）
心肌劳损	31	10（13.33）	21（10.71）
心动过缓	31	12（16.00）	19（9.70）
其他	43	16（21.33）	27（13.78）
合计	133	51（68.00）	78（39.80）

（四）生活满意度等级与患心血管疾病的相关分析

将离退休老干部的生活满意度不同等级与患心血管疾病的人数进行质量相关分析，结果表明两者之间呈负相关（$r=-0.764$，$P<0.05$）。

三　讨论

生活满意度在3级以上的离退休老干部占72.32%，表明多数老年人自觉幸福，对其晚年生活是比较满意的，其结果与国内报道一致。[①] 这也是我国人均预期寿命逐年增长的重要原因之一。从对离退休老干部生活满意度影响因素的分析中可知，经济收入的满意度是影响老年人生活幸福感的最直接因素。本调查结果显示，月平均收入在1000元以上的离退休老干部，满意度3级以上的占91.20%，说明对离退休老干部生活满意度影响较大因素之一就是经济收入，这是提高老年人生活满意度的物质基础；身体健康的离退休老干部其生活满意度高于身体状况一般和不良者，自评健康好者高于自评健康中等与差者。健康状况可以直接影响老年人的物质、文化和精神生活以及家庭和社会对他们的态度，从而影响其生活满意度；丧偶的离退休老干部生活满意度比有配偶的老年人低，这可能是因为许多离退休老干部丧偶后，由于生活照料上的不便以及心理上的不平衡，会出现孤独、寂寞之感，甚至对生活失去兴趣，从而降低其生活满意度。无配偶家庭对离退休老干部身心健康均有明显影响，其生活满意度低。[②] 提示婚姻状况和家庭关系对离退休老干部生活幸福与否更为重要。文化程度在大专以上的老年人，其生活满意度在3级以上的占89.36%，表明文化程度也是影响老年人生活满意度的一个因素。应在全社会范围内开办老年大学，使大多数老年人有机会不断提高自身的文化素质，从而不断提高生活质量和生活满意度。闲暇活动的量与精神状态的好坏密切相关。[③] 本研究结果表明，经常参加活动的老年人其生活满意度明显高于偶尔参加和从不参加者。

研究结果显示，离退休老干部生活满意度与心血管疾病呈负相关

① 卢杭生：《影响退休干部生活满意度的主观因素分析》，《中国临床心理学杂志》2001年第2期。

② 卢杭生：《影响退休干部生活满意度的主观因素分析》，《中国临床心理学杂志》2001年第2期。

③ 李会平、路俊青、许建志：《心理药效学在全科医疗中的应用》，《中国全科医学》2004年第7期。

(r = -0.764)；271 名离退休老干部中，生活满意度 1 ~2 级的 75 人，其中 51 人（68.00%）具有不同程度的临床期和临床前期心血管疾病。说明生活满意度对离退休老干部心血管疾病的患病率有重要影响。

同时，研究结果也显示，生活满意度低的离退休老干部患心血管疾病者明显多于生活满意度高者，生活满意度 1 ~2 级的老年人中，患心血管疾病者 51 人（68.00%），生活满意度 3 ~4 级的老年人中，患心血管疾病者 78 人（39.80%）。原因是生活满意度高的离退休老干部，在经济、家庭婚姻、与亲人的关系、健康状况、参加活动、文化程度以及社会交往和社会支持方面都优于生活满意度低的老年人，[①] 因此患心血管疾病者少。故应大力加强社区卫生服务，建立和完善社区老年保健医疗网，改善社区医疗网点的医疗设施，培养一批全科医生，使老年保健事业系统地、规范地发展，不断提高老年健康服务水平，使其得到更好的社区医疗、护理和康复等服务。[②③]

（原载《中国全科医学》2006 年第 13 期）

① Gabriel Smilkstein：《社会心理对健康的影响》，梁万年编译，《中国全科医学》2004 年第 3 期。

② 吴永浩：《人口老龄化与老年健康服务》，《中国全科医学》2004 年第 7 期。

③ 王秀兰、王凌云、李素茹：《健康教育在心血管疾病护理中的应用》，《中国误诊学杂志》2004 年第 6 期。

老年人生活满意度与心血管疾病的关系

生活满意度是良好的生理、心理和社会状态及幸福感、满足感程度，是测量老年人生活质量的一个重要指标。也就是说，老年人生存质量的高低主要由生活满意度来反映。[①] 有研究发现，影响老年人生活满意度的因素既有客观环境因素，也有主观心理因素，后者更为重要。[②] 家庭居住形式、老年人与亲人互动的精神生活中所体现的亲情感影响着老年人晚年生活的满意度。[③] 有研究显示，影响满意度的因素主要为文化构成、经济收入、与子女关系、与配偶关系及团体活动参与程度。[④] 目前我国55岁的老年人口已逾1.2亿，老年绝对人口占世界第一位，已经提前进入了老龄化社会。

卫生部统计资料显示，心血管疾病是危害老年人健康及生命的主要疾病，降低老年人心血管疾病的患病率和死亡率，已经成为老年学的重要研究课题。本文采用老年人生活满意度量表（LSIA）、自编的老年人生活满意度影响因素调查表和心电检查对长春市区的813名老年人进行生活满意度及影响因素调查并进行心电图检测，旨在探讨老年人生活满意度与心血管疾病的关系，为提高老年人健康水平和制定合理的预防保健措施提供参考和依据。

---

① 孟卫平、张镜源、林光辉：《老年人生活满意度与生存质量关系的探讨》，《中国行为医学科学》2000年第3期。

② 毛富强、李振涛、侯洁：《老年人生活满意度影响因素分析》，《中国老年学杂志》2000年第4期。

③ 同钰莹：《亲情感对老年人生活满意度的影响》，《人口学刊》2000年第4期。

④ 冯晓黎、王贤、李兆良：《长春市老年群体生活满意度及其影响因素分析》，《中国老年学杂志》2002年第2期。

一　材料与方法

（一）材料

调查组由本院社会医学教研室全体教师及实习学生组成，调查时间为2001年3月3日—28日。调查对象来自长春市区的吉林省老年活动中心、长春市老年活动中心、朝阳区老年公寓、乐山老年公寓、城西敬老院、柴油机厂南岭分厂和孟家屯居民（居委会编号为奇数的居民委员会）。调查对象为女性55岁以上、男性60岁以上，排除生活不能自理者、重症精神病患者共828人，在审核过程中剔除一般项目中有逻辑错误的问卷15份，共获取813份有效问卷，占调查人数的95%。

（二）方法

1.2.1 采用老年人生活满意度量表（LSIA），[①] 该量表共有20个项目，其中12个条目反映正性情感，8个条目反映负性情感，采用4级评分，0~5分为1级，6~10分为2级，11~15分为3级，16~20分为4级。

1.2.2 自行编制的老年人生活满意度影响因素调查表，该调查表共有8个部分，53个项目；心电图机采用日本Cardiofax - MODEL ECG6151型；原始数据输入微机，采用FOXBASE建库；在统计时，把调查对象按不同的生活方式分成4组：老干部组、老年公寓组、普通居民组和敬老院组；心电图的检查结果分为4类：心肌缺血、心肌劳损、心动过缓和其他（包括室性房早、右心室高电压等12项）。

（三）生活满意度判定标准

1级，老年人对现在的生活不满意；2级，老年人对现在的生活较不满意；3级，老年人对现在的生活比较满意；4级，老年人对现在的生活很满意。

（四）统计学处理

研究结果采用秩和检验和i2检验。

---

① 汪向东：《心理卫生评定量表手册》，《中国心理卫生杂志》1993年第13期（增刊）。

二　结果

（一）不同生活方式的老年人生活满意度分值

老干部组、老年公寓组、普通居民组及敬老院组的老年人生活满意度分值，见表1。不同生活方式的老年人生活满意度差异有显著意义($P<0.01$)。其中老干部组生活满意度高于其他组，敬老院组生活满意度低于其他组。813名老人中，生活满意度分值1、2、3和4级所占构成比分别为6.64%、21.03%、43.17%和29.15%。根据老年人生活满意度判定标准，3～4级的共588人（72.32%），1～2级的225人（27.68%），表明大多数老年人对现在的生活自觉幸福和满意。

表1　The life satisfaction degree of collective life level comparion

LSIA Leve	Veteran cadre	Old age apartment House	Ordinary resident	Respect for the aged	Total	Rank range	Averagerank rank
1	18	12	12	12	54	1～54	27.5
2	51	30	51	39	171	55～225	140
3	132	78	99	42	351	226～576	401
4	129	45	48	15	237	577～813	695
Ri	190262	67083	80529	33387	-	-	-
ni	330	165	210	108	813	-	-
Ri	576.55	406.56	383.47	309.14	-	-	-

（二）生活满意度不同分级的老年人心血管疾病患病率

满意度1～2级的225名老年人中，心肌缺血42人（18.67%）、心动过缓36人（16%）；3～4级老年人中，心肌缺血51人（8.67%）与心动过缓54人（9.18%）。满意度1～2级老年人中患心血管疾病153人（68%），3～4级270人（45.8%），二者经i2检验，差异有显著性（$P<0.01$），见表2。

表 2 **The relationship between the LSIA and cardiovascular diseases of the senior citizens**

Cardiovascular diseases	n	LSIA Level 1 - 2		LSIA Level 3 - 4	
		n	Case (Z%)	n	Case (Z%)
Myocardial anaemia	93	42	18.67	51	8.67
Myocardial strain	114	33	14.67	81	13.68
Bradycardia	90	36	16.00	54	9.18
Other	126	42	18.67	84	14.28
Total	423	153	68.01	270	45.81

(三) 不同职业的老年人心血管疾病的患病率

调查结果显示，老干部组心血管疾病的患病率44.55%，普通居民组58.57%，老年公寓组56.36%，敬老院组55.56%，老干部组老年人心血管疾病的患病率与其他三组老年人心血管疾病的患病率间差异有显著意义，而其他三组间比较差异无显著性。

三 讨论

本研究结果显示，813 名老年人中，生活满意度 1～2 级的 225 人中 153 人（68%）具有不同程度的临床期和临床前期的心血管疾病，说明生活满意度影响老年人心血管疾病的患病率。研究结果也显示，生活满意度低的老年人心血管疾病的患病率明显高于生活满意度高者，提示老年有伴、家庭和睦、有较高的稳定经济收入、子女孝顺、生活方式合理、有良好的卫生习惯以及经常参加运动的老年人，其心血管疾病的患病率较低。① 不同职业的老年人中，老干部组的老年人心血管疾病的患病率最低，可能的原因是老干部文化程度高，② 经济收入高且稳定，医疗条件好，经常参加各种有组织的文体娱乐活动，活动场所和条件优越，无太

① 张允平、吴全喜：《公寓老年人生活满意度调查及相关因素研究》，《中国老年学杂志》2000 年第 6 期。

② 李心天：《医学心理学》，北京医科大学中国协和医科大学联合出版 1998 年版，第 241—242 页。

多的忧虑，可以尽情放松心灵，社会支持性高，心理状态和生活质量良好。因此，生活满意度高，[①] 整体上心血管疾病的患病率低。为提高老年人生活满意度，降低老年人心血管疾病的患病率，针对影响老年人生活满意度的几种因素，本文笔者认为老年人的经济状况对其物质生活和精神生活有着广泛的影响，绝对贫困和相对贫困对健康不利。

[原载《吉林大学学报》（医学版）2003 年第 3 期]

① 周永生、朱志明、钟树林：《长沙市区老年职工高血压患者生存质量关系研究》，《中华流行病学杂志》1998 年第 2 期。

宗教的文化心理学研究：第三种探索的路径

宗教是人类社会发展到一定历史阶段，由人类心理需求及生存环境条件相互作用而产生的一种文化心理现象。传统的宗教心理学研究，或者是探索宗教对人的行为的影响（我们称之为第一种研究路径），或者是探索心理机制对宗教的形成和宗教行为的影响（我们称之为第二种研究路径）。我们认为还有第三种研究路径，即采用新近兴起的文化心理学的研究范式，探索人类复杂的宗教信仰与心理机制之间的交互作用，特别是对引起、促进和构成人类主观信仰和精神功能的文化心理变量进行实证研究。宗教的文化心理学可以依据习性理论、活动理论、社会角色理论和叙事理论对宗教的主观维度——即人们的信仰和宗教行为的意义和价值进行科学考量，其跨学科研究特性和“兼容并包”的研究取向使其成为探究人类文化和宗教信仰关系的一种新的路径。宗教的文化心理学研究范式更多地关注现实情境中人类与信仰有关的行为的意义、动机、机制与功能，并试图发现这些有关变量是如何形成、融入和构建一个人的信仰体系的。因此，文化心理学的研究范式应该可以为当代宗教信仰的研究提供可资借鉴的理论和方法，有助于揭示人类复杂宗教心理和行为背后的真正原因。

宗教是一种文化心理现象，因此它也一直是心理学家感兴趣的问题。但是，长期以来，宗教的心理学研究主要还是以描述、分析、解释人的宗教心理现象为主。而且，受西方主流心理学的影响，它更多关注的是个体与宗教有关的体验、活动、行为、情感和思维，人类的历史文化属性被排除在外。显然，忽略人类是文化个体的事实，难以完成对人类复杂宗教心理现象终极意义和本体论价值的科学考量。文化心理学是建立在研究人类心理机制的文化因素基础上发展而来的知识体系，其更加关注人类的主观性、精神性、行为及其背后的意义，因此更加接近人类的心灵世界。[①] 作为关注历史、文化和社会因素对心理现象影响和制约的文化心理学显然对研究宗教心理有其自身的独特优势，它依据对何种意义起源于何种文化情境中的探讨，将注意力集中于超越行为表象之外的意义探寻。

虽然有些西方学者提出过宗教的文化心理学（Cultural Psychology of Religion）研究范式，[②] 但更多的是理论探讨，具体的研究很少。我们认为，对人类复杂的宗教现象进行文化心理学研究，特别是对引起、促进和构成人类主观性和精神功能的文化机制进行探索具有特殊的意义。它能够找寻宗教行为背后的意义和动机，并试图发现这些意义和动机是如何构成一个人的宗教信仰体系的。换句话说，它探讨特定的宗教是如何建构、参与和制约个体心理机制从而形成个体信仰体系的。就此而言，文化心理学能够为理解宗教行为背后的意义提供有效的解读方式，其跨学科研究特性和“兼容并包”的研究取向使其成为探究人类复杂宗教心理现象的一种新的路径。观察、实验、测量和统计的实证方法也可以为宗教的研究提供更为客观、民主、可证伪的证据和假设。

一　文化心理学的兴起

当代文化心理学是20世纪90年代从心理学中兴起的一门建立在探索人类心理与文化交互作用基础上的新兴学科，它不同于早期冯特的文化心理学（民族心理学），其研究领域相当广泛，是众多心理学家致力于其中并取得丰富研究成果的学科。从广义上讲，文化心理学致力于描述、考察和解释文化和人类心理活动之间的相互作用关系，探讨在不同文化背景下表现出来的人类行为，并试图找寻行为背后意义的文化原因，发现特定的文化是如何通过个体的行为来体现其自身存在的意义，以及这种存在是如何影响其载体（即个体本身）并且塑造其心理特性的。因此，从某种意义上来讲，个体的心理是文化的载体，它们相互作用，相互影

① Belzen J, Psychology of religion: perspectives from cultural psychology, *Mental Health, Religion and Culture*, Vol. 13, 2010, pp. 329 – 347.

② Belzen J, *Towards cultural psychology of religion: principles, approaches, and applications*, New York: Springer, 2010, p. 37.

响，互相促进。文化心理学认为，所有人类行为都是由“文化”建构而来的，它不仅承认人类行为、认知和体验在不同文化中一直有着不同的表现形式，而且强调正是人类的心理活动产生和构造了丰富多彩的文化。文化心理学不仅考察人类的内心世界，如感知、信念、推理和行为等，而且探究特定文化形式是如何嵌入、构成和建构人的思想、情感和行为，是如何促进和调节个体心理功能和心理过程的表达的。文化心理学以理解人类特有的精神体验为目的，关注焦点在于“寻找意义”，而不是简单预测和控制人类的行为。

当代文化心理学普遍认为，所有心理活动的前提条件和决定因素，都是文化历史的产物，它的作用可以是限制性的，如特殊社会生态和地理环境限制了某种心理特色的产生和呈现；它也可以是操作性的，通过人类的学习和模仿来产生某种心理特性；它还可以是规范性的，通过设定规则和标准来影响人的心理活动的表现。因此，文化心理学的研究变量可以是实时的研究，借助人类学、社会学、政治学的信息、理论、概念和方法来研究人类的心理活动变迁以及演化的方式。文化心理学也可以是历时的，借鉴历史编纂学和进化生物学中的理论和研究。[①] 但无论是实时的，还是历时的，都深刻地反映了人类心理活动的文化历史本性，体现了人类心理活动的社会价值。

文化心理学的另外一个研究变量是对客观文化的探索分析及人类创造出来的外在文化媒体，诸如小说、电影、戏剧、战争与和平、运动、广告、组织和外交，此外还包括其他文化心理现象，如社会化、性别、性行为、工作方式、生活方式、婚姻方式、死亡方式等。这些方式主要由其他学科的学者所研究，但心理学家也在其中扮演着重要的角色。宗教现象在某种意义上来讲属于这种文化现象，得到了很多心理学家的关注。比如弗洛伊德、荣格、埃里克森、奥尔波特、马斯洛和弗洛姆等都做过关于这方面的理论探索和实证研究，为宗教的文化心理学研究提供了示范。

文化心理学的第三个变量就是人类的心理活动本身。在文化心理学

---

① Atran S, Religion's cognitive and social landscape: An evolutionary perspective. In J. Valsiner and A. Rosa, eds., *Cambridge Handbook of Sociocultural Psychology*, New York: Cambridge University Press, 2007, pp. 454 -476.

中可以明显地看到，不同的文化脉络、不同的时间和地点会产生不同的心理学。① 人类基本心理过程是社会文化的产物，甚至可以看作一种研究的变量。心理现象的内容、操作模式和动态关系都是由人创造出来的社会环境，而且是被某一共同体共享的社会化产物。

人类更高级的心理现象其机能具有双重起源，首先就是文化层面的起源。高级心理机能就其实现过程的结构而言，是社会历史发展的产物，是受社会规律制约的。就其发展演进过程来看，是一种历史文化的发展过程，是“人化”的发展过程。文化是影响人类所有有意义社会行为的最重要因素，是人类自我中的主要塑造力量，所有属于精神现实的具体现象都是由文化决定的，只有依据特定的历史文化情境并以此为中介，才能获得相应的知识、体验、行动、希望和幻想。在宗教文化心理学研究中极具影响力的美国著名文化人类学家克利福德·格尔茨（C. Geertzmi）也指出：“恕我直言，文化不是人类这种完美进化动物的附属品，而是其组成部分，而且是核心组成部分，凝聚在他们所创造的产品中。”② 心灵发展是文化表征的结果，不是自然增长的结果，人类的心灵结构依赖于文化，从外部获得力量。不同的文化活动，导致不同的行为结果，进而产生不同的认知能力。珍妮·拉弗（Jean Lave）等人发现，同样的数学题在不同的情境中会得出不同的答案。有 98% 的人可以在杂货店里正确解答数学问题，而只有 59% 的人能够在教室中答对同样的问题。研究者进一步指出，问题解决并不只是一个无实质的心智活动或单纯的大脑运算过程，而且是取决于某种特定情境下个体的参与度。也就是说，认知的一部分组成是依赖于具体情境和文化的。③④

同样地，情绪也不是相同的，也因不同的文化而有所不同，例如有些情绪只存在于某些文化中，而不存在于其他文化中。与认知不同，情

---

① Miller J G, The cultural grounding of social psychological theory. In A. Tesser and N. Schwarz, eds., *Blackwell handbook of social psychology*, vol. 1: Intrapersonal processes, Oxford: Blackwell, 2001, pp. 22 – 43.

② Geertz C, *The interpretation of cultures*, New York: asic Books, 1973, p. 47.

③ Lave J and Murtaugh M, *The dialectic of arithmetic in grocery shopping*. In B. Rogoff & J. Lave, eds., *Everyday cognition: Its development in social context*, Cambridge: Harvard University Press, 1984, pp. 67 – 94.

④ Miller J G, Cultural psychology: Implications for basic psychological theory, *Psychological Science*, Vol. 10, 1999, pp. 85 – 91.

绪是以确信度、判断、个人愿望、需要和当事人对当前情境的评估为特征。其内容并不是天生自然的反应和不可避免反应的无理性爆发，而是由文化信仰、价值观和特定社会团体所决定，它们是在特定的社会情境中获得并加以表达，是社会文化决定了需要哪种感受和情绪表达。虽然情绪最终以生理过程为依据，但情绪遵循预先存在的文化范式，不同的情绪反应在特定情境下有不同的组织和解释方式。此外，在所谓文明进程中，某些情绪不仅可以被控制甚至可以被创造。① 人类的主体性通常服从特定的历史文化条件，不存在任何有意义的脱离文化的行为。我们必须在文化情境中去理解和解释各种心理现象，去研究一个特定的文化情境是怎样使特定的行为、知识和体验成为可能的。

"没有脱离文化的人性。"② 人类高级复杂的心理现象就其本质来讲更多的是一种文化历史现象，我们更多地应该从文化的视角，尝试去发现和理解人类是怎样成为人类自身的。更重要的是，文化作为一个知识、语言、社会规范、价值和行为的共享系统，③ 它是一个动态的概念，不仅是指"脉络"或是"环境"，而且是一个活动领域，其内容范围从人造物到制度、观念和神话。作为一个活动领域，文化提供和规定了通过特定手段达成目标的范围和边界，其不仅包含和控制活动，同时也因活动而改变。因此，文化既是一个过程也是一个结构。④

寻求人类心理现象中的稳定模式和试图对人类行为进行预测和控制，不是心理学的真正目标，心理学家的任务应该是在特定的文化范围内去帮助人们领会、理解和解释自身的各种行为，并且告知人们在可能的范围内其行为的意义。心理学家想要对某一特定的宗教信仰进行心理学的研究，就必须在某种特定的、传递着个人经验和表达的（亚）文化中重新定位这种宗教信仰。如同所有的文化现象，宗教是多样化的、多元化的。就时间、文化和个人而言，宗教呈现出不同的向度，其自身的特殊性与复杂性决定了任何一种单一心理学科的理论、方法和技术都难以有

① Armon－Jones C，*The thesis of constructionism*. In R. Harré，eds.，The social construction of emotions，Oxford：Blackwell，1986，pp. 32－56.

② Geertz C，*The interpretation of cultures*，New York：asic Books，1973，p. 49.

③ Cohen A B，Many forms of culture，*American Psychologist*，Vol. 64，2009，pp. 194－204.

④ Boesch E E ，*Symbolic action theory and cultural psychology*，Berlin/Heidelberg：Springer，1991，pp. 25－95.

效地揭示宗教心理现象的本质和规律。承认宗教心理现象存在文化差异，我们就会认同多元的文化心理学对于理解和解释各种宗教现象的价值和意义。

二 宗教的文化心理学研究理论基础

从文化心理学的角度，宗教是一种文化心理现象，是人类在精神生活层面文化构成方式的表达，人类所有的精神现象都可以在特定历史文化背景中加以理解和解释。宗教的心理学研究应积极关注宗教的文化历史维度，把宗教看作一种文化历史事实加以探究。[①] 中国社会科学院世界宗教研究所吕大吉先生等在其所著《中国宗教与中国文化》一书总序中开宗明义地指出："人类的一切宗教都是人类的文化创造，是人类文化发展到一定历史阶段的产物……这是一条为全部人类活动史、思想史证明了的普遍原理……。"[②] 吕大吉等学者提出了"宗教是一种社会文化形态"，[③] "是人性升华和放射，并客观化、对象化而形成的社会文化体系"，[④] 这一根本性论断，指出了宗教与文化的一般关系问题，确立了一条用文化说明宗教的认识论和方法论原则，对于指导中国宗教研究，乃至世界宗教研究都具有非常重要的学术意义和历史价值。

宗教心理学有着悠久的历史，是一个广阔的研究领域，目前正呈现出一种"回归"的发展态势。然而作为一门学科而言，它的诸多基本问题仍遭受着质疑，如其学科归属问题，学科边界问题，其在学术界中的地位如何，它是关于什么的研究，宗教心理学家在这些基本问题上并没有达成一致。传统的宗教心理学研究，或者是把宗教作为自变量，研究其对人类心理活动的影响，探索其在构成人类心理活动的机制和过程的

---

① Antoine V, Appreciation of the study "Towards cultural psychology of religion: principles, approaches and applications", by J. A. Belzen, *Mental Health, Religion and Culture*, Vol. 13, 2010, pp. 407 - 410.

② 吕大吉、牟钟鉴：《中国宗教与中国文化（第一卷）：概说中国宗教与传统文化》，中国社会科学出版社 2005 年版，第 1 页。

③ 吕大吉在《宗教学通论新编》（2010 年版）第 543 页中指出，宗教是由宗教观念、宗教体验、宗教行为和宗教体制四要素有机构成的"社会文化体系"。

④ 吕大吉：《宗教学通论新编》，中国社会科学出版社 2010 年版，第 547 页。

作用，如感觉、记忆、思维、判断、动机、追求等，这些是第一种路径研究的因变量。或者是把人类的心理机制和过程作为自变量，来探索这些变量对人的宗教的形成和宗教行为，如身份认同、团体归属、祈祷、赎罪、祭祀等活动的影响，这些变量就是第二种路径所关注的问题。我们认为，宗教的文化心理学研究应该是宗教的心理学研究的第三种路径，即采用新近兴起的文化心理学的研究范式，探索人类复杂的宗教信仰与心理机制之间的交互作用，特别是对引起、促进和构成人类主观信仰和精神功能的文化心理变量进行实证研究。宗教的文化心理学着重探讨心理功能在宗教活动中是怎样体现的，宗教信仰又是如何成为人的心理活动的一部分的。宗教的文化心理学研究主张以跨文化国际化的视野来探索宗教的文化心理，① 因为只有通过跨文化的比较，才能够分析不同文化心理在不同生存环境条件下的差异，从而发现不同文化历史环境中的人们在各种宗教体系影响下的文化心理变迁。在过去二十年的探索中，文化心理学从不同学科思想体系中借鉴了若干重要的理论和概念对宗教心理进行阐释。② 包括习性（habitus）理论、活动理论（theory of action）社会角色理论（social role theory）和叙事理论（narrative theory）。

心理学领域中的“文化”通常代表着一系列的符号、规则、象征、习俗和惯例，一方面它建构着人们的行为，另一方面在社会实践活动中不断发展演进着。心理现象依赖于实践活动的观点流传已久，从马克思、恩格斯到杜威以及当代的思想家布迪厄，他们都是这一思想的积极倡导者。事实上，笃信宗教的人士常常难以从认知水平上解释他们所从事的一些宗教仪式行为。如罗马天主教徒不能够解释他们在弥撒（天主教最崇高的仪式）过程中的行为表现，佛教徒也无法解释他们要历经种种磨难的真正原因，③ 然而他们却能够忠心地按照他们所信奉的宗教文化期望

---

① Kathryn A Johnson, Eric D, Hill and Adam B. Cohen. Integrating the Study of Culture and Religion: Toward a Psychology of Worldview, *Social and Personality Psychology Compass*, Vol. 5, 2011, pp. 137 – 152.

② Triandis H C, “Culture and psychology: A history of the study of their relationship,” In S. Kitayama and D. Cohen, eds., *Handbook of cultural psychology*, New York: Guilford, 2007, pp. 59 – 76.

③ Obeyesekere G, Depression, *Buddhism, and the work of culture in Sri Lanka.* In A. Kleinman and B. Good, eds., *Culture and depression: Studies in the anthropology and cross – cultural psychiatry of affect and disorder*, Berkeley: University of California Press, 1985, pp. 134 – 152.

去践履和行事。而不信奉这些宗教的“外来者”或旁观者，在没有理解的情况下是很难忠心地按照宗教期望去行事的。

宗教对人的行为的影响不能简单地理解为人们有意识遵循宗教原则。因为，人们的宗教行为包含感知、情感、思维和需求等心理要素，所有这些要素可能是由人们意识不到的一个心理系统或心理结构所控制的。有时人们表现出的宗教行为很可能是无意识的，比如感动（affect）有可能就不是我们感觉的结果，而是受到更多的生理特性的影响。我们将这个系统或结构称为“习性”，是指人们在后天的经验生活中习得的一种秉性。布迪厄用习性代指人在后天实践中形成的一套与客观条件相适应的“可衍生程序”。

就结构分析而言，习性是一种小型的话语权，它不仅是个体自身存在的一种文化空间和心理积淀，同时也是一种小群体之间的话语通约；不仅被用来表示同人的行动始终相伴随并指导着行动始终的那种精神状态，而且被用来强调与社会结构共时并存、同时运作的行动者的秉性系统；不仅是已形成的内在化的行动者的主观心理状态，而且是积累行动者历史经验和凝缩社会历史发展轨迹并不断地在客观世界中外在化的“生成原则”。

习性是人们的主观性的社会结构，是社会结构通过外在的内在化铭刻在我们的头脑和身体中的方式，是个人与社会、主观与客观、内在与外在的关系的中介物和转换环节。[①] 正是这种结构产生和构成人们的行为，虽然它们是以个人的方式加以体现，但并不完全属于个体，它们被赋予了（亚）文化的特征，既属于个体又属于文化，是个体与文化习俗之间的联结。例如，因为一个笃信者身体中具有印度教教徒的“习性”，他便以印度教教徒的方式去思考、反应、感知和行事。其原因只是他就是一个印度教教徒，而并非来自印度教教条或者伦理约束等。事实上，信徒往往并不能意识到这一点。习性自身是通过社会实践、生活方式建构的，只有在社会实践的过程中才能观察到，才能运作，才能实现其自身。

宗教的文化心理学研究也可以以苏联心理学家维果茨基提出的活动理论为指导。维果茨基认为，人的心理是人类文化历史的产物，是在劳

① 王进、熊永翔：《中西语境观照下的“Habitus”》，《世界民族》2011 年第 1 期。

动活动过程中产生的，实践活动应该成为心理学的一个重要范畴。根据马克思的活动观，意识是人在活动开始时关于活动的映象，它是客观现实的反映，同时又对人的活动进程起着十分重要的调节作用。维果茨基提出一个重要的理论假设："人的心理过程的变化与其实践活动过程的变化是同步的。"维果茨基关于人类心理发展文化历史观的核心思想是：无论是在社会历史发展过程中，还是在个体发展过程中，心理活动的发展应该被理解为对心理机能的直接形式，即"文化"形式的掌握。

维果茨基提出了三种影响个体心理机制的文化因素：第一种是行为，包括劳动生产、抚养子女、教育民众、设计、执行法律、医疗、游戏和艺术创作；第二种是人造物，包括工具、书籍、纸张、货币、武器、餐具、钟表、服饰、建筑、家具、玩具和科技产品；第三种是对于人和事物不同的理解，在不同的社会体系中，由于其法律、宗教、习俗、社会结构和思想意识的不同，使得个体对现实的理解也不同。①② 维果茨基强调心理机制依赖于这三种文化因素的综合作用，在某种意义上来讲，宗教的文化心理学研究，是对这三个方面的综合探索，尤其是对第三种活动进行分析。因此，我们提出的宗教心理学研究的第三种研究探索路径与它的文化心理的三种机制不谋而合。

宗教的文化心理学研究也可以由社会文化发展理论来解释。心理学家应该在特定的文化背景下，特别是其所处的环境、文化和社会活动中探究个体的行为机制。行为是受到角色影响的，不同角色具有独特的权利、责任、规范、机会、限制、奖赏和资格。如宗教行为包括信徒、牧师、忏悔者、启发者等角色的活动。一个具有与众不同特质的角色主导着个体心理机制的发展，个体通过吸收合并一些对其有意义的角色来形成行为的主体，这种主体意识就成为人们心理活动的源泉。完成一个角色需要训练和学习，包括做什么、为什么做、记忆、时间感觉、空间感觉、认知、动机、自我概念等。③ 个体社会角色的概念对于文化心理学在

① Mauss M, *A category of the human mind*: *The notion of person*, *the notion of self*, trans, W. D Halls, In M, Carrithers, S, Collins and S. Lukes, eds. , *The category of the person*: *Anthropology*, *philosophy*, *history*, Cambridge: Cambridge University Press, 1938/1985, pp. 1 – 25.

② Ratner C, *Cultural psychology*: *Theory and method*, New York: Kluwer/Plenum, 2002, p. 10.

③ Gerth H and Mills C W, *Character and social structure*: *The psychology of social institutions*, New York: Harcourt/Brace, 1953, p. 11.

宗教领域中的研究具有启发意义，它不仅适用于对过去的个体的分析，也适用于对广泛意义上的宗教故事和符号象征的分析。角色以一种独特的方式来演绎、调节和标定人类的心理机制，不同的宗教信徒就是以这种方式形成特定的宗教行为和宗教情感。[①] 比如西方基督教社会中，有三种职业人士分别扮演着不同使命的上帝的使者，他们的共同特点就是在正式场合身着黑色长袍，比如说神父就代表上帝来判断善恶，法官则代表上帝判断对错，教授则代表上帝判断真伪。这些角色不仅能解释宗教对不同人群的不同影响，也能够反映西方基督教所推崇的核心价值，即追求人性的真善美。[②]

文化心理学还可以借助叙事心理学对宗教进行阐释。叙事心理学认为，故事在语言传播和现实中起着核心的作用，在人的一生中会听到记住很多故事，这些故事能使人了解自己的行为方式，透过这些故事，人们能够生成一个认知框架来理解那些未曾遇见过的故事和情形。[③] 格尔茨认为宗教就是一个象征体系，其目的是通过给一些抽象概念具体形象的物质性阐述，来确定人们对这些抽象概念形成有力、持久、普遍的情绪和动机反应。[④] 文化就是这样一种用符号和形象来表征的意义和概念系统。叙事心理学将“符号”这个概念引入宗教研究，并从故事和行为的关系来分析各种符号的意义。不同生活方式的人尽管他们的宗教信仰相同，但是他们每个人的宗教故事应该是不一样的，每个人在现实生活中都在不断地传承自己的宗教故事，人们对事物的期望、解释以及自身的行为都可能被深深地打上自己宗教故事的烙印。

比利时心理学家弗格特（A. Vergote）将弗洛伊德式、拉康式（Freudian - Lacanian）和温尼科特（Winnicottian）式的精神分析思想以及文化心理学的理论和方法应用于宗教的研究。他采用独特的跨学科研究范式，结合文化人类学、历史学、社会学、精神分析学和哲学的研究成果，对宗教的文化制约过程进行了有意义的探索。他不试图对宗教进

---

① Sunden H, Saint Augustine and the Psalter in the light of role - psychology, *Journal for the Scientific Study of Religion*, Vol. 26, 1987, pp. 375 - 382.

② A Belzen J, Beyond a classic? Hjalmar Sundén's Role Theory and contemporary narrative psychology, *International Journal for the Psychology of religion*, Vol. 6, 1996, pp. 181 - 199.

③ Mancuso J C and Sarbin T R, The self - narrative in the enactment of roles. In T. R. Sarbin and K. E. Scheibe, eds., *Studies in social identity*, New York: Praeger, 1983, pp. 233 - 253.

④ Geertz C, *The interpretation of cultures*, New York: asic Books, 1973, p. 90.

行重新界定，而是借助文化科学，尤其是借助文化心理学的理论和方法对特定生活方式中的具体宗教现象，如祭祀、朝拜、布道等文化差异进行系统性的比较分析。他的很多研究就是结合比利时的文化背景，从罗马天主教的角度来研究基督教信仰在这种文化背景下的变异。在他最重要的一项研究中，弗格特尝试对"信念"（belief）进行研究。他认为信念是基督教信仰中最为重要的元素，人类的本性既不是宗教的也不是非宗教的，而只有在文化与宗教背后的意义之间建立某种关联时，人们才会选择信仰或者不信仰宗教。宗教的文化心理学研究的目的在于揭示宗教体验背后的意义和动机，探究这些意义和动机是如何有机结合并形成个体的宗教心理结构的。[①] 研究个体是如何发展成为非信仰者的过程，以及在信仰和非信仰之间是如何转换摇摆，会给我们带来很多有意义的研究启示。

穆奇（N. C. Much）和马哈帕崔（Mahapatra）结合人类学和心理推理的方法，对印度东海岸的奥列萨州印度教传统中的拥有神谕（Kalasi）进行研究。[②] 他们对女性拥有神谕的作用和地位进行文化心理的阐释，关注对她们从普通人转换到拥有神性的符号学分析。通过个案研究发现，就个人存在的价值和意义、社会地位或立场以及当地文化象征的背景而言，对意义的追寻构成女性的生活方式，她们将自己的角色看作拥有神谕的过程。[③] 在转换和拥有神谕的时间里，她们被期待着表现出不同于日常可接受的社会行为和言语方式，这种表现是一种非随机的具有符号象征意义的模式。拥有神谕行为时有着清晰的标准，她们的言行被理解为是女神的言行，她们拥有的特殊能力被看作女神的力量。

穆奇等人指出，呈现神谕是一种社会幻觉，在这种幻觉里参与者有一种拥有神谕的体验，这是一种视觉上的幻觉，一种特殊的神性通道。在这个过程中，她们可以直接得到女神的关注和指引，并与其达到相遇、相通、合一的境界，但这并非一种"超自然"的力量使其出现幻觉，而

---

① Vergote A, "*Religion, belief and unbelief: A psychological study*", Amsterdam: Rodopi/ Leuven: Leuven University Press, 1983/1997, pp. 187 191.

② Belzen J A, "God' s mysterious companionship: Cultural psychological reflections on mystical conversion among Dutch 'Bevindelijken'", In J. A. Belzen and A. Geels, eds., *Mysticism: A variety of psychological approaches*, Amsterdam/New York: Rodopi, 2003, pp. 263 – 292.

③ Much N C, Mahapatra, "Constructing divinity", In R. Harré and pp. Stearns, eds., *Discursive psychology in practice*, London: Sage, 1995, pp. 55 – 86.

是一种社会建构的超验意义的“真实性”，没有这种社会建构的“真实性”就不会存在有意义的体验。[①] 由此我们认为，基于文化心理学视角，性格模式、认知模式、体认和反应都被视为有价值的潜能。一个出生不满一个月的婴儿在进入人类社会时就具备了一定的潜能，这些潜能中一些是普遍共有的，一些则是属于个人特质的。但哪些是后天获得的，以什么样的方式获得的，这在很大程度上依赖于其所生活、学习、认知和表现的特定文化环境。

综合上述，基于文化心理学的视角有助于推进对宗教行为的研究。首先，这一视角承认笃信宗教从本质上讲是人性中固有的文化，并由文化所决定，人们在恪守已有的文化约定、习俗和契约的过程中，为了消解内心的矛盾和冲突，宗教得以形成、发展和传承。其次，文化心理学的视角与宗教的多样化相匹配，作为主观精神的产物，宗教是由特定文化构成的多维现象，不能用单一的视界去看待和解释，需要多元文化心理学的探究。同时，宗教信仰也不是一种普遍主义，宗教体验的情感、信仰的教义和遵循的道德并非完全相同，各种形式的宗教是一种共享“家族类似”（family resemblances）的关系。最后，宗教的文化心理学研究承认宗教具有跨文化、跨时代的差异性，主张进行各种本土宗教行为的心理学研究。由此我们认为，文化心理学应该能够成为探究人类文化和宗教信仰关系的一种新的路径。

三　宗教的文化心理学研究意义

宗教是人类永恒的主题，是人类社会生活的一个重要方面，是大多数民族和民族国家的精神支柱和文化的精神方向。[②] 作为一种文化软实力和社会力量，[③] 一种特定的以超世信仰为核心的社会文化体系，一种基本和重要的心理存在和心理诉求，宗教对人的心理行为的影响越来越大。近年来，在国际学术界宗教再次成为心理学、社会学、人类学、政治学、

---

① Much N C and Mahapatra, “Constructing divinity”, In R, Harré and P, Stearns, eds., *Discursive psychology in practice*, London: Sage, 1995, p. 76.

② 安伦：《宗教共同体的多维度》，《世界宗教研究》2012 年第 1 期。

③ 卓新平：《对话宗教与传统文化》，《世界宗教文化》2011 年第 6 期。

历史学以及社会公众关注的热点。在我国随着宗教信仰群体的扩大，宗教心理将是未来中国必须正视的问题，宗教心理研究在中国的发展将会非常引人注目。如果我们认同宗教是一种文化心理产物，是一种社会心理需求，那么作为社会心理需求的文化心理产物是可以管理和引导的，应该立足于中国国情，以国际化的视野，基于文化心理学的视角加以科学的探究。

宗教的文化心理学研究意义包括：首先，它为科学认知和理解宗教行为提供了一个新的研究范式。长期以来，宗教心理的研究是一个被忽视的领域。一方面，是因为人们认为它是神圣的、抽象的、先验的精神活动，应该是不能加以探究的，甚至认为对它进行研究是多余的、武断的和机械的；另一方面，已有的宗教心理研究主要诉诸西方主流心理学的理论和方法，脱离真实的"现实世界"，特别是忽视对宗教文化历史维度的考察，由此造成中国宗教心理的研究在过去几十年来基本处于停滞状态。透过对文化心理学自身优势的梳理、厘定，我们可以看到应用文化心理学对宗教心理进行研究的契合性、有效性和必然性。由此我们可以说，借着丰富的理论视域和多元化的研究取向，文化心理学应该成为探索宗教行为新的研究范式。

其次，基于文化心理学的视角对宗教进行探索，能够提供一种跨学科研究的范例和各学科对话的平台。宗教与宗教信仰是复杂的精神现象，作为人类文化心理的产物，一种重要的精神文化，它们是多样化的、多元化的，具有不稳定且类似于过程的特征，不是单纯用某一学科的理论和方法就能阐释清楚的。文化心理学将其研究视野锚定在贯通科学与人文、多元文化与多元理论语境思维基础上，其自身所具有的兼容性特征使它能够在理论和方法论层面上实现与其他相关学科的和谐匹配与借鉴，这正是它能够应用于人类复杂宗教行为研究中的生命力所在。就文化心理学采用的理论和方法而言，活动理论、习性理论、对话自我理论、社会建构论、叙事心理学、话语心理学、心理历史学、释义学方法、观察、实验、测量和统计的实证方法，在分析和解释引起、促进和构成人类主观性和精神功能的文化机制方面具有重要价值。

最后，基于宗教的文化心理学研究范式，有利于推进中国宗教乃至世界宗教研究的发展。强调宗教是一种心理文化现象，并不是要用"文化"概念来使宗教认识普遍化、一般化，而是试图考察人类宗教行为的历史文化蕴含与意义。长期以来，在中国宗教心理学是一个陌生而又少有人问津的研究领域，由此衍生出中国心理学界在宗教心理学研究领域中少有建树，中国学术界和社会公众对宗教心理缺乏科学和理论指导，在世界宗教心理学研究中失去话语权，导致中国宗教心理学研究和跨文化沟通上的孱弱，显得我们在应对社会宗教现象方面处于被动、无策和无序状态。在某种程度上，亦对中国的宗教、文化、外交乃至政治产生一些不利的影响。值得注意的是，尽管中国有着几千年悠久历史、表现丰富的宗教文化积淀和传统，但是专门从事宗教行为科学研究的机构、学者寥寥无几，这与中国“文化大国”的地位极不相称。某种意义上，我们不积极主动占领这块阵地，就会被西方国家抢占。我们认为，在中国的文化背景下，以科学发展观为指导，从发展中国文化强国战略出发，对中国人的宗教心理和行为进行文化心理学的科学研究，是树立宗教心理研究国际学术视野，拥有世界宗教心理学研究话语权，与国际宗教心理学者进行平等学术对话、交流与合作，正确引导民众科学认知宗教，促进民族团结、社会和谐与世界和谐，弘扬中华文化，建设中华民族共有精神家园，变被动为主动的积极选择。

需要指出的是，在对宗教进行理解和探索的过程中，提出以文化心理学作为研究宗教的第三种路径，并不是为了说明它更高级一些，抑或更能代表当今该领域研究的所有成果，也不是要取代或否认其他研究路径或范式在宗教研究中的地位和价值，而是意图拓展宗教研究的视野，探寻宗教研究的路径，扩大宗教解释说明现象的范围，揭示宗教所蕴含的文化心理意义，推进宗教心理研究系统而深入地发展，发挥宗教所具有的文化战略意义。概而言之，文化心理学的研究范式应该可以为当代宗教信仰的研究提供可资借鉴的理论和方法，有助于揭示人类复杂宗教心理和行为背后的真正原因。

（原载《国外社会科学》2014 年第 6 期）

宗教文化心理学研究的释义学方法论取向及其意义

文化宗教心理学是基于文化心理学的视角对人类复杂的宗教现象进行研究，特别是对引起、促进和构成人类的主观性和精神功能的文化机制进行探索。宗教是人类文化发展到一定历史阶段的产物，人类所有的精神现象都可以在特定的文化历史背景中加以理解和解释。经验分析的科学研究范式，不可能完成对人类文化最复杂的宗教现象的终极意义和本体论价值的考量。作为文化心理学研究的重要方法论取向之一，释义学能够找寻宗教行为背后的意义和动机，并试图发现这些意义和动机之间的关联是如何构成一个人的宗教心理机制的。释义学为理解宗教行为背后的意义提供了有效的解读方式，成为考察人类复杂宗教现象重要的方法论取向。

文化宗教心理学（Cultural Psychology of Religion）是近年来在西方悄然兴起的一门学科。它试图对人类复杂的宗教现象进行文化心理学的研究，特别是对引起、促进和构成人类的主观性和精神功能的文化机制进行探索。文化心理学是建立在研究人类心理机制的文化因素基础上发展而来的知识体系，其跨学科研究特征和“兼容并包”的研究取向使其成为探究文化和人类精神功能关系的重要路径。

如同历史学、人类学和语言学一样，宗教心理学也是一门解释性的科学，它根据对起源于不同文化情境中的宗教心理和行为的考察，将注意力集中于对超越规则之外的意义探寻。人类所有的精神现象都可以在特定的历史文化背景中加以理解和解释。然而，受科学心理学实证主义方法论的影响，观察与实验、测量与统计的方法似乎成为宗教心理学研究理所当然的“合理有效”方式。显然，仅靠实证主义研究的范式，难以完成对人类文化中复杂宗教现象的终极意义和本体论价值的考量。作为关注历史、文化因素对心理现象影响和制约的释义学具有实证主义不具备的独特优势，其价值在于能够找寻宗教行为背后的意义和动机，并试图发现这些意义和动机是如何构成一个人的宗教心理机制的。即一个特定的宗教是如何建构、参与和制约个体心理机制从而影响其生命形式的。就此而言，释义学为理解宗教行为背后的意义提供了有效的解读方式，成为考察人类复杂宗教现象的重要方法论取向。

一　宗教心理学的研究对象：一种文化的产物

世界上的一切宗教都是人类的文化创造，是人类文化发展到一定历史阶段的产物。宗教属于精神文化范畴，是一种人类在精神生活层面文化构成方式的表达。早在几十年以前，利维·维果茨基（Lev Semenovich Vygotsky）等心理学家就已经明确指出，更高级的心理机能具有双重起源，首先就是文化层面的起源，其次是加以内化的个人层面的起源。[①] 文化是影响人类所有有意义社会行为的最重要的因素，是人类自我中的主要塑造力量。高级心理机能就其实现过程的结构而言，是人类社会历史发展的产物，是受文化历史所制约的。所有属于精神现实的具体现象都是由文化决定的，只有依据特定的历史文化情境并以此为中介，才能获得相应的知识、体验、行动、希望和幻想。人类高级复杂的心理现象就其本质来讲更多的是一种文化历史现象，脱离文化和社会历史背景对其进行研究，其结果只能是一种歪曲的理解。

心理学领域中的“文化”通常代表着一系列符号、规则、象征、习俗和惯例，一方面它建构着人们的行为，另一方面在人类社会实践中形成并不断发展变化着。正如在文化宗教心理学中极具影响力的人类学家克利福德·格尔茨（Clifford Geertzmi）所言：“恕我直言，文化不是人类这种完美进化动物的附属品，而是其组成部分，而且是核心的组成部分，凝聚在它们所创造生产的产品中。”[②] 雅克·拉康（Jacques Lacan）也明确地将文化秩序放在首位。他认为，心灵发展是文化表征的结果，不是

① Vygotsky L S, *Mind in society: The development of higher psychological processes*, (Ed. & trans. M. Cole) Cambridge, MA: Harvard University Press, 1978.

② Geertz C, *The interpretation of cultures*. New York: asic Books. 1973, p. 47.

自然增长的结果，人类的心灵结构依赖于文化，从外部获得力量。[①] 可见，不同的文化会导致不同的行为结果，进而产生不同的认知能力。例如，同样的数学题在不同的情境中会得出不同的答案。珍妮·拉弗（Jean Lave）等人发现，有98%的人可以在杂货店里正确解答数学问题，而只有59%的人可以在教室中答对同样的问题。这些研究者发现问题解决并不只是一个单纯的大脑运算过程，也取决于在某种特定情境下的个体的参与度。[②] 也就是说，认知的一部分组成是依赖于具体情境和文化的。[③]

同样地，情绪也不是相同的，也因不同的文化而有所不同。例如，一些情绪存在于某些文化中，而不存在于其他文化中。与认知不同，情绪是以信念、判断、个人愿望、需要和对当前情境的评估为特征。其内容并非自然产生的，而是受文化、信仰、价值观和特定团体制约。情绪不是自然反应，而是在特定情境下的反应，是社会文化决定了个体经验、感受和情绪表达的模式，这个模式是在特定的社会情境中获得的习惯特征。因此，情绪是在特定的社会情境中获得并加以表现，而不是对纯粹自然的和不可避免反应的无理性爆发。不同的情绪反应在特定情境下有不同的组织和解释方式。情感遵循预先存在的文化范式，它们是社会诠释的综合体，是临时的社会角色。此外，在所谓文明进程中，某些情绪不仅可以被控制甚至可以被创造。由此我们可以得出，从总体上看，人类的主体性通常服从特定的历史文化条件，不存在任何脱离文化有意义的行为。我们应该在文化情境下去理解各种心理现象，去研究一个特定的文化情境是怎样使特定的行为、知识和体验成为可能的。

如同普通心理学那样，文化心理学的研究内容相当广泛，是一门众多学派的心理学家致力于其中并且已经取得了一些卓著研究成果的学科。从广义上讲，文化心理学致力于描述、考察和解释文化与人类精神功能之间的相互作用关系。探讨那些在不同文化背景下表现出来的人类行为，并试图找寻和诠释这些行为背后意义的文化机制。也就是说，文化心理

---

① Lacan J，*écrits*，Paris：Seuil，1966，p. 242.

② Lave J，Murtaugh M，*The dialectic of arithmetic in grocery shopping*，In B. Rogoff & J. Lave（Eds.），*Everyday cognition*：*Its development in social context*，Cambridge：Harvard University Press，1984，pp. 67 –94.

③ Miller J G，Cultural psychology：Implications for basic psychological theory. *Psychological Science*，1999，vol. 10，pp. 85 –91.

学试图去揭示：所有人类行为都是怎样由“文化”建构而来的。文化心理学不仅承认人类行为、认知和体验在不同的文化中一直有着不同的形式，而且它更加强调人类的主体性是基于社会文化而构成的一个整体。格尔茨曾明确指出：“没有脱离文化的人性。”[①] 这提示我们：应更多地从文化的视角去发现和理解人类是怎样成为人类自身的，更加关注和重视人类精神功能的文化和社会变量。如果心理学不是通过机械地模拟去研究人类，而是试图去理解人类主体性近乎无限的可塑性，那么它便要求我们探究相应的文化。文化心理学试图发现特定的文化是如何体现其自身的，是如何影响其主体并且塑造其本性的。

宗教心理学家想要对某一特定的宗教信仰进行心理学的研究，就必须通过某种处理模式，在一种特定的、传递着个人经验和表达的（亚）文化中重新定位这种宗教信仰。与自然科学中所采用的方法不同，研究者如果想对任何有意义的生命形式进行心理学的研究，就必须尽可能地在现实生活中接近和观察主体。[②] 实验、测试和问卷等常见技术是不适应这种需求的，文化心理学研究已经逐渐舍弃这些技术，更倾向于使用所谓“友好实验”方法，诸如访谈、参与观察和自我分析。与每一种理性尝试一样，文化心理学的主张是谨慎的，它认为寻求人类心理现象中的稳定模式以及试图长期预测人类的心理现象，或许不是心理学的真正目标。[③] 心理学家的任务应该是在特定的文化范围内帮助他人去领会、解读和解释自身的各种行为，并且告知人们在可能的范围内其行为的意义。

文化心理学作为一系列知识、态度、技术的集合，它研究文化构成是如何促进和调节个体心理功能和心理过程的表达，在不同的心理学流派和理论里（如，认知、记忆、心理健康、自我和无意识）对其内涵的阐释有着不同的基本前提假设和概念。更重要的是，文化是一个动态的概念，不单单意味着“脉络”或“环境”。文化是一个行为的领域，它的内容范围从人造物到制度、观念以及虚构的人、事。作为一个行为的领域，文化提供了限定条件下的行为的可能。文化在一定程度上设置目标，

① Geertz C，*The interpretation of cultures*. New York：asic Books. 1973，p. 49.

② Voestermans P，Cultural psychology：From culture in psychology to psychology in “culture”，*Dutch Journal of Psychology*，1992，vol. 47，pp. 151 – 162.

③ Misra G，Gergen K J，On the place of culture in psychological science，*InternationalJournal of Psychology*，1993，vol. 28，pp. 225 – 243.

设立正确、合理和出格行为的范围。在文化领域下的行为所隐含的实际意义和理论设想之间的关系是包含在一个体系之中的，即系统中的一部分变化将会影响其他部分。作为一个行为领域，文化不仅包含和控制了行为，同时也被行为所改变着，文化既是一个过程也是一个系统结构。[①]

如同所有的文化现象，宗教是多元化的，不是单纯用某一个学科的理论和观点就能解释清楚的，也不是单纯用心理学的某个方法和技术就能处理的。作为一种文化现象、一种主观的心理诉求，宗教超出了任何分支心理学科所设想的。承认宗教的文化异质性，我们就会认同多元的文化心理学对于理解和解释各种宗教现象具有重要的价值和意义。

文化心理学的方法对于宗教心理学研究来说，既不是异质的，也不是全新的，但却是最适合的。在对宗教心理现象进行探索和理解的过程中，提出释义学方法论取向以及许多现代宗教心理学之外的概念和方法，并不是为了说明它们更高级一些，或者更能代表当前该领域的最新发展趋势，也不是要取代或否认经验实证主义方法在宗教心理学研究中的价值，而是意图拓展宗教心理学的研究视野，扩大宗教心理学解释说明的范围，从而对某些宗教现象给出更恰当的合理解释。

二　宗教心理学与普通心理学的关系

宗教心理学作为心理学的一个分支学科，是一个广阔的研究领域，特别是在过去的几十年中，宗教心理学研究呈现出一种“回归”的良好发展态势。但对很多人来说，宗教心理学依旧是一个陌生而又少有人问津的领域，特别是作为一门学科而言，在总体上还没有形成十分明晰的学科边界，[②] 参与宗教心理学的研究者也缺乏一个明确、统一的规范，在哲学、精神病学、人类学、宗教研究和心理学的许多学科领域中都会发

---

① Boesch E and Straub J, Psychology of culture: Principles, orientations, conceptions, In H. J. Kornadt G. Trommsdorff (Eds.), *Psychology of comparative culture*, Göttingen: Hogrefe, 2006, pp. 25 – 95.

② Vergote A, What the psychology of religion is and what it is not, *The International Journal for the Psychology of Religion*, 1993, vol. 3, pp. 73 – 86. A. Vergote, Debate concerning the psychology of religion. *The International Journal forthe Psychology of Religion*, 1995, vol. 5, pp. 119 – 123.

现这些人的身影。这在很大程度上是由于构成宗教心理学的两大元素——宗教与心理学都没有达成一个普遍的共识。同样地，在普通心理学中，也不存在统一的学科方法论基础。心理学历经了100多年的发展依然处于分裂的状态，至今没有形成统一的科学观与方法论。因此，对于宗教心理学研究而言，我们不需要试图对宗教进行心理学的重新界定，最好的方式是拓宽研究视野，统筹全局，厘清和分辨哪些方法是最适合的，并且至少认同和接受以下三个界限：第一，精神功能在宗教领域中是怎样体现的；第二，宗教是如何成为精神的一部分的；第三，探讨宗教现象的精神因素。

这三个界限虽然有部分重叠但并不完全重复。在第一个界限中研究者通常从一些心理机能或变量入手，来探讨这些心理机能或变量是否或在何种程度上影响个体的信仰。这种研究对于研究有宗教信仰的个人或团体来说，时常提供一些额外的检验，例如，研究者研究宗教是否提高生活满意度，[①] 或者研究何种程度上宗教信仰水平会被视为抑郁的表现，[②] 或研究宗教如何作为一种应对机能来起作用。[③] 第二种研究范畴关注个体获得和保持宗教信仰的过程：就像其他文化技能一样，宗教信仰是后天获得的，获得的方式包括一个人出生在一个信奉宗教的家庭，或个体自主地接受一个新的宗教传统和团体。这是如何产生的，哪些因素在宗教文化渗透、转变或成熟的过程中起促进或阻碍作用，这都是第二种类型的研究范畴中关注的。第三类范畴的研究关注更具体的宗教现象，并试图分析哪些精神因素具有影响力。这些因素表现于监控条件下的现象的发生或发展之中，无论是神秘的体验、宗教艺术、礼拜、朝圣、自传、宗教领袖和宗教典籍等。

这些不同类型的研究有着不同的目标，需要采用不同的研究方法。但没有一种研究方法能统筹所有类型的研究。第一种类型的研究常诉诸

---

① H Ayele, Mulligan T, Gheorghiu S, Religious activity improves lifesatisfaction for some physicians and older patients, *Journal of the American Geriatrics Society*, 1999, vol. 47, pp. 453 –455.

② Braam A W, Sonnenberg C M, Beekman A T F, Deeg D J H, W Tilburg, Religious denomination as asymptom – formation factor of depression in older Dutch citizens, *International Journal of Geriatric Psychiatry*, 2000, vol. 15, pp. 458 –466.

③ Pargament K I, *The psychology of religion and coping*: *Theory*, *research*, *practice*. NewYork/London: Guilford Press, 1997. Pargament K I, *Spiritually integrated psychotherapy*: *Understanding and addressing thesacred*, New York/London: Guilford Press, 2007.

主流心理学研究的标准方法，例如问卷、量表、测试和一些实验，倾向于采用主流心理学的原理并将其应用于宗教现象的研究；第二种类型研究的方法则来自更宽泛的社会科学领域，包括社会学和人类学的研究方法，例如访谈、观察、人种学和传记分析法；第三种类型的研究更依赖于某些领域的数据与洞察，这些领域包括历史学、神学、文学和文化研究。这三种类型的研究都关注于研究对象的精神作用过程，研究对象可能是当代的或过去的个人或群体，也可能是某种宗教活动。在（宗教）心理学中，几乎很少有人意识到，许多研究得出的结果仅仅在“当下”才是有效的，心理学家们总是在书写现在的“历史”，而不是在探索人类心灵中永恒不变的规律。[①] 结果，过去或现在的许多迷人的心理现象，或者是完全被忽略，或者是被破坏揉碎以便迎合现在的心理学概念和统计学方法。从方法论的视角来看，这是一种根本性的错误。

长期以来，心理学致力于一种像自然科学那样的客观研究，把变量能否进行实验处理和统计分析看作科学心理学的一个重要标志和判准，以便任何受过心理学训练的人都可以理解并能够重复研究。这一限制和倾向在哲学观上是不被支持的，而且，这种方法论取向使科学心理学对于心理现象的理解只能达到一个有限的程度。事实上，当代心理学的困境与缺乏成果不能以其是“年轻的科学”来解释，而是由于实验方法与概念上的混乱导致的。例如，认知方法，一系列通过电脑创造出来的技术，[②] 认为心理就是存在于人类大脑里的一种抽象计算装置，对外界执行着符号表征的操作。为了分析大脑内在的结构和工作机制，人类深深植根于历史、社会、文化中的一切就这样被全盘否定，人类的“文化”特性被排除在外。

显然，心理学研究方法的选择和设计应基于研究对象和研究问题的性质，而不是遵循一个没有本体论主张的还原论或机械论模式，也不是以这种模式决定哪些精神现象或心理行为现象被研究。事实上，以机械论的观点来取舍、设定或者研究人类心理现象，是一种等级较低的理论结构。释义学心理学是一种较高等级的理论结构，因为释义学理论更加

---

① Gergen K J, Social psychology as history, *Journal of Personality and Social Psychology*, 1973, vol. 26, pp. 309 – 320.

② Sampson E E, Establishing embodiment in psychology, *Theory and Psychology*, 1996, vol. 6, pp. 601 – 620.

关注文化、历史、意识等元素对人类心理现象的重要影响。高度结构化的理论对于研究宗教现象具有较强的解释力，多等级跨学科研究范式是高结构化心理学研究的显著特征。一个真正的多等级跨学科研究范式需要采用多元化的研究方式，需要不断从其他学科领域整合或兼容相关的理论、方法和概念。例如，释义学不能像实验法排除叙事分析一样排除测量法。如果我们认同宗教心理学的研究对象是与历史和文化交叉的变量，其形成和发展受历史和文化因素的影响，那么我们就不能忽略历史和文化的因素，也不能忽视相邻学科的研究方法，例如，人类学、历史学、社会学、生物学和其他社会科学。

宗教心理学目前所采用的理论、方法和技术主要源自普通心理学，其不是普通心理学的核心分支学科，还没有形成自己独有的理论、研究方法和技术。一些心理学先驱，如弗洛伊德、霍尔、詹姆斯或奥尔伯特的理论也没有直接来源于宗教心理学理论，而是通过在宗教领域中的应用来阐述他们的观点，而且，更多的宗教心理学研究是将他们的理论、方法和技术应用于对宗教现象的研究。① 总结以上所论，由于人类宗教现象的复杂性，对其研究应采用多等级跨学科高结构化的理论，以增加对宗教现象的解释力。

三　普通心理学中的两种方法论取向

普通心理学中存在两种方法论取向：一是经验分析取向，另一个是释义学取向。② 它们有时也用定量和定性来区分，但并不十分准确。

20 世纪初逻辑实证主义提出了“只有能够被证实的命题才是有意义的命题”的证实原则。③ 认为依靠科学家价值中立的原则对案例进行观察能够归纳出一般的命题。例如，如果在一定数量的场合中都观察到乌鸦

---

① Hood R W Jr, Hill P C, Spilka B, *The psychology of religion: An empirical approach*, (4th ed.) New York: Guilford, 2009.

② Terwee S J S, *The two methodologicalmainstreams*, In pp. J. van Strien , J. F. H. van Rappard (Eds.), *Foundational issues in psychology: A manual fortheorety and foundations.* Assen: Van Gorcum. 1990, pp. 228 –240.

③ Wittgenstein L, *Tractatus Logico – Philosophus*, London/New York: Routledge, 1921/1981.

是黑色的，那么就能得出乌鸦都是黑的这一结论。受逻辑实证主义证实原则的影响，当代科学心理学采用实证主义的研究方法并将其简化为测量、统计分析和实验。为了使心理学成为一门“真正的科学”，并与一些例如神学、哲学等“嫌疑犯”划清界限，20 世纪的众多心理学家都奉行这一原则，他们拒绝不是“实证的”精神分析学派、现象学，或其他形式的“科学的”定性研究。对于基于测量的带有证实主义性质的心理学家来说，实验等同于他们“实证科学家”的身份。例如，行为主义学家把他们的研究限制在去记录动物对刺激反应的客观测量结果上，把在“实验室”中探索行为的规律作为主要研究任务，并应用已发现的理论去简单地解释和预测人类复杂的行为。这种数量化的研究方法简化了人类身心灵的复杂性，割断了它们与社会、文化和历史背景的联系。

然而，大多数哲学家都坚决拒绝实证主义。批判理性主义哲学家卡尔·雷蒙德·波普尔（Karl Raimund Popper）明确地表示反对，他提出了著名的证伪原则。认为所有的观察和描述都是与某种理论相关联的，所谓安全的命题是不存在的，归纳法的原则是无效的，一般命题的假设是不可能的。[①] 根据波普尔的观点，科学从决定哪种必定要被设计出的理论的解决方案的问题开始，然后才是观察和寻找“事实”。通过元命题检验理论在一定的范围上是可行的，接受单一的元命题即证伪，而非证实，一般命题应用于无限的领域，也就意味着证伪总是可能的。波普尔认为，以批判的理性主义方式划分界限是区别命题是否科学的重要依据，而不是它们是否有意义。对波普尔来说理论和假设从何而来并不重要，所谓发现的语境是无须考虑的，重要的是证实的语境，是作为结果的命题是否能被检验。然而，后来的科学哲学家和历史学家指出，科学的过程并非像波普尔想象的那样合理，科学家对证伪他们的理论并不感兴趣，他们反而更倾向于证实它们的合理性。

当代的另一种主要心理学方法论取向是释义学，它包含一系列关注意义的定性研究方法。被公认为宗教心理学之父的施莱尔·马赫（Friedrich Schleiermacher），最先把释义学原理从哲学的角度理论系统化。施莱尔指出，释义学是从对人类社会的研究中推导出来，并发展成为更注重哲学性的方法。释义学关注如何理解和解释文本，也就是说，释义

---

① Popper K R, *The logic of scientific discovery*, London: Hutchinson, 1934/1959.

学理论的研究重心在于理解本身，而不是被理解的文本。如此一来，释义学不仅具有方法论意义，也成了一种认识论。马赫指出“释义学之目标就是最高意义的理解”，他提出了推证心理阐释优先于语法阐释，强调心理的解释在理解过程中的必要性。

释义学哲学家汉斯－格奥尔·加达默尔（Hans－Georg Gadamer）将释义学方法总结为：①在不断的理解中探索。最初的解释是一种直观的整体理解和判断，这种领悟和理解指导着对部分的理解，反过来又促进了整体的理解。释义学的理解过程没有真正的起点，也不存在明确的终点，是一个永无止境的循环过程。②在内部关系中寻找意义。释义学在内部寻找行动与事件之间有意义的联系，外部关系（如相关或像法则一样的关系）并不具有很强的意义。③关注个案。释义学方法的重点在于理解个案，而不是这种理解是否能够被推广。④视域融合。释义学的理解是一种对意义的追寻，意义既不存在于文本作者的主观意图中，也不是由解释的方法或研究者的“前理解”创造的，意义产生于理解者视域同被理解者视域或文本视域的融合。⑤重视“前理解”。释义学重视传统历史文化背景中对所研究现象理解的价值，把以往的各种“前理解”看作新理解的基础，通过对话达到两种视界的融合。因此，在研究问题确定之后，释义学研究的首要任务是寻找以往对该问题各种方式的“前理解”。[①]

当代心理学是一个“变化的学科”，这种变化可以在下列几种水平上观察到：首先，心理学对先前忽视的领域更加开放。如许多关于自我或对自传的研究开始增加。其次，对于不同数据的收集方式表现出更大的宽容，越来越多的研究者使用了各种各样的方法，如叙事学研究、语义学研究、批判研究、女性主义心理学与生态心理学研究等，而这所有的一切都归功于释义学的思维。[②] 再次，一些研究者表现出对类似于“扎根理论”方法和技术的偏好，如民族学方法、实地研究、案例研究等。最后，更多的研究试图采用适当的被研究者，超越以学生群体为主要被试

---

① Gadamer H G, *Truth and method*, New York: Crossroad, 1960/1986.

② Belzen Jand Hood B, Methodological is suesinthepsychology of religion: Towardanother paradigm? *The Journal of Psychology*, 2006, vol. 140, pp. 5－28.

的实验心理学。[①]

受释义学观点的影响，西方心理学方法论呈现出研究方法的多元化和质化研究方法的发展趋势。释义学理解和解释的方法，以及重视心理现象自身性质和特点的科学观，促使心理学家重新考量经验分析方法的价值。心理学家采用释义学理解和解释的方法对更多“现实世界”的研究将更加具有“生态效度”。宗教心理学对释义学方法论的引进与应用比较晚，[②] 对宗教心理学的精神分析研究在一定程度上采用了释义学方法论。支持使用解释论研究的心理学家们提出如下假说。

1. 人类世界被看作充满意义的结构。[③] 这些意义与思想、谈话、感觉、需要、行动以及人类的实践，如文本、艺术、建筑等客观存在相关联。这些意义是“客观”方法观察不到的，对有意义现实结构的研究，需要使用解释的方法。

2. 人类世界被视为意义不断建构的过程。在这一过程中，意义不断地改变并被不断地建构，这一过程是开放性的、不受限制的。

3. 随着对语言与话语在研究中所具有的价值的认同，解释论更偏爱对真实世界中经验的研究，他们对在可控的实验室环境中“引起”经验不感兴趣，而是热衷于对诸如自传、信件、真实情境中的观察和访谈中的叙事进行研究。

4. 对于研究参与者、情境和方法来说，研究被视为一个开放的、相互作用的动态过程。[④] 尽可能使研究参与者如同在他们日常生活情境中一样表现自己行为，他们没有将他们的“世界”放入实验室，没有完全受研究者使用的实验、问卷或者其他仪器控制。在释义学研究中，不存在先验的东西，不完全信赖某一种方法。在释义学心理学看来，方法会随着研究的需要而不断被发明和设计。

---

① Smith J A, Harré R, Langenhove L van, *Introduction*. In Smith J A, Harré R, vanLangenhove L (Eds.), *Rethinking methods in psychology*, London: Sage, 2003, pp. 1 – 8.

② Belzen J A, *Hermeneutical approaches in psychology of religion*. Amsterdam/Atlanta: Rodopi, 1997. Belzen, J. A. The cultural – psychological approach to religion: Contemporary debates onthe object of the discipline, *Theory and Psychology*, 1999, vol. 9, pp. 229 – 256.

③ Bruner J, *Acts of meaning*, Cambridge, MA: Harvard University Press, 1990.

④ Appelsmeyer H, Kochinka A, Straub J, *Qualitative methods*. In J. Straub, W. Kempf, H. Werbik (Eds.), *Psychology: Anintroduction*, München: Deutscher Taschenbuch Verlag, 1997, pp. 709 – 742.

5. 研究者认同和接受研究参与者对他们自身经历描述的权威性，努力使参与者开放自己的观点，并试图避免把这些观点转化为研究者的观点或某个已知的理论。他们与参与者进行积极的对话，时常回顾和讨论已取得的研究结果。

6. 研究者不仅研究常规的知识，而且关注独特的知识。独特的知识不应被等同于 N = 1 的方法论或个案研究。独特的知识可能是个体的知识，也可能是关于整个民间的知识、一种语言特点的知识、宗教或法律体系的知识、一种文献产物的知识、艺术或科学的知识。①

7. 释义学研究具有反思的倾向。研究者反思他们所做的研究以及在整个研究中他们自身所具有的价值。

8. 释义学研究倾向于更加关注问题是怎样发生和发生了什么，而不是问题为什么发生，② 释义学研究并不关注因果关系的问题。

9. 释义学研究常把自己定位于对生活和文化现象的描述，如对文本的解读。相应地，其通常采用访谈录音、来自人种学的现场笔记、历史文档等收集研究数据。

10. 释义学研究对于结果的报告方式与客观主义不同。实证主义仿效自然科学的方式，通过实验假设、表格和图形来呈现他们的研究结果。释义学研究者则不同，他们需要把数据和理论交织成为文本来对结果进行解释，而且很多定性人类学研究者常借助小说家和艺术家使用的工具来报告他们的结果。

释义学质化的研究方法与模仿自然科学的量化研究相比较来说，最重要的区别在于研究者的角色不同。在量化研究中研究者的角色是中立的或受忽视的，研究者使用客观的程序并试图寻找通用的法则。在定性研究中研究者的价值取向和对研究对象的态度成为研究过程本身的一部分。

作为一种质化研究方法，作为表面效度、专家效度、校标关联效度、预测效度、已知群体效度和结构效度的替代，释义学方法依赖下列三个方面的效度：一是生态效度：即来自被研究者自然生活中的效度。释义

---

① Lamiell J T, *Rethinking the role of quantitative methods in psychology*. In J. A. Smith, R. Harré, L. van Langenhove (Eds.), *Rethinking methods in psychology*, London: Sage, 2003, pp. 143 - 161.

② Yin R K, *Case study research: Design and methods.* (rev. ed.) London: Sage, 1989.

学方法重视被研究者的自然生活形态并且将其融入研究过程中，倾向于使用参与性观察、访谈、小组讨论和文献分析等方法进行分析和解释。二是沟通效度：即被研究者对研究目的、过程和结论的认知程度。三是累积效度：整合来自先前的同类研究或来自其他研究者对于结果的解释，或与使用其他方法和技术对同一主题研究的和谐程度。

作为一种研究方法，释义学的理解与解释为心理学的研究提供了一种质化研究方法。这种方法以理解人类特有的体验为目的，其关注的焦点在于意义而不是预测和控制。正如一位文化心理学家所言："意义的探究是文化心理学的中心。这种研究依赖于心理学中释义的或解释的方法，从被研究者素朴的观点来理解意义具有至关重要的价值，文化心理学寻求人们在文化背景中创造意义的规则，质化研究方法通过归纳和演绎的双重过程，提供了对这样一种规则的理解。"①

不同于自然科学，人文科学不存在客观性，在某种意义上，其结果的获得不是独立于研究者之外和脱离特定的情境。作为统计学的代替品，释义学研究有一些典型的特点：它试图建立一些分型（理想型、极端型、原型、相关型），也就是说，样本完全依据理论的系统因素，而不是以偶然为依据。建立分型并不意味着降低单一或群集变量的复杂性；相反，释义学试图以整体的方式研究"现实的真理"。释义学的原理启示我们，人类的认识过程发生于具体的社会历史情境中，并受文化的制约。对人类心理现象的研究应该基于研究对象自身的性质和特点，采用适当的方法，而不能盲目仿效自然科学的方法和模式。

四　宗教心理学的释义学研究

早期的释义学家狄尔泰指出，人文科学研究对象内在的体验与意向性特点，决定了人文科学应使用理解的方式对处在具体社会情境中的对象进行研究，这种理解是通过对研究对象意义的解释来实现的，不能剥离研究对象所处的文化历史情境和情境所具有的意义。哲学释义学的创

① Kral M and Burkhardt K, The new research agenda for a cultural psychology, *Canadian Psychology*, 2002, vol. 43, p. 154.

始人海德格尔把理解和解释视为人的存在方式。人正是通过对存在的解释而了解了自身的存在，发现隐藏于理所当然的日常生活背后的最“原始”（“primordial”）的意义。海德格尔对存在的解释不是站在世界之外进行的，而是处在整个人类文化历史背景中进行的。当代哲学释义学的代表人物加德默指出，人文社会科学需要使用理解的方法，在理解的过程中解释其目的和意义。人类的心理现象具有目的性和意向性特征，对心理现象的研究，应更多地使用理解的方法，把心理现象置于具体的社会文化背景中加以理解和解释。① 释义学不仅提供了一种文化模式，而且阐明了文化怎样影响了自我，怎样释义性地考量文化的意义和识别文化的特殊表现。②

宗教与宗教信仰是复杂的现象，作为一种基本和重要的心理存在和心理诉求，它们具有不稳定且类似于过程的特征。传统意义上的实验方法难以全面考察和揭示宗教的心理机制，其对宗教现象和人类精神功能的解释力受到了来自释义学方法论取向的质疑。传统意义的实验研究者在实验中试图控制所有的变量，但是难以做到，只有一个（或几个）变量能被操作，这就带来了高度人工化的情境。特别是当实验在“实验室”中实施，而不是在真实的“现实世界”进行。实验研究者使用像自然科学而不是人文科学的研究方法，相关研究、调查、标准化的测验和量表被广泛地使用到宗教心理学的研究中，“古老”的测量范式几乎成了宗教心理学研究的唯一方式。③ 但是，测量的特权地位遭到了解释学研究的挑战。解释学方法承认虽然这些方法对一些研究问题来说有一定的依据，且认同诉诸测量产生的数据和分数，但认为这不足以代表被测试者的全部。宗教心理学的研究应该更多地使用释义学取向的方法和技术，如叙事心理学、社会建构论、修辞心理学和话语心理学等。释义学的方法似乎特别适合调查结构化等级较高的临床表现，也就是说，更加接近日常

---

① 叶浩生：《超越现代主义与后现代主义：走向释义学的心理学》，《河南大学学报》（社会科学版），2009 年第 2 期。

② Christopher J, Culture and psychotherapy: Toward a hermeneutic approach, *Psychotherapy*, 2001, vol. 38, pp. 115 - 128.

③ Gorsuch R L, Measurement: The boon and bane of investigating the psychology of religion, *American Psychologist*, 1984, vol. 39, pp. 201 - 221.

的可能性以及宗教的“真实”的体验。[①]

宗教心理学研究早期，很少有研究者使用“定性研究”的方法。使用传统的经验分析宗教心理学的研究者试图栖身于主流心理学，他们必须使用定量研究方法。事实上，我们不需要使宗教心理学成为基于测量和实验室的主流心理学。研究者应意识到测量和实验室对于宗教现象研究的局限，一些先进的测量和统计技术，例如结构方程模型和验证性因素分析只适合旧的测量范式。释义学的心理学提示我们，对于宗教心理学的研究要重视方法论范式的转换，应采用“多样化整合”的途径对复杂的宗教心理现象进行研究。任何一种单一的方法都难以有效地揭示宗教心理现象的本质和规律。[②] 埃蒙斯和帕洛茨安（Emmons & Paloutzian）将宗教心理学研究的新范式定义为多学科多等级的合作。[③] 基于宗教心理学研究对象的性质，创造和选择多种研究方法。如，可以借鉴叙事心理学的理论对宗教心理进行研究。叙事心理学认为，人类按照叙事的结构进行思考和活动、感受和想象，并以生活史的形式塑造他们的生活。因此，将心理学中讨论的主体——“自我”视为一种“故事”。在理论心理学或心理哲学中，依据心理学理论形成的不同领域通常把其进一步分为：机械理论、组织理论和释义理论，这三种理论表征的是不断增加的复杂性的连续水平，人们把这种理论视为客体日益增加的历史文化确定性和相关研究的结果。[④] 机械理论和组织理论倾向于尽可能多地忽视人类现实的历史文化确定性，而释义学心理学认为那是不可能的，也是不合乎需要的。释义学心理学倡导以文化心理学的视角，对心理学研究对象的历史文化维度进行全面审视和重新认识，特别是对人类复杂的宗教现象应更多地采用释义学心理学的研究。

最近，一些研究没有采用所谓“标准化”的实证研究方法和技术对

---

① Hood R W and Belzen J A, *Methods in the psychology of religion. In R. Paloutzian*, C. Park (Eds.), *Handbook of the psychology of religion and spirituality*, Guilford, New York and London, 2005, pp. 62 – 69.

② 陈永胜、梁恒豪、陆丽青：《宗教心理学在美国的发展历程及态势探析》，《世界宗教研究》，2006 年第 1 期。

③ Emmons R A and Paloutzian R F, *The psychology of religion.* Annual Review of Psychology, 2003, vol. 54, pp. 377 – 402.

④ Strien P J van, The historical practice of theory construction, *Annuals of Theoretical Psychology*, 1993, vol. 8, pp. 149 – 227.

宗教现象进行研究。这些研究没有采用测量的方法，也没有产出复杂的、统计分析敏感的数据，但却得出了有价值的研究成果。例如，对荷兰极端加尔文教派少数民族的神秘体验的研究；[①] 关于在德国对福音教派的日常生活的宗教的解释（包括个人传记）的研究；关于比利时青少年道德和宗教体验的研究等。[②]

通过对文化宗教心理学所展现出的丰富的理论视域和跨学科研究方法的梳理和厘定，我们可以看到应用文化心理学对宗教心理学进行研究的契合性、必要性和必然性。文化心理学对于宗教心理学研究来说，既不是异质的，也不是全新的，但却是最适合的。作为研究人类复杂宗教现象的一种独特研究视角和理论，能够使宗教心理学家越来越意识到，文化心理学不仅是研究各种宗教现象的合理途径和有效路径，更是一种科学捷径。同时，我们可以看到文化宗教心理学家力图将释义学取向的方法论基础锚定在贯通科学与人文、多元文化与多元理论语境思维基础上。文化心理学自身也在其发展的过程中不断完善理论方法和研究策略，这正是它能够应用于人类复杂的宗教现象研究的生命力所在。释义学方法论取向能够引发对心理学研究对象的历史—文化维度的重新认识和关注，倡导以文化心理学的视角研究宗教现象。能够使文化心理学家更加积极关注人类的各种宗教现象，并把其作为文化心理学研究的主题。历史—文化心理学有着悠久的传统，可以提供卓有成效的方法使宗教心理学从被隔离中解脱出来，可以凸显出其自身对宗教心理学研究的优势。

作为一种方法，释义学的理解和解释为研究各种宗教体验提供了一种新的可能、一种新的契机。基于释义学方法论取向的理论和方法，对于任何试图研究和宗教信仰一样，模糊可变的现象的学科而言，都将是一种有力推动。从文化宗教心理学目前所采取的方法来看，社会建构论、叙事心理学、解释学、修辞心理学、话语心理学和心理历史学等，在分析和解释引起、促进和构成人类的主观性和精神功能的文化机制方面具有重要价值。基于释义学方法论取向的方法对宗教进行探索，能够提供

---

① Belzen J A, *God' s mysterious companionship: Cultural psychological reflections on mystical conversion among Dutch "Bevindelijken"* In J. A. Belzen, A. Geels (eds.), *Mysticism: A variety of psychological approaches*, Amsterdam/New York: Rodopi, 2003, pp. 263 - 292.

② Day J, *Religious development as discursive construction.* In C. A. M. Hermans, G. Immink, A. de Jong, J. van der Lans (Eds.), *Social constructionism and theology*, Leiden: Brill, 2002, pp. 63 - 89.

一种跨学科研究的范例，为当代宗教心理学的研究提供了可资借鉴的方法和技术，从而在未来的宗教心理学的研究道路上开创更加广阔的空间。

（原载《阴山学刊》2014 年第 6 期）

抗击疫情，积极打赢自我的“心理战”

当前，抗击和防控新型冠状病毒肺炎重大疫情，已经进入关键时刻。在坚决听从党中央有组织、有计划统一指挥，层层部署，精准施策，全面动员，同心同德，众志成城，凝心聚力，共同打赢这场阻击战的同时，我们绝不能忽视心理方面的应对。无数事实表明，越是在疫情严重和形势严峻的情况下，越要调整好自己的心态，越要正向思考，越要理性面对。每个人做好自己，进行良好的心理调适，摆正心态，积极应对，科学防护，积极打赢自我的“心理战”。

一　停止恐慌心理，理性面对疫情

面对这一场突如其来的新型冠状病毒肺炎重大疫情，人们出现适度的担心、害怕、紧张、不安、无助、难过，内心充斥着隐隐的恐惧感和焦虑感，是一种正常的心理反应，我们应该正确认识，积极面对和接纳，不必自责，不否认、不逃避、不控制、不压抑这些正常的情绪反应。恐慌心理是人们在面临可怕情境时产生的一种十分紧张的情绪反应。心理学家指出，个体过度心理恐慌会破坏情绪正常的信号功能和调节功能，会导致人的心理活动混乱，使其失去理性，出现情绪过激反应，思维狭隘，判断和选择失误，体验到“不安全感”和“失控感”，严重的甚至出现极端行为。疫情并不是最可怕的，最可怕的是人的心理的过度恐慌，盲目的恐惧和强烈的负面情绪反应，会成为疫情的助燃剂，导致人人自危。过度心理恐慌会加剧链索式恐慌反应，出现恐慌性认知、恐慌性情绪、恐慌性言行、恐慌性思维、恐慌性就医，使疫情事态变本加厉地恶性循环。疫情严峻，谣言猛于虎。每个人要坚决做到不造谣、不信谣、不传谣、不道听途说、不人云亦云、不混淆视听、不满腹牢骚、不渲染恐慌，不盲目恐惧；保持头脑清醒，理智、冷静地分析和面对这场重大疫情，减少恐慌，停止恐慌，勇敢地战胜恐慌。

二 杜绝侥幸心理，科学防控疫情

新型冠状病毒肺炎疫情来势汹汹，然而一些人不以为然，不戴口罩，我行我素，表现出愚昧、无知、任性、自私的言行。面对疫情，提高认识，杜绝侥幸心理，不夸大亦不轻视，做到科学防护、防控、防治，是当下我们每一个人的责任。疫情面前，人人有责，防控从我做起，面对这场令人揪心、捶打心灵的重大疫情，切实保障每个人的健康和生命安全，是一切工作的重中之重。每个人在思想上都要高度重视，千万不要掉以轻心和麻痹大意，认为“病毒传播没那么严重，倒霉的不一定是我”。疫情没有时差，不分地域，一旦蔓延，谁都无法独善其身。每个人一定要管住自己，戴口罩，勤洗手，多消毒，少出门，不扎堆，多通风，不聚会，不添乱，减少流动性，避免相互感染，全方位切断疫情传播途径，坚决防控疫情扩散，减少和降低风险，不害己更不害人，为打赢这场战役做出自己的一份贡献。

三 消除悲观心理，积极应对疫情

面对一场让人猝不及防的疫情，一些人出现了盲目恐慌，悲观心态，消极从众，无端夸大，主观臆想，缺乏事实根据地猜测，严重的甚至出现“谈虎色变”，如惊弓之鸟，惶惶不可终日，情绪崩溃，严重扰乱正常生活。当疫情来袭时，是对人性的拷问，更是对每个人心理的极大考验。每个人从自我做起，保持情绪稳定，切实采取有效措施，进行科学隔离和防护，不过度焦虑和恐惧，不盲目跟风“蹭热点”，以理性心态积极应对，投身这场必须打赢的没有硝烟的战役。当前，在党中央的统一部署下，全国人民爱心涌动，同舟共济，积极行动，一方有难，八方驰援，全力投入这场攻坚战。

人民生命重于泰山。疫情就是命令，防控就是责任。新型冠状病毒肺炎牵动着亿万人的心，让我们每个人从自我做起，杜绝侥幸心理，不过度心理恐慌，不盲目悲观，坚定信心，众志一心，齐心协力，科学应对，共渡难关，坚决打赢这场疫情防控阻击战。世上从未有什么岁月静好，现实安稳，只不过是有人在替我们负重前行。致敬所有奋战在抗击疫情一线的医护人员，致敬那些在关键时刻，义无反顾、置生死于度外的伟大“逆行者”。坚持下去就是春暖花开，愿所有人平安健康。

四　摒弃松劲心理，补充心理能量

当前，防控疫情到了最“吃劲”的关键阶段，疫情蔓延势头得到一定程度的控制，疫情总体形势趋稳向好，企业开始陆续复工复产。面对疫情防控工作取得的阶段性成效，有些人容易出现“乐观主义偏差”，认为疫情“拐点”即将到来，加之“宅”在家里时间太久，觉得弦不需要绷得太紧，可以放松一下，开始表现出不同程度的懈怠、厌战和麻痹心理。这里要特别提醒大家，越是在防控疫情最“吃劲”的关键时刻，越不能出现心理“松劲”，越不能掉以轻心，越要时刻保持清醒的头脑和认识，越要以“积极心理”面对、应对和平衡好当前疫情防控和工作、学习、生活的关系。

2020 年 3 月 3 日，习近平总书记在北京考察新冠肺炎防控科研攻关工作时指出，病人心理康复需要一个过程，很多隔离在家的群众时间长了会产生这样那样的心理问题，病亡者家属也需要心理疏导，要高度重视他们的心理健康，动员社会各方面力量全面加强心理疏导工作。习近平总书记的重要讲话，为我们防控疫情最关键阶段对不同人群加强心理疏导、心理干预、心理服务和心理建设工作提出了明确要求和指明了方向。

1. 增加积极能量

中国科协全国心理学首席科学传播专家高文斌研究员提出了“心理换挡”的概念，认为在经过心理应激反应过程的逐渐适应后，民众现在已进入一个可称为“心理换挡”的重要阶段。的确，在前期积极投身战“疫”过程中，我们需要调动自身的大量心理能量和心理资源去积极应对危机，心理能量和心理资源自然消耗比较大，民众的心理能量会出现不同程度的耗竭现象。在“换挡”的关键时期，我们需要及时给心理加“油”，增加积极情绪情感体验，扩展持久的心智能量，进行良好的自我心理调适，寻求专业的心理帮助和疏导，不断为自己补充积极的“心理营养”，恢复和保持心理健康，有助于全力投入当前战“疫”和工作、学习、生活之中。

2. 保持积极心态

在防控疫情最“吃劲”的关键阶段，使自己保持积极的心态显然是个特别重要的问题。积极心态是指一个人个性特征、认知、情绪、意志、行为等处于良好的状态。具体表现为：认知合理、情绪适当、意志坚强、行为有效、积极思维、心理灵活。心态决定人的认知、情绪、行为和思维，积极的心态让人快乐、幸福和成功；消极的心态使人焦虑、压抑、痛苦和失败。尤其是在面对消极或压力性事件时，更加考验人的心态。心理学研究发现，积极心态能使人们在关键时刻，保持乐观的态度，积极的思维，心境平和、理性地坦然面对和有效应对，能使危机获得转机，使问题得到很好的化解。心态影响人的状态，状态影响人的行为，行为影响事情的结局，心态决定成败，心态的力量如此之大。

当我们遇到问题时，积极心理学倡导树立和保持两种积极心态：一是以改变不合理认知和情绪调适为导向的积极心态，以理性的认知取得非理性的认知，进而使消极情绪得以缓解；二是以有效解决问题为导向的积极心态，提升心理的灵活性，做到既不能不行动，也不能盲目行动和冲动，而是采取以价值观为指导的积极行动。

当前，抗击疫情处于最关键时刻，我们每个人都要学会及时调整心态，坚决摒弃松劲心态、麻痹心态、侥幸心态、厌战心态和盲目乐观心态，保持健康、阳光、理性、学习、主动的心态，努力克服疫情带来的影响，以积极的心态、积极的思维、积极的行动面对当前的疫情形势和投入到复工复产之中。

3. 采取积极行动

面对新冠疫情带给我们的新问题、新情况、新变化、新考验、新挑战，我们每个人需要做出及时自我调整和积极改变，要打破原有的思维定式和固有的行为模式，采取有效的积极行动措施，来面对、应对和适应这种新的形势。做到既要继续毫不松懈科学防控疫情，马虎不得、大意不得、松劲不得；又要创新性积极投入复工复产工作之中，恢复和保持我们日常社会行为功能的正常化。我们绝不能不行动，表现出消极、抱怨、发牢骚和负能量；更不能盲目行动和冲动；而是要在良好价值观指导下积极行动，追求有价值、有意义的美好生活。

4. 追求积极意义

清华大学社科学院积极心理学研究中心在全国范围内进行的中国人品格测试发现：疫情发生以来，全国人民的情绪明显变得更消极，焦虑、恐慌、担心、紧张等消极情绪似乎变成了主流情绪。但是测试也发现，疫情之下人们却有了更多的意义感。当我们处于疫情危机之中时，会更多地思考人生意义和最有价值的东西。当我们知道自己宅在家里，做好自我的科学防护、不聚会、不恐慌、不传谣、积极配合管理人员的检查工作，是在响应国家号召，为抗击疫情做出自己的一份贡献时，我们就会体验到一种爱国主义意义感和自我的价值感。在抗击疫情过程中，我们逐渐学会了理性思考，学会了坦然面对，学会了坚强和勇敢，学会了宽容和关爱，学会了理解和配合，学会了珍爱和敬畏生命，学会了思考和追寻人生的意义和价值。

我们之所以赞颂勇气，是因为人类总是在明知风险的时候，仍然选择做我们该做的事。打赢疫情防控人民战争、总体战、阻击战还需要我们付出持续不断的艰苦努力。希望我们继续保持清醒认识，秉持积极心态，进行心理调适，补充心理能量，投入积极行动，追求人生意义。相信我们一定会战胜疫情，尽快恢复和回归到正常的工作、学习和生活运行轨道上来。

（原载《长春社会科学》2020 年第 4 期）

第三编　不同群体心理健康调查

高校中青年知识分子“过劳死”引发的思考

“过劳死”是源自日本的一种现代病，产生于20世纪“二战”结束后日本国内就业压力极大的时期。当时，许多日本人因为工作时间过长、劳动强度加重、心理压力过大导致精疲力竭，甚至引起身体潜藏的疾病急速恶化，继而早逝。[①] “过劳死”在20世纪80年代的日本一度猖獗，它是一种未老先衰、猝然死亡的生命现象。而今天，已经悄然来到中国，成为威胁知识分子健康的极大隐患。有关知识分子“过劳死”问题，其实早在20世纪80年代就已集中暴露，20世纪80年代，蒋筑英的病逝曾引起极大范围的关注与讨论。但不幸的是，时隔20年这仍是一个严酷的社会问题。当今天日本人的平均寿命已经成为世界第一的时候，我们却要重复日本当年的悲剧。

2005年1月22日晚，36岁的清华大学电机系讲师焦连伟突然发病去世。4天后的1月26日中午，46岁的清华大学工程物理系教授高文焕，因肺腺癌不治与世长辞。医生出具的死因诊断结论认为，击倒这两位年轻学者的，是长期被忽略的过度劳累和生活压力以及郁积于他们内心的焦虑。一个令人担忧的现象是，类似焦连伟、高文焕这样英年早逝的事件绝非个例。从2005年1月到2月底不足2个月的时间里，仅在北京有报道的中青年知识分子死亡现象就有4起；除了清华的2名教师外，一位是中国科学院科学家，年仅38岁；另一位是社科院的学者，年仅32岁。他们中有3位不足40岁。其死亡的缘由也并非由于长期病魔缠身，而是“毫无征兆”。“过劳死”——中青年科学家不可承受之“累”。2005年1月26日，新华社发表长篇报道，我国有希望获得诺贝尔奖的山东大学全息生物学研究所所长张颖清，不幸英年早逝后，在科技教育界引起强烈震动。《中国科学报》报道，1986年，中科院北京地区有38名科技人员

① 张树岭：《日本过劳死现象成因分析》，《改革与理论》2002年第6期。

去世，其中23名正值中年。上海社科院的《社会科学报》数据显示：北京知识分子平均寿命从10年前的58～59岁降至53～54岁，比第二次全国人口普查时，北京市平均寿命75.85岁低了近20岁。在上海地区，1994年调查的科技人员平均死亡年龄为67岁，较全市职业人群早逝3.26岁，其中15.6%发生在35～54岁的早逝年龄段。广东省知识分子的平均寿命也比10年前下降了5岁，仅为53岁，比全国平均寿命低17岁，中年知识分子的死亡率更是超过老年人2倍，死亡年龄段多为45～55岁。

据美国一项调查，在30～50岁的早逝者中，95.7%的人是死于过度疲劳或由过度疲劳引起的致命疾病，[①]“过劳死”成了英年早逝的主要原因。“过劳死”是在慢性疲劳综合征基础上发展、恶化的结果。著名数学家张广厚、音乐家施光南等一批才华横溢的人，都在50岁上下猝然辞世。时隔20多年，青年科学家胡可心于2001年38岁时去世，此时，他已是中国科学院研究员、博士生导师、国家重大基础研究项目首席科学家助理。熟悉胡可心的人如此评价他平时的工作状态：废寝忘食，呕心沥血；如果没有人催，胡可心时常是一个通宵接一个通宵地工作。今天的中青年知识分子同时遭遇到两个致命的转型期：社会转型和身体转型。社会转型使他们焦虑，身体转型让他们多病。我国“英年早逝”悲剧大都发生在45～55岁年龄段的中年知识分子身上。过劳死和亚健康已经成为他们这一代人的两大共性问题。可以说，他们是累倒的一代。有一句俗话叫作“人生而为劳动，犹如鸟生而为飞翔”，但是过度地工作有时所付出的代价却是致命的。从这些信息不难看出，知识分子当中英年早逝的现象极为普遍。专家指出，过度疲劳等于追逐死亡。英年早逝，是家庭的不幸，更是国家财富的巨大损失，这不能不引起我们深思。

一　高校中青年知识分子“心理缺氧”

因心理不健康而导致生理不健康是有些高校教师英年早逝的一大原因。在高校里，学生心理咨询相当普及的今天，高校教师的心理健康观念反而显得有些滞后，事实上这是一种观念误区。心理专家已明确提出，

① 继才：《警惕过劳死》，《中华养生保健》2004年第12期。

高校教师是心理关怀的“盲点”。他们充当着助人人群，经常感到身心疲惫而又心烦意乱，最易产生“心理枯竭”。高校教师跟学生一样存在心理问题，承受着社会、工作的诸多压力，但教师心理健康往往容易忽视。事实上高校中青年教师的心理自我保健意识和能力还十分薄弱，还存在着重视生理疾病而忽视心理疾病的意识倾向。虽然他们具有较高的学历和知识水平，但有相当一部分高校中青年教师缺乏心理卫生知识和心理自我调节的技巧，导致了心理问题的发生和激化。① 心理科学研究的成果证明，无论是认知因素、情感因素还是意志因素，都可能致病，其中情绪因素致病最为明显。可见，把心理疾病当作一种疾病加以重视，是在广大高校中青年教师中有待树立的一种新的健康意识。浙江高校首次将心理咨询、心理测试瞄准高校教师。活动的主要目的在于向知识群体推广“心理咨询”理念，但工作开展得并不顺利。学生可以大大方方咨询，但最有勇气的老师也要在门口徘徊 3 圈。很多老师尽管承受着社会、工作带来的压力，却不愿意选择心理咨询，把心理治疗和“精神病”挂上钩。因此他们宁愿默默地自我承受。还有部分教师有顾虑，怕被同事看见，毕竟这是属于个人隐私的东西，何况他们中有些人会将其看作“不正常”。

高校中青年教师的心理健康不容乐观，影响其心理健康的因素主要包括科研、职称等与其自身工作相关的压力因素。② 因此，高校中青年教师应学点自我安慰和自我放松的技巧。江西理工大学教师心理援助中心正式成立，这也是中国高校首家教师心理援助机构。它通过各种方式帮助教师减压，建立心理支持系统，包括朋友、家人、心理咨询专家等，在郁闷难以排解的时候，教师向他们“诉苦”，寻求心理帮助，如果精神压力过大，心理承受能力有限，则需进行专门的心理疏导或治疗。有句话叫“心态决定命运”，这也从另一个侧面说明了心理调节的重要性。关注高校中青年知识分子的心理健康，为他们营造一个良好的心理环境和生活空间，是新时期高校管理当中一个非常迫切的问题。

---

① Raines M L, Psychological variables in nurses' ethicaldecision making: the relationships among moral reason - ing, *Coping style ethistress. DAI - B*, 1995, p. 2649.

② 邢晓源：《高校教师的心理压力与心理健康》，《中国交通医学杂志》2004 年第 5 期。

二　高校中青年知识分子压力大

在市场经济条件下，高校中青年知识分子面临的压力是多方面的。首先是职称的竞争与压力。职称是衡量高校教师教学和科研水平高低的标准，也是其社会地位高低的标准，高级职称是中青年教师努力的目标和方向。当中青年教师的愿望与现实产生矛盾时，很容易危害其心理健康，乃至产生生理疾病，这方面的报道屡见不鲜。

其次是学历水平的压力。随着科学技术水平的不断提高，社会对高校的人才规格和质量也不断提出新的要求，进而对教师的学历也提出了更高的要求。但目前在高校职称评聘过程中存在着重学历、资历及人际关系的倾向，这往往是造成教师情绪紧张、人际关系不协调的重要因素。

最后是岗位竞争的压力。目前许多高校都在逐步或已经实施学分制，学生自由选课的机会大大增加，教师的知识水平和教学能力成为学生选课的主要理由。这一教改举措，必然会促使教师在教学和科研上狠下功夫，努力提高自身的能力水平，由此而产生的心理压力也是可想而知的。而目前高校竞争机制还不健全，人为的因素很多，再加上知识分子易出现“文人相轻”的心理倾向，就难免出现人际关系紧张现象。这种现象又构成有碍于高校教师身心健康的不良心理环境。

工作压力过大导致许多中青年教师长期处于一种亚健康状态。所谓亚健康状态是指介于健康与疾病之间的一种身体状态，处于亚健康状态的人总是感觉疲劳，经常失眠，容易烦躁、发火等，而到医院却又查不出什么病来。高校中青年教师普遍存在工作超负荷、体力透支的现象。

有调查显示，高校教师平均每天的工作时间大约在 11 个小时以上，睡眠时间远远不够。有 68% 的人感到工作压力大，有 22% 的人甚至认为压力“巨大”。这种压力除了更新知识、提高自身能力的需求外，在许多教师看来，直接的压力来自学校工作量考核指标，目前高校对教师教学工作量和承接科研课题发表论文的数量都有明确要求。①

全国政协委员、首都师范大学教授张燕瑾对此痛心疾首：“现在知识

① 梁芹生：《青年教师职业压力的归因及心理调控策略》，《教育评论》2004 年第 3 期。

分子的工作压力越来越大，不少人是在透支生命，工作压力大、生活负担重、精神包袱沉，这‘三座大山’让许多中青年知识分子‘不堪重负’，不少人英年早逝，令人痛心。”高校老师房子、孩子的教育、经费、论文、职称、竞标、写标书、写规划，论文必须上 SCI、EI 等论文检索，把人压得喘不上气来。有一种现象是，40 岁之前努力升至教授，而身处教授之位后，还得拼了命地搞研究。过度疲劳、过大压力、不科学的生活方式和不正确的饮食习惯，是直接促成心血管疾病的诱因。不良的生活方式等于慢性疾病，特别是一些性格急躁、争强好胜、富有典型 A 型性格特征的男性，现在心血管疾病患者的年龄也越来越趋于年轻化。①

经常在精神压力和紧张状态下工作和生活，加上吸烟、饮酒、作息时间不规律等非健康行为，很容易导致人体免疫功能、抗病能力下降，由此发生疾病。如果长期无法改变这种“过度疲劳”状态，还容易导致人早衰，甚至因“过劳”而英年早逝。

高校教师工作的特点以及社会发展变化带给中青年教师的诸多压力，需要他们善于驾驭，学会对心理困扰的自我调适的方法，提高心理的自我调适能力。高校中青年教师应学会自我放松，这对消除压力，缓解心血管疾病症状非常有利，另外可培养广泛的兴趣爱好，工作之余养花植树、欣赏音乐、练习书法、绘画、打球，可以怡人情志，调和气血，以利于自身的健康。②

三　高校中青年知识分子亚健康状态不容忽视

健康，古往今来，人人向往。然而，人们对健康的理解并非每个人都能正确认识。“健康就是无病，有病则不健康”，这是长期以来人们对健康的理解所达成的共识。这种认识或多或少反映了人们对健康状态的认识还存在许多误区，还停留在一个旧的观念上。什么才是健康？世界卫生组织对此的定义是：健康是指人的身体机能无疾病，人体器官完整

---

① ［美］Rice P L：《压力与健康》，石林、古丽娜、梁竹苑，等译，中国轻工业出版社 2000 年版，第 32 页。

② 林嘉莉：《战胜压力》，暨南大学出版社 2003 年版，第 32 页。

无缺，并在生理和心理上能适应社会生活。否则，就是亚健康或不健康。

亚健康可以说是“过劳死”的基础性前提，而亚健康下身体潜在的疾病则是“过劳死”的最大诱因。亚健康是指人的机体虽然无明显的疾病，但已有程度不同的各种患病的危险因素，是有发生某些疾病的高危倾向，甚至已处于某种疾病的边缘或早期状态，是人们处于健康与疾病之间的健康低质量状态及其体验。处于亚健康状态的人意味着具有发生某种或某些疾病的危险因素和条件，一旦因为身体长期处于“透支”状态如长期超负荷工作或短时期过度劳累、精神高度紧张或心理遭受创伤、营养不合理或生活方式、方法不当等即可导致某种严重疾病的发生。这不但影响个人奋斗目标的实现，生活素质的提高，而且给社会发展带来不利因素。特别在高校，处于亚健康状态的高校教师是一个严重的潜在危险，它将会影响教职工队伍的建设，成为影响高校办学质量的重要因素。引起亚健康的主要原因：超负荷工作、睡眠不足、营养不均衡、运动不得当、心理失衡、居住环境不良、性激素缺乏。亚健康状态的主要表现为：长期疲乏、自我感觉很累、生活中缺少乐趣、工作时无精神、食欲差、失眠、心理不稳、易感冒，以及生活方式不良而且常伴有抑郁、焦虑等情绪反应。① 据山西省妇幼保健院的检测数据，大约有 70% 的人处于亚健康或患病状态，其中以中青年知识分子居多。广东近 7 成大学教师身体状况处于亚健康。最近对广东 19 所高校 8417 名教师的调查报告根据健康程度不同，描述为健康、亚健康、前临床状态和疾病状态 4 种。调查发现，广东高校教师不同健康状态的比率分别是：健康占 10.4%，亚健康占 45.45%，前临床状态占 23.63%，疾病状态占 20.42%。亚健康和前临床状态应该视为不同程度的亚健康状态，表明广东有 69.18% 的大学教师处于亚健康状态。

据中国国际亚健康学术成果研讨会公布的数据，目前，中国人 70% 属于亚健康人群，而其中的 70% 左右都是知识分子。新华社一项研究表明，上海市有高级职称的中年知识分子中，大约 75% 的人属于亚健康人群。② 专家认为，如果知识分子不注意调整亚健康状态，不久的将来，这些人中的 2/3 将死于心脑血管疾病，1/10 将死于肿瘤，1/5 将死于因吸烟

① 叶云山：《中青年亚健康状态的调研及对策》，《浙江中西医结合杂志》2004 年第 6 期。

② 继才：《警惕过劳死》，《中华养生保健》2004 年第 12 期。

引起的肺部疾病和糖尿病等代谢障碍性疾病以及过劳和意外，只有1/10的人有希望安享天年。亚健康是病前状态、临床前期、疾病先兆，出现亚健康就是给健康亮了黄灯，只要注意还是可以恢复的。但可悲的是，许多知识分子却在亚健康的沼泽里越陷越深，最后失去了健康甚至生命。因此，高校中青年知识分子应学会识别疲劳，学会休息，生活尽量规律；不熬夜，保障睡眠；制定工作目标量力而行，给自己留下喘息时间；学点营养学知识，做到膳食平衡；和谐适度的性生活；运动休闲，无不良嗜好；保持乐观、平和的心态，尽量及时摆脱亚健康状态。

四　高校中青年知识分子预防观念淡漠

许多调查结果表明，近一半的知识分子生病照常坚持上班；近8成的人很少参加体育锻炼，近半数人睡眠质量和睡眠时间无法保证，许多人缺乏自我保健意识。医学专家多年的研究成果证实，英年早逝者91%是因为后天自身的原因。中年知识分子长期“五不一干”，不看病、不检查、不休假、不疗养、睡不足、带病干。目前，运动已经成为全球消除和预防“亚健康”的一种最积极有效的手段。医学研究也证明，各种生活方式疾病的死亡率与人体通过体育锻炼所消耗的能量成反比。然而，在我国参加体育锻炼的人口中，71～75岁的占该年龄总数的46.1%，16～20岁的青少年占该年龄段总数的31.8%、而41～45岁的仅占该年龄段总数的6.7%。结果是工作生活压力最大、亚健康问题最严重的中年人，参加体育锻炼的比例最低。有危险症状和因素的人，应立即到医院检查或按医嘱改变晚回家、饮酒、吸烟等不良习惯。有过劳死因素的人不一定吃营养药或住院，而要重建或养成健康的生活习惯。

总之，白天努力工作，晚上下班就回家，充分休息并适当吃些营养品，是防止过劳死和保持健康的最好办法。普通工人和农民，只要离开工作场所，就只能休息。而脑力劳动者生活节奏不规律，往往不分白天黑夜地工作，甚至连做梦也在思考问题。如果无视疲劳的警告，日积月累，就会造成过劳。例如数学家张广厚，漠视自身的亚健康状态，疲劳过度，英年早逝。定期体检，是预防猝死最有效的办法。定期体检，可以了解自身器官的“磨损”程度；以便尽早治疗和预防。癌症在美国不算“绝症”，因为美国人重视体检，能够早期发现，早期治疗。例如里根总统很早就患癌症，几十年之后，他死亡的原因并不是早年患的癌症，而是老年痴呆。老布什总统在位时就被检查出患心脏病，但他至今仍活得很健康。高校应该采取措施保证中青年教师的体检率，及时发现问题及时解决，同时改革体检制度，除了身体健康检查之外，应该增加心理健康体检项目。为此，高校应该尽早在教师中进行健康教育活动，提高教师的自我保健意识，普及科学的生活方式，不断提高教师的总体健康水平。

世界卫生组织指出，每个人的健康和寿命60%取决于自己。处于亚健康状态的人，既有坠入疾病深渊的可能，更有成为健康人的希望，关键看你如何善待自己。如果人们能观察和掌握一些“过劳死”的前期症状，就可以减少和避免“过劳死”。随着高校中青年知识分子事业的蒸蒸日上，他们的健康却一路负债，最终停泊在人生的中点。在全国政协十届二次会议上，高校中青年知识分子“过劳死”的状况引起委员们的广泛关注。如何防止高校中青年知识分子“过劳死”，是值得我们深入研究的重要课题。

（原载《医学与社会》2006年第1期）

高校教师工作压力状况及与职业倦怠关系调查分析

职业倦怠是当前社会普遍关注的一个热点问题。国外研究表明，教师是职业倦怠的高发群体，教育程度高者比教育程度低者易患职业倦怠。[①] 美国教师协会在1983年的一项研究中指出，37.5%的教师有严重焦虑和精神紧张等职业倦怠状况。[②] 在我国香港，教师职业被视为高压力职业，仅次于警察，排名第二。在我国内地，由职业倦怠所引发的教师身心健康问题日益受到重视。[③]

工作压力（Job Stress），也称工作紧张或工作应激，是指与工作相关的不良刺激对个体所引起的负性主观体验和心理、生理反应。[④] 越来越多的研究显示，教师作为一种特殊的助人行业，是最具压力的职业之一。英国教育学者邓纳姆及剑桥大学的基里亚科在问卷调查后得出结论，“大多数教师承受着不同程度的压力，有20%的教师压力很大”；[⑤] 瑞士日内瓦大学哈伯曼的研究也发现，“有40%的教师有疲惫的经历和感受”。近年来，为响应“科教兴国”战略，我国推行了一系列重大教育改革，给教师带来了新的机遇，但同时也成为新的压力源，相当一部分教师因长期处于工作压力下，出现了职业倦怠现象。工作压力和职业倦怠会导致教师的潜能得不到发挥，不能有效地履行自己的职责，影响学校的学习

---

① Huberman M, Burnout in teaching careers, *European Education*, Vol. 25, No. 3, 1993, pp. 47 – 69.

② Maslach C and Schaufeli W B, Leiter M P, Job burnout, *Annual Review of Psychology Annual*, 2001, pp. 397 – 4221.

③ R L Schwab, Teacher Stress and Burnout, *Handbook of Research on Teacher Education Sikulan Editor*, *Macmillan*: 1996.

④ 凌文辁：《工作压力探讨》，《广州大学学报》2004年第1期。

⑤ Kyriacou C and Sutcliffe J, Teacher Stress: Prevalence, Source, and Symptoms, *British Journal of Educational Psychology*, Vol. 48, 1978, pp. 159 – 167.

气氛，降低工作热情，妨碍教育目标的实现。国外研究发现，教师体验到职业倦怠之后容易对学生失去耐心和爱心，对课程准备的充分性降低，对工作的控制感和成就感下降。这除了对教师自己有很大消极影响外，作为教师工作直接对象，学生首当其冲地成了教师职业倦怠受害者。因此，无论从关心教师和学生角度还是从重视中国教育事业发展的角度，我们都应积极关注这一现象。目前，有关教师工作压力和职业倦怠的研究已得到世界各国相关学者的广泛关注，[①] 而国内关于高校教师工作压力与职业倦怠的关系研究则不多见。本研究采用自编的高校教师工作压力调查表和国际通用的 Maslach 倦怠量表（MBI - HSS）对 522 名在职教师进行调查，旨在探讨高校教师工作压力状况及与职业倦怠的关系，对缓解高校教师工作压力，预防和降低高校教师职业倦怠以及提高教育教学质量具有重要的意义。

一 对象与方法

（一）调查对象

被试来自吉林大学在职教师，采用分层随机抽样方式选取调查对象。发放问卷 560 份，收回 522 份有效问卷，有效率为 93.21%。其中男性教师 262 人，占 50.19%，女性教师 260 人，占 49.81%。年龄 20～25 岁 26 人，26～30 岁 144 人，31～35 岁 142 人，36～40 岁 90 人，40 岁以上 120 人；初级职称者 146 人，中级职称者为 212 人，副高职称者为 112 人，正高职称者为 52 人；教龄小于 1 年的 40 人，1～5 年 156 人，6～10 年 102 人，11～15 年 104 人，16～20 年 52 人，20 年以上的 68 人。在整理数据的过程中剔除无效问卷。无效问卷是指被试测试题漏答的，背景资料填写不完整的（如受教育程度、任职时间没有填写等）。

（二）调查工具

本研究第一部分采用的是 Maslach 倦怠量表（国际通用版，Maslach

① 杨秀玉：《西方教师职业倦怠研究评述》，《外国教育研究》2005 年第 11 期。

BurnoutInwentory - Human ServiceSurvey，简称 *MBI - HSS*）。[①] 该问卷共 22 道题，包括三个维度：情绪衰竭、低个人成就感和去个性化。分别包括 9 道题、8 道题和 5 道题。采用 7 点记分方法，0 代表“从不”，6 代表“非常频”。在情绪衰竭和去个性化方面，得分越高，倦怠程度越强，得分越低，倦怠程度越弱；在个人成就感方面，得分越高，倦怠程度越弱，得分越低，倦怠程度越强。本次调查情绪衰竭、低个人成就感和去个性化的内部一致性系数分别为 0.87、0.82、0.86。三个维度不同程度的标准：在情绪衰竭上高于 27 分表明有较高的情绪衰竭，低于 16 分表明情绪衰竭程度比较低；在个人成就感上高于 39 分表明个人成就感比较强，低于 31 分表明个人成就感比较低；在去个性化上高于 13 分表明去个性化比较严重，低于 6 分表明去个性化程度比较低。

第二部分是高校教师的工作压力量表，包括工作压力感和工作压力源两个方面，用 1～10 的数字来表示压力的大小，如“1”代表几乎没有压力，“10”代表压力非常大。1、2 转化为 1，为无压力组；3、4 转化为 2，为低压力组；5、6 转化为 3，为中等压力组；7、8 转化为 4，为高压力组；9、10 转化为 5，为极高压力组。

（三）统计方法

被试在专业人员的统一指导语下，在规定时间内独立完成问卷，并当场回收。在施测过程中，对老师提出的问题做了必要的解释。全部问卷资料经核实进行统一编码，用 SPSS11.5 软件进行统计分析处理，采用 t 检验、单因素方差分析和 Pearson 相关分析的统计学方法。

二 结果

（一）高校教师职业倦怠的总体状况

表 1 的结果显示，分别有 43.5%、45.9%、26.5% 的高校教师，存在一定程度的情绪衰竭、低成就感、去个性化现象。

① Kyriacou C and Sutcliffe J, Teacher Stress: Prevalence, Source, and Symptoms, *British Journal of Educational Psychology*, Vol. 48, 1978, pp. 159 - 167.

表 1　　高校教师职业倦怠的总体状况（n = 522，$x \pm s$）

	平均分	低（%）	中（%）	高（%）
情绪衰竭	16.7 ± 8.73	56.5	29.2	14.3
个人成就感	24.3 ± 8.38	24.7	21.2	54.1
去个性化	4.61 ± 4.23	74.5	21.6	4.9

（二）高校教师压力感的总体状况

从表 2 可看出，高压力组与中等压力组所占比例最大（33.0% 与 33.3%），无压力组的比例最小（3.8%）。

表 2　　高校教师压力感的总体情况

分组	N	百分比（%）
无压力组	20	3.8
低压力组	68	13.0
中等压力组	174	33.3
高压力组	172	33.0
极高压力组	50	9.6
总计	522	100.0

（三）高校教师工作压力的人口统计学分析

经 t 检验、单因素方差分析，高校教师工作压力在性别、受教育程度上没有显著差异，在年龄和职称上差异显著（$P < 0.05$）。36 ~ 40 岁年龄组的高校教师压力感最高，31 ~ 35 岁年龄组及 40 岁以上年龄组其次，20 ~ 25 岁年龄组压力感最低。副高职称的高校教师压力感最高，其次是正高，初级教师的压力感最低。

表 3　　高校教师的压力源比较

选项	选择人数	百分比（%）
1. 工资和福利待遇不佳。	328	62.8
2. 被科研和文章等问题搞得筋疲力尽。	318	60.9
3. 付出和回报不成比例。	316	60.5

续表

选项	选择人数	百分比（%）
4. 学校的评价体系不完善，教师晋级只与课题和文章挂钩。	298	57.1
5. 为适应社会不断变化和发展，要拼命补充新知识，才能跟上时代发展的步伐。	284	54.4
6. 为不断提高自身学历而感到压力很大。	252	48.3
7. 既是老师，又是下属、同事，还是丈夫（或妻子）、父亲（或母亲），要扮演的角色太多，角色之间的冲突很难协调。	242	46.4
8. 工作量太大，时间太长，额外任务（如培训、开会）太多。	236	45.2
9. 院领导与教师沟通不足，普通教师不能参与决策。	224	42.9
10. 为评定职称而感到压力很大。	216	41.4
11. 高校教师这份职业需要不断倾注感情和精力，让人感觉很累。	204	39.1
12. 社会对于高校教师职业的期望过高，要求也过高。	186	35.6
13. 实行聘任制，体会到降级和下岗的威胁。	180	34.5
14. 最初的理想期望与现实之间的落差太大。	178	34.1
15. 承担的课程多，每天都要忙于备课，查资料，时间紧张。	172	33.0
16. 工作挑战性不足，职业发展受限，在工作中体验不到成功和满足。	128	24.5
17. 同事之间或上下级之间人际关系不好处。	106	20.3
18. 得不到他人（家人和社会舆论）的理解和支持。	88	16.9

（四）高校教师压力源的比较

从表3可以看出，高校教师的压力主要来自工资和福利待遇不佳；被科研和文章等问题搞得筋疲力尽；付出和回报不成比例；学校的评价体系不完善，教师晋级只与课题和文章挂钩；为适应社会不断变化和发展，要拼命补充新知识，才能跟上时代发展的步伐；为不断提高自身学历而感到压力很大等。

（五）高校教师压力感与职业倦怠的关系

从表4可看出，高校教师压力感与职业倦怠的3个维度相关性显著。

表 4　　高校教师压力感与职业倦怠的关系（*r*）

	情绪衰竭	低成就感	去个性化
压力感	0.496**	0.263**	0.315**

注：** $P<0.01$。

三　讨论

本调查结果表明，当前高校教师所面临的工作压力较多，压力强度较大。这些压力既有来自高校教师这一助人职业特殊性方面的压力，也有来自高校教师职业在社会大环境中的声望的压力。在市场经济条件下，教师面临的压力是多方面的。房子、孩子的教育、经费、论文、职称、竞标、写标书、写规划，论文必须上 SCI、EI 等论文检索，把人压得喘不过气来。[①] 首先是职称的竞争与压力。职称是衡量高校教师教学和科研水平高低的标准，也是其社会地位高低的标准，高级职称是高校教师努力的目标和方向。有一种现象是，40 岁之前努力升至教授，而身处教授之位后，还得拼了命地搞研究。

其次是学历水平的压力。随着科学技术水平的不断提高，社会对高校的人才规格和质量也不断提出新的要求，进而对教师的学历也提出了更高的要求。这可能与目前高校对教学科研人员的学历要求越来越高，并且直接关系到职务的升迁和职称的晋升，学历越高，随之而来的一系列待遇和个人成就感都明显提高。即在高校，个人的学历、职称越高地位越稳定，生活和经济条件越好，从心理上满足了个人的成就感。目前在高校职称评聘过程中存在着重学历、资历及人际关系的倾向，这往往是造成教师情绪紧张、人际关系不协调的重要因素。

最后是岗位竞争的压力。同事间相互竞争更为激烈，如职务、晋升高级职称、科研经费、研究成果等方面都存在着争夺；还会体验到更多的工作与其他事情的冲突，特别是与家庭的冲突。既要教书育人、教育

---

① 李兆良：《高校中青年知识分子“过劳死”引发的思考》，《医学与社会》2006 年第 1 期。

子女，又要搞研究、做调查、发论文，目前许多高校都在逐步或已经实施学分制，学生自由选课的机会大大增加，教师的知识水平和教学能力成为学生选课的主要理由。这一教改举措，必然会促使教师在教学和科研上狠下功夫，努力提高自身的能力水平，由此而产生的心理压力也是可想而知的。

人口统计学分析表明，在性别、受教育程度上，没有显著差异。而在年龄和职称上差异显著，与其他年龄组和其他职称的教师相比，36～40 岁年龄组的高校教师以及副高职的高校教师压力感最高。在高校里，资历和学历历来是必须面对的重重高山，中青年教师必须用极大的精力逾越。归结起来，完成科研课题、发表论文、评上高级职称、拿到最高学历都是他们必须具备的职业条件，这些几乎使他们无暇去休闲娱乐。由于中青年教师所处的特殊位置、环境和所担当的特殊角色，在社会变革、转型过程中特别是职称改革、工资改革、住房改革、人才管理制度改革过程中承受着特殊的心理压力。

高校教师中普遍存在工作超负荷的现象。有调查显示，高校教师平均每天的工作时间大约在 11 个小时以上，睡眠时间远远不够。有 68% 的人感到工作压力大，有 22% 的人甚至认为压力“巨大”。① 这种压力除了更新知识、提高自身能力的需求外，在许多教师看来，直接的压力来自学校工作量考核指标，目前高校对教师教学工作量和承接科研课题、发表论文的数量都有明确要求。某种程度上说，高校教师感受到多方面的工作压力是必然的。本研究发现 66.3% 的高校教师认为自己面临着较大的或很大的工作压力。对于过大的工作压力，高校教师应采取积极的措施，包括寻求必要的心理干预和组织调整，来缓解和降低这些压力。

从工作压力与职业倦怠的关系来看，高校教师的工作压力与职业倦怠的三个维度存在显著相关性。情绪衰竭是职业倦怠的核心成分，属于倦怠的个体压力纬度，表现为个体在情绪上处于极度疲劳状态，丧失工作热情。去个性化属于倦怠的人际关系纬度，表现为个体以一种消极的、麻木不仁的态度对待周围的人，对他人缺乏同情心。低成就感属于倦怠的自我评价纬度，表现为个体对工作的意义和自我效能的评价下降，在工作中体会不到成就感，常常觉得自己无法胜任工作，工作积极性丧失。

① 尹桂荣：《高校教师的压力与调适》，《零陵学院学报》（教育科学版）2004 年第 6 期。

研究发现，职业倦怠多发生在脑力劳动者身上。高校教师的工作是培养人才复杂的脑力劳动，其职业特征决定了教师是一个需要高度投入、奉献的职业，其工作需要经常与人打交道，需要与学生沟通来进行，需要用耐心和爱心来启发、引导学生，属于情绪性工作，存在较多的人际压力源，常年如此，精力耗损，工作热情容易逐渐消退，进而产生对人漠不关心以及对工作持有负面态度的症候。加上职务、学历、晋升高级职称、岗位竞争、科研经费、研究成果等多方面的压力使高校教师面临相对高的资源消耗，出现情绪耗竭，继而出现职业倦怠。

研究表明，有很大一部分高校教师在工作中没有个人成就感，也有部分高校教师有一定程度的去个性化现象。角色冲突、角色模糊以及缺乏人际支持是高校教师去个性化和低成就感的主要原因。当教学、科研、学习、为人师表等对高校教师的工作有不同要求时，极易造成有些教师无所适从，产生角色冲突和角色模糊，导致工作目标模糊，效率低下。同时，高校教师每天都要面对复杂的人际关系，需要与领导、同事、学生交往。但随着人类社会生活日益复杂，人的心理、行为也变得复杂。高校教师由于工作负荷加重，人际交往时间缩短，使得人际交往障碍不断增多，有效沟通减少，导致人际支持缺乏，进而导致他们的忠诚度和工作满意度降低。而目前高校竞争机制还不健全，人为的因素很多，再加上知识分子易出现“文人相轻”的心理倾向，就难免出现人际关系紧张现象。

已有研究表明，角色冲突、角色模糊、缺乏人际支持与较高程度的职业倦怠有关。[①] 因此，在高校管理中明确高校教师的工作要求、角色和职责以及领导多给予支持和信任，对于预防高校教师职业倦怠有着重要作用。

总结上述研究结果可知，高校教师主要压力源位于前三位的是工资和福利待遇不佳（328 人，62.8%）、被科研和文章等问题搞得筋疲力尽（318 人，60.9%）、付出和回报不成比例（316 人，60.5%）。中等压力组、高压力组及极高压力组的教师分别占所调查总数的 33.3%、33%、9.6%。高校教师职业倦怠（情绪衰竭、低成就感、去个性化）与工作压

---

① Corde C L and Dougyerty T W, A review and anintegration of research on job burnout, *Academy of Management Review*, Vol. 18, No. 4, 1993, pp. 621 - 656.

力相关显著。由此，研究得出结论，高校教师存在一定程度的工作压力；高校教师工作压力与职业倦怠存在着相关关系。

本研究提示，教育部门和高校在今后的管理中，应十分重视教师的工作压力问题和职业倦怠现象，采取积极有效的措施，包括进行必要的心理干预和组织调整，加强科学管理，营造良好和谐的氛围，建立良好的社会支持系统，关心高校教师工作、生活和心理健康，适时组织各项健身和体育活动，实行开放民主的行政管理，使高校教师能够处于良好的工作环境氛围中，保持健康和谐的心理。作为高校教师本人，要善于自我心理调适和压力管理，努力提高自身的耐压能力，改变不合理的认知观念，培养良好的个性品质，提高自我调节能力，建立科学健康的工作、生活方式，进行专业的心理保健和心理辅导，学会及时宣泄不良的情绪，以预防和缓解职业倦怠的发生，有效提高高校教师的身心健康水平和教育、教学质量。

（原载《医学与社会》2007 年第 2 期）

高校教师职业倦怠现状调查及对策

职业倦怠（Burnout）是由美国临床心理学家弗鲁顿伯格（Freudenberger）于1974年首次提出的。它是指助人行业中的个体因为不能有效地应对工作中延续不断的各种压力而产生的一种长期性反应，包括情绪衰竭、低个人成就感和去个性化（或称玩世不恭）。[①] 情绪衰竭是指个人认为自己所有的情绪资源都已经耗尽，感觉工作特别累，对工作缺乏冲劲和动力，在工作中会有挫折感、紧张感，甚至出现害怕工作的情况。低个人成就感是指个体会对自身持有负面的评价，认为自己不能有效地胜任工作，或者怀疑自己所做工作的意义，认为自己的工作对社会对组织对他人并没有什么贡献。去人性化是指个体会刻意与工作以及其他与工作相关的人员保持一定的距离，对工作不像以前那么热心和投入，总是很被动地完成自己分内的工作。

职业倦怠是当前社会普遍关注的一个问题。国外研究表明，教师是职业倦怠的高发群体，教育程度高者比教育程度低者易患职业倦怠。[②] 美国教师协会在1983年的研究中指出，37.5%的教师有严重焦虑和精神紧张等职业倦怠状况。[③] 在我国香港，教师职业被视为高压力职业，仅次于警察，排名第二。在我国内地，由职业倦怠所引发的教师身心健康问题日益受到重视。[④] 国内关于职业倦怠的研究刚起步，多是一些对国外研究成果的引进和介绍的理论性研究或综述；另有一些实证性研究，多是以中小学教师、护士为主，偶尔也有关于银行职员职业倦怠研究。到目前为止，系统地考察和研究高校教师职业倦怠问题还不多见。研究采用问

---

① Maslach C，Schaufeli W B，Leiter M P，JobBurnout，*Annual Review of Psychology*，Vol. 52，2001，pp. 397 –422.

② 苏素美：《美国教师的“职业倦怠”之探讨》，《教育资料文摘》1995年第3期。

③ 杨秀玉：《西方教师职业倦怠研究评述》，《外国教育研究》2005年第11期。

④ 刘海涛：《教师职业倦怠的综述》，《创新研究》2004年第2期。

卷调查法、文献分析法、数理统计法，以量的分析和质的研究相结合的方法对吉林大学不同年龄、不同性别、不同学历和不同职称的522名在职教师职业倦怠情况进行调查分析，进而从个人层面、学校层面和社会层面提出切实可行的尽量消除高校教师职业倦怠感的建议，这对预防和降低高校教师职业倦怠以及提高教育教学质量具有重要的意义。

一 对象与方法

（一）调查对象

被试来自吉林大学在职教师，采用分层随机抽样方式选取调查对象。发放问卷560份，收回522份有效问卷，有效率为93.21%。其中男性教师262人，占50.19%，女性教师260人，占49.81%。年龄20~25岁26人，26~30岁144人，31~35岁142人，36~40岁90人，40岁以上120人。初级职称者146人，中级职称者为212人，副高职称者为112人，正高职称者为52人。教龄小于1年的40人，1~5年156人，6~10年102人，11~15年104人，16~20年52人，20年以上的68人。在整理数据的过程中剔除无效问卷，无效问卷是指被试测题漏答的，背景资料填写不完整的（如受教育程度、任职时间没有填写等）。

（二）调查工具

本研究采用的是Maslach倦怠量表－国际通用版（Maslach Burnout Inventory－Human ServiceSurvey，简称MBI－HSS）。[①] 该问卷共22道题，包括3个维度：情绪衰竭、低个人成就感和去个性化，分别包括9道题、8道题和5道题。采用7点记分方法，0代表“从不”，6代表“非常频”。在情绪衰竭和去个性化方面，得分越高，倦怠程度越强，得分越低，倦怠程度越弱；在个人成就感方面，得分越高，倦怠程度越弱，得分越低，倦怠程度越强。本次调查情绪衰竭、低个人成就感和去个性化的内部一致性系数分别为0.87、0.82、0.86。职业倦怠3个维度不同程度的标准：在情绪衰竭上高于27分表明有较高的情绪衰竭，低于16分表明情绪衰竭

① Maslach C，*Jackson S E*，*MBI－Human Services Survey*，Palo Alto，CA：Consulting Psychologist Press Inc，1996.

程度比较低；在个人成就感上高于 39 分表明个人成就感比较强，低于 31 分表明个人成就感比较低；在去个性化上高于 13 分表明去个性化比较严重，低于 6 分表明去个性化程度比较低。

（三）统计方法

调查对象在专业人员的统一指导语下，在规定时间内独立完成问卷，并当场回收。在测试过程中，对老师提出的问题做了必要的解释。全部问卷资料经核实进行统一编码，用 SPSS 11.5 软件进行统计分析处理，采用 t 检验和单因素方差分析的统计学方法。

二　结果

（一）高校教师职业倦怠的总体状况（表 1）

表 1　高校教师职业倦怠的总体状况（n = 522，x ± s）

	平均分	低（%）	中（%）	高（%）
情绪衰竭	16.7 ± 8.73	56.5	29.2	14.3
个人成就感	24.3 ± 8.38	24.7	21.2	54.1
去个性化	4.61 ± 4.23	74.5	21.6	4.9

表 1 的结果显示，分别有 43.5%、45.9%、26.5% 的高校教师，存在一定程度的情绪衰竭、低成就感、去个性化现象。

（二）高校教师职业倦怠在性别上的差异（表 2）

表 2　高校教师职业倦怠的性别差异情况

	男（n = 262）	女（n = 260）	t
情绪衰竭	14.73 ± 7.57	17.56 ± 9.27	−2.69**
个人成就感	32.36 ± 9.18	31.03 ± 7.89	1.83
去个性化	4.31 ± 4.12	4.83 ± 4.34	−0.97

注：* $P < 0.05$，** $P < 0.01$。

表2结果表明，女性高校教师在情绪衰竭方面要显著高于男性高校教师，也就是说高校女性教师比男性教师更多地经历情绪衰竭，在个人成就感和去个性化方面，男女性别上无明显差异。

（三）高校教师职业倦怠在年龄、学历、职称和教龄上的差异

单因素方差分析结果表明，不同年龄组的高校教师在情绪衰竭纬度上差异显著（$F=7.537$，$P<0.05$），36～40岁年龄段的高校教师情绪衰竭要高于其他年龄组教师；不同学历的高校教师在低成就感维度上差异显著（$F=2.836$，$P<0.05$），大学以下学历教师的低成就感水平要高于本科和本科以上学历的教师；教龄在6～10年的高校教师与6年以下和10年以上的教师在情绪衰竭纬度上显示出0.05水平的差异；也就是说，教龄在6～10年的高校教师比6年以下和10年以上的教师更有可能面临情绪衰竭的威胁。职称在职业倦怠的3个维度上都没有达到显著性差异水平。

三　分析与讨论

本研究的调查结果表明，高校教师存在一定程度的职业倦怠，有很大一部分高校教师在工作中没有个人成就感；也有部分高校教师有一定程度的去个性化现象。原因可能是随着高等教育改革的不断深化，在给高校教师带来全新发展机遇的同时，也带来了更大的挑战和压力。特别是职称改革、工资改革、住房改革、人才管理制度改革等过程中有其特殊的心理感受和压力，加上教学、科研工作本身就是一种压力氛围，所以易产生职业倦怠。① 基于本研究结果，高校在今后的管理中应重视高校教师的职业倦怠，并采取积极的措施，包括必要的心理干预和组织调整来预防和缓解高校教师的职业倦怠，以提高高校教师的生活质量和教育教学质量。

调查结果还表明，与男性高校教师相比，女性高校教师更多地经历情绪衰竭，这与国外已有的研究结果（认为女性具有较高的情感衰竭倾

① 杨秀玉、杨秀梅：《教师职业倦怠解析》，《外国教育研究》2002年第2期。

向）一致。[①] 可能与教师这一特殊的育人职业有关，高校教师肩负着培养国家高级人才的重任，需要用耐心和爱心来启发、引导学生，作为女性要与男性获得同样的成绩需要付出更多，因为她们面临更多方面的压力；在压力面前，由于心理特点的差异，女性比男性更容易采取回避态度，所以女性比较容易忧郁、焦虑、不安。

全国妇联和国家统计局联合组织实施的第二期上海妇女社会地位调查报告显示：在上海高校的女知识分子中，有失眠现象的占45%，有身心疲惫之感的占59%，时有烦躁易怒情绪的占55%，常感体力不足的占48%。提示高校女教师是职业倦怠预防的重点人群。与高学历教师相比，低学历教师在低成就感维度上得分更高，这可能与目前高校对教学科研人员的学历要求越来越高，并且直接关系到职务的升迁和职称的晋升，这也涉及工资、待遇；学历越高，随之而来的一系列待遇和个人成就感都明显提高有关。即在高校，个人的学历、职称越高地位越稳定，生活和经济条件越好，从心理上满足了个人的成就感。

在情绪衰竭维度上，刚刚参加工作的年轻教师和老教师表现不明显，而年龄在36~40岁的教师情绪衰竭比较明显，工作6~10年是情绪衰竭表现最严重的阶段。这一年龄段的高校教师，从社会大环境来讲在事业上刚刚崭露头角，成为教学科研中坚力量，但也是压力最大的阶段；来自社会、家庭、学校、学生的各种各样的要求越来越多，越来越高，考虑的越多，工作越忙，发现需要学习的越多。自己既是一个教师又是一个学生；同事相互间竞争更为激烈，如职务、晋升高级职称、科研经费、研究成果等方面存在着竞争；还会体验到更多的工作与其他事情的冲突，特别是与家庭的冲突。[②]

高校教师既要教书育人、教育子女，又要搞研究、做调查、写论文，来自各方面的压力使其易产生焦躁、压抑、愤怒和沮丧等负面情绪，严重影响个体的身心健康。情绪衰竭水平高的教师，常表现出疲乏、失眠、食欲不振、咽喉肿痛、头痛、胃肠功能紊乱、胸痛等身体问题，及自尊水平下降、抑郁、易怒、焦虑、无助感等心理问题。长期的情绪衰竭自

① Vandenberghe R and Huberman A M, *Understanding and Preventing Teacher Burnout: a source book of international research*. Cambridge University Press, 1999, pp. 5 – 17.

② 李兆良、陈大伟、高燕：《高校中青年知识分子“过老死”引发的思考》，《医学与社会》2006年第1期。

然导致健康受损，如无及时的心理疏导和情绪宣泄，或情绪归因不当，则很可能会产生更深层次的心理行为问题，失去自信心和控制感，成就动机和自我效能感降低，内疚、自责；易激怒、好发脾气，对外界持敌视、抱怨的态度。

总结上述研究结果可知，分别有43.5%、45.9%和26.5%的高校教师，存在一定程度的情绪衰竭、低成就感和去个性化；女性高校教师在情绪衰竭方面要显著高于男性高校教师；大学以下学历教师的低成就感水平要高于本科和本科以上学历的教师；36～40岁年龄段的高校教师情绪衰竭要高于其他年龄组教师。基于此，研究得出结论：在预防和矫治职业倦怠时，应重点关注女性教师、中青年教师和低学历教师，个人、学校和社会应共同努力预防和缓解高校教师职业倦怠。

四　缓解高校教师职业倦怠的对策

从国内外研究结果和本次调查结果可知，高校教师中存在着职业倦怠现象是客观事实，但具体到个人和不同的学校，教师的职业倦怠又有较大的差异。笔者认为，既然职业倦怠来自个人、学校和社会等方面的因素，那么，我们也可以从这些方面寻找解决对策。个人、学校和社会多方面应共同努力，帮助高校教师预防或缓解职业倦怠的发生。

（一）高校教师个体方面的努力

作为高校教师本人，首先应清醒地认识到倦怠是源于自身所遇到的职业压力。因此，要善于自我压力管理，要努力提高自身的耐压能力。工作既是我们生活的一个重要部分，也是一个主要的压力源。2005年8月至9月，中国人民大学公共管理学院组织与人力资源研究所和新浪教育频道对8699名教师进行了名为“2005年中国教师职业压力和心理健康”的问卷调查，统计结果表明，有34.6%的被调查教师反映压力非常大，有47.6%的被调查教师反映压力比较大，两者加起来占到了被调查教师的82.2%，说明绝大部分教师都感觉工作压力比较大，教师的压力已经成为我国教育改革必须关注的问题之一。现代社会每个人都必须学习如何适应和处理压力。压力管理对于与预防和缓解职业倦怠，提高高校教师的身心健康以及高等教育、教学质量等密切相关。由此可见，推广压力管理课程是一项切实可行的措施。

高校教师应增强自信，改变不合理的认知观念，变压力为动力，改变自身不良的人格特征，如怯懦、自卑、孤僻、狭隘、缺乏耐性、神经质和低自尊等。培养良好的个性品质，如坚强、乐观、幽默等。采取积极的应对方式有效地面对心理应激，多参加社会活动，与同事密切协作，主动争取广泛的社会支持。要提高自我调节能力，建立科学健康的工作、生活方式，改变A型神经类型行为，制定切实可行的合理目标。工作要有张有弛，进行科学有效的时间管理，找到适合自己的减压方式，进行充分的休息和放松。高校教师要有坚定正确的信念和职业理想，培养对教育事业和对学生无私的爱和奉献精神，对防止高校教师职业倦怠是至关重要的。对于已出现倦怠症状的高校教师，在自己有意识自我调整的同时，还要善于借助他人的力量，找朋友情感倾诉、找专家心理咨询，学会及时宣泄不良的情绪，进行专业的心理保健和心理治疗，保持健康的身心状态，是缓解职业倦怠的良好途径。

（二）加强高校科学管理，创造良好组织环境

高校管理不当是高校教师工作不满意的原因之一。改进高校的管理，应重视高校教师的职业倦怠现象，要采取积极的措施，进行必要的心理干预和组织调整。要尊重高校教师，关心和支持高校教师工作和生活，适时组织教师参加各项健身活动，真正做到劳逸结合。要实行开放民主的行政管理，进一步推进民主政治建设，拓宽民主管理、民主参与和民主监督渠道，使高校教师处于良好的工作环境中，预防和降低倦怠的发生，以提高高校教师的工作生活质量和工作效率。营造良好和谐的组织氛围，建立良好的社会支持，是预防和缓解高校教师职业倦怠的重要举措。一方面，高校管理者的支持与关心能有效地减轻高校教师的心理压力，减少心理问题的发生；另一方面，来自同事的支持甚至比来自行政方面的支持更重要。来自同事的信息支持（如提供某些必要的知识）、实践经验支持（如帮助完成工作任务）以及情感支持能增强对工作情境的控制感，从而降低压力水平和人格解体水平，提高个人成就感和工作表现。

（三）建立社会支持系统，对高校教师持合理期望

解决高校教师职业倦怠是一个系统工程，整个社会都应给予关心支持，要不断改善大环境。社会支持系统是个体应对压力的重要外部资源，

很多研究显示，支持系统可以使个体减轻压力，延缓倦怠感的产生。建立社会支持系统，首要的是对高校教师形成良好的公共信任氛围，树立良好的社会形象，国家要切实采取措施提高高校教师的社会地位和经济待遇，把尊师重教真正落到实处。在公共信任、支援的氛围中，高校教师会表现出信心和干劲，培养更多的优秀人才，会使高校教师具有高度的自尊感，以及把教书育人视为一种可追求的事业而对其抱有积极、肯定的看法。全社会应对教师抱以包容的态度，给以精神上的支持，物质上的鼓励。要建立对高校教师合理的角色期待，给高校教师创设一个宽松的人文环境。高校教师是真实的人，他们的知识能力也是有限的，学生、家长及社会大众应对高校教师抱有合理期望，以减少他们的压力。

（原载《医学与社会》2006 年第 11 期）

论高校教师的压力及压力管理

随着我国高等教育改革的不断深化，在给高校教师带来全新发展机遇的同时，也带来了前所未有的挑战和压力。众多的研究显示，教师作为一种特殊的职业群体，是一个“高压力”职业。近年来，高校教师中屡屡出现“生命透支”和“英年早逝”现象，相当一部分高校教师因长期处于工作压力下，出现了“过老死”和职业倦怠，[①] 这是家庭的不幸，更是国家财富的巨大损失，引起了社会各界的强烈反响。高校教师的压力已经成为我国教育改革必须关注的问题之一，探讨高校教师的压力及压力管理，也成为社会的热点问题。

一　压力概念的含义

压力（stress）最初是物理学的概念，是指由于外力作用而导致的物体变形。直到20世纪初，医学界才有了压力的概念，被译为应激，指个体面对刺激时，为求重新回复正常状况所做的反应。心理学领域除译为压力、应激外，也译为紧张。Cannon 将压力定义为使人感到紧张的事件或环境。20世纪80年代中期 Lazarus 和 Folkman 认为压力不单指外部刺激事件，也不单指机体对其的反应，而是指个体对环境认知评估的动态过程，[②] 目前多数心理学的压力研究都是在这一意义上使用“压力”概念的。在美国国家健康学会举行的压力研讨会上，研究者们把压力定义为“一种不和谐的状态或被威胁的动态平衡”[③]。压力包括压力事件（压力

---

① 李兆良、陈大伟、高燕：《高校中青年知识分子“过老死”引发的思考》，《医学与社会》2006年第1期。

② Lazarus R and Folkman S, *Stress, appraisal and coping*, Springer Publishing Company, 1984.

③ Levine S and Ursin H, *Psychobiology of Stess*, New York: Acadamic press, 1978, p. 17.

源)，个体对压力事件的认知、评估，由压力事件引起的个体生理和心理的反应。那些来自内部和外部的引起压力的各种事件被称为压力源。压力源通常分为急性压力源和慢性压力源，按性质又可分为生物性压力源、心理性压力源和社会性压力源。压力有积极的一面，适当的压力往往是一种动力，可提高机体的反应、挖掘个体潜能、提高活动效率和工作满意度等。但研究表明压力的消极作用大于积极作用，对个体施加过大的压力或长期处于压力下，就会导致工作绩效的迅速降低，出现倦怠和缺乏责任心以及引发各类身心疾病等。

二　高校教师的压力现状

有调查显示，高校教师平均每天的工作时间大约在 11 个小时以上，有 68% 的人感到工作压力大，有 22% 的人甚至认为压力“巨大”①。笔者对吉林大学教师压力的调查研究发现，66.3% 的高校教师认为自己面临着较大的工作压力。在香港，教师职业被视为高压力职业，仅次于警察，排名第二。美国教师协会在 1983 年的研究中指出，37.5% 的教师有严重焦虑和精神紧张等压力症状。英国的阿伯瑟里调查了英国大学教师的压力水平，结果显示 74.1% 的大学教师有中等程度的压力，14.7% 的应答者陷入严重压力的范围。② 英国教育学者邓纳姆在问卷调查后得出结论，大多数高校教师承受着不同程度的压力，有 20% 的教师压力很大。瑞士日内瓦大学哈伯曼的研究也发现，有 40% 的教师有疲惫的经历和感受。一项对全国 72 所高校教师的调查显示，有 94.6% 的教师感到有心理压力，其中 35.6% 的教师表示压力很大。③ 众多的研究表明高校教师正承受着严重的压力，其生理、心理状况堪忧。

---

① 尹桂荣:《高校教师的压力与调适》,《零陵学院学报》(教育科学版) 2004 年第 6 期。

② Abouserie R, Stress, coping strategies and job satisfaction in university academic staff, *Educational Psychology*, Vol. 16, No. 1, 1996, pp. 49 –56.

③ 贺冒荣、贺晓星、穆荣华:《无觅桃花源何处好耕田——高校教师精神压力问题初探》,《高等教育研究》1997 年第 7 期。

三　高校教师的压力源

（一）工作上的压力

英国的一项调查结果显示，大学教师认为工作是他们生活中最重要的压力原因（占74%）。[①] 从大量的研究结果可知，高校教师的压力的确更多的是受工作方面影响，其中科研成为首要因素。近年来，高校出现越来越浓厚的竞争气氛和对研究的注重（如遴选学科带头人、评优、晋级都和科研挂钩）。用一位高校教师的话说，“房子、孩子的教育、经费、职称真的把人压得喘不过气来”。但是，前两者是社会各阶层都会遇到的，不独是高校教师才有。

可见，高校教师真正的压力主要是来自科研经费和职称晋升，而职称晋升的硬指标离不开科研成果。目前许多高校除了教学外，对教师的科研课题、发表论文数量、档次等都有明确要求并实施重奖制，这些都有形无形地提醒着教师要写论文、发表论文。其结果导致高校教师“育人”功能的衰退。研究表明，晋升制度已经是造成高校心理压力和困惑的最主要原因。这种晋升制度带来了一种学术上的急功近利和浮躁之风，使得高校教师必须抛开那些需要长期积累的研究计划，带来慢性的隐形压力和困惑，加上他们大都具有较高的自我成就感，期望成就一番事业是他们的普遍心态，在系内同事之间，系与系之间经常形成一种竞争气氛，为提高科研等级以及发表文章的“分量”都感到了较大的压力。这种工作环境无疑又导致高校教师的不断增长的压力和紧张。

（二）时间限制（缺乏个人时间）

美国的一份调查（Dey，1994）证实时间压力（缺乏个人时间）是目前为止最常见的高校教师压力来源。另一对20所美国高等教育机构的大学教师的采访发现时间是关键的因素。近几年常听到一些国内高校教师因量化指标过高、时间安排过于紧张而使健康受损，也常有一些高校中青年知识分子因过度疲劳而英年早逝。一项调查表明，高校教师抱怨最

---

① Kyriacou C and Sutcliffe J，“Teacher Stress：Prevalence，Sources，and Symptoms”，*British Journal of Educational Psychology*，Vol. 48，1978，pp. 159 – 167.

多的是时间被占用，连续不断的书面工作，不成功的行政会议等。一些教师的应对策略是，干脆从研究、评比、晋升中解脱出来，另谋生路，或者从压力较大的学校流往压力较小的学校。

（三）人际关系与压力

在高校，教师之间的人际关系也是千头万绪，盘根错节。与同事领导之间的关系、与学校行政人员的关系、与学生之间的关系、与社会的关系等，都会给教师带来人际交往上的压力。学校的人际关系影响教师的心态，促使压力的产生。对于高校教师而言，影响人际关系的因素主要是同事领导与自己之间的相互认可、评价和支持，但要相互给予肯定的认可、正确的评价和适当的支持并不容易。基里亚科和萨克利夫的调查结果是："其他教师的态度和行为"居 50 条压力来源要素中的第 11 位,① 耶鲁大学心理系的利特等人指出在工作压力量表中"与领导的人际关系"是与压力最紧密相关的一个因素。

（四）角色冲突与角色模糊

长期以来，高校教师在人们心中一直是社会精英，具有极高的社会声誉，但在高等教育实行产业化改革后，高校教师正面临着"打工者"的角色。而学生作为服务的购买者，有一种高高在上的心理，这对传统的师生关系是一场前所未有的颠覆，这种颠覆给高校教师带来了巨大的心理压力。作为高校教师，一方面要努力做好传道授业解惑的责任，要"取悦于"学生，而另一方面，更面临着沉重的科研负担。另一个冲突来自"传统的知识分子良心"和"面对市场经济的物质诱惑"，是社会转型期知识分子心头的难解之结。在社会的不断发展变化中，教师难当已经成为很多教师的共识，他们既要担当如"知识传播者""严格管理者"等权威式的角色，又要是"学生的朋友和知己"，还要成为一个半路出家的"心理调节者"。如此多的角色，经常使教师本人产生角色不清晰或角色期望不一致等角色混淆情况。

此外，高校教师的自我期望值高、能力素质差、工资待遇低、社会地位不高、工作条件较差、社会过高要求期望等都会使教师产生一种潜在的压力。

---

① Kyriacou C and Sutcliffe J, "Teacher Stress: Prevalence, Sources, and Symptoms", *British Journal of Educational Psychology*, Vol. 48, 1978, pp. 159 - 167.

四　高校教师压力管理

压力管理，是指针对压力源所采取的一些应对措施，把压力控制在一个适当的水平，它是现代社会人的一种生存能力。有效的压力管理能够减少过高压力对工作行为的负面影响，对于预防和缓解职业倦怠，提高高校教师的身心健康以及教育、教学质量都具有重要意义。

（一）压力的认知评价

对压力认知评价是压力管理的第一步，通过认知评价可了解到测试者要求是什么，威胁有多大，以及个体所具备的资源有哪些，然后以一种积极的心态和情感反应来处理压力。高校教师应该以积极的态度正视自己面临的压力，接受压力事实，然后再探究根源并采取解决措施。积极的态度就是客观、乐观地看待问题，它不仅会缓解紊乱的情绪，也能使问题导向正面的结果。乐观、坚韧、高自我效能等良好的心态被证实有助于成功地处理压力事件。相反消极的思想策略，是回避压力的一种表现，会产生被隐藏、受压抑的敌意心理，这种心态往往不利于压力的缓解。

（二）改变认知策略

有效适应压力的方法是改变对压力源的评价以及应对它们的方式的自我认知。即需要换一种方式来考虑自己的处境和在其中的角色，以及在解释那些出乎意料的结果时所采用的归因方式。避免使用全或无的思维方式、消极心理过滤、贬低积极面、夸大化和缩小化、情绪化推理、应该和必需、负性标签以及自怨自艾或者怨天尤人等认知曲解和思维错误。改变认知策略有两种，一是重新评价压力源自身的性质，另一是重新组织你对于压力反应的认知结构。学会换一种方式考虑特定的压力源，重新标定它们，或者想象它们处于较小威胁，甚至是可笑的情境当中，都是用以减小压力的认知再评价方式。

在压力事实面前进行积极的思维，有意识地控制感知，看到“阳光而不是乌云”。当遇到不如意的事情，高校教师应该改变自己的绝对化认知，去发现事物有利的一面，换个角度去思考，压力就可能变成动力。

（三）有效的时间管理

有效的时间管理包括：考察自己时间管理的特点，清楚自己工作效率最高的时段，用黄金时间去做“黄金工作”；要有效计划和安排时间，将每件工作依重要性和紧迫性排序；要懂得量力而为，清楚自己的承受限度，不承担过多的压力；改正自己的做事偏好，提高做事的效率；学会积零成整、充分利用时间的诀窍。高校教师应该具备提高利用时间的技巧，要先分清所要做的事情的主次，而后分别进行计划，会有助于缓解教师的压力。对于高校教师中的时间压力，一些高校开始实行学术假制度，每4年中可以安排半年，比如到国际知名大学进修访问，或到国内一流大学或作学术交流，或潜心研究总结、著书立说等。这对缓解高校教师压力是一个很好的举措。

（四）寻求社会支持

社会支持是他人提供的一种资源，告知某人他是被爱、被关心、被尊重的。除了社会情感支持外，还可以提供有形的支持（经济等物质支持）和信息支持（建议、资讯等）。任何一个个体与之有着明显的社会关系的人，如家庭成员、朋友、同事等，都可以成为个体在需要时的社会支持网络的一部分。一项调查研究显示，1个百分点家庭支持的上升，可以带来13个百分点死亡可能性的下降。[①] 由此可见，对于不同的压力，寻求社会支持是应付压力的有效手段。高校教师建立有效的社会支持网是非常必要的。在工作中，高校教师应学习良好的沟通技能，掌握处理复杂人际关系的技巧，尤其处理好与领导、同事的关系，这不仅可以避免产生很多无益的压力，同时又是应对各种压力的外在支持源。另外，家庭也是一种重要的支持源，赢得家庭成员的支持也是成功应对压力不可缺少的。

（五）提高自我调适能力

提高高校教师自我调适能力，增加自我认识，是压力管理重要的一环。著名教育学家苏霍姆林斯基说：“教师要善于掌握自己，克服自己是一种最重要的能力，它既关系到教师的工作成就，也关系自身的健康。”在充满竞争的社会里，压力客观存在，高校教师要提高自身的耐压能力，勇于正视现实困难和问题，培养良好的个性特征，如耐心、乐观、坚强、

---

① ［美］格里格·津巴多：《心理学与生活》，王垒译，人民邮电出版社2004年版。

幽默等。当压力超过个人承受范围时，学会适当的情绪宣泄、倾诉和行为上的调适，以缓解压力。要避免消极情绪的积存郁结，不要压抑自己，培养正当的休闲娱乐，如登山、搞一下琴棋书画、参加公益活动等。学习放松技巧，缓解身心紧张，可采用深呼吸减压、音乐放松等。进行身体锻炼，锻炼可消除压力反应中产生的荷尔蒙、多肽等物质，促进教师的生理健康。同时它又是一种精神娱乐法，分散教师的注意力，从而让教师从情感或身体紧张中放松下来，有利于心理健康。可见有人把锻炼称为教师的一种“保护机制”是不无道理的。因此建立长期规律适当的运动习惯，是对抗压力重要的方式。

（六）制度改革和构建是关键

目前大多的压力管理方法都是针对个体，这只能解决一部分问题，实际上许多问题却不是教师所能解决的。在社会转型期，高校教师最主要的压力还是来自高校组织的变革、学术失范和制度失范。因此，高校教师压力的缓解关键还是在于制度的改革和构建，更多地需要在组织、在宏观层面上考虑问题，认识压力的存在和根源。高校在体制改革过程中，内容方式应适当，进度要合理。压力管理方面应提供心理咨询和健康体检、治疗服务，增加对教师的支持。提高职前培训和在职培训的质量，提高教师的社会和经济地位，提高教师的形象等，对于缓解高校教师压力都是积极有益的。高校教师压力的承受者是教师本人，教师的自我调节很重要，但压力的诱因客观存在，仅依靠高校教师的努力不可能解决所有问题，只有个人、学校、社会、国家互相配合，共同努力，才能把高校教师的压力减缓到最低程度，才能最有效地保证高校教育、教学的质量最大限度地提高，保证人才培养的根本。

（原载《医学与社会》2007 年第 10 期）

城镇“空巢”家庭老年人抑郁状况及对策

“空巢”家庭是指无子女共处，只剩下老年人独自生活的家庭，主要指老年人独居户和老年夫妇户。[①]“空巢”老年人是指不与子女居住在一起的老年人，包括无子女或与子女分开居住的老人，是老年群体中的弱势群体之一。资料显示，目前中国空巢家庭老年人有2340万之多，预计2030年空巢家庭的比例将达到90%，届时中国老年人家庭将“空巢化”。[②]空巢家庭的不断增加，引发了健康保障、人身安全、生活照料及经济供养等一系列严重的社会问题，一定程度上会给社会和经济发展带来一定的影响。空巢家庭老年人极易出现“空巢综合征”，“空巢综合征”严重地影响着空巢家庭老年人的身心健康和生活质量。

抑郁症是老年人群中仅次于老年痴呆的常见精神障碍，其严重影响空巢老年人特别是空巢独居老年人的健康。[③]身处“空巢”家庭的老年人极易诱发抑郁症。抑郁是一种情绪低落的消极状态，表现为对生活失去信心，消极悲观，缺乏积极的情绪情感体验，对各种活动都失去兴趣，没有人生热情，常感到精力不足；可使人的生理功能下降，免疫力降低，食欲减退和睡眠障碍，严重者可发展成自杀。抑郁性情感障碍在老年人中表现尤为突出，严重影响了老年人的生活质量。[④]西方国家关于老年抑郁发生率的报告结果在10% ~23%之间。[⑤]美国有13% ~27%老年居民

---

① 柏云端：《关于空巢家庭养老问题的几点分析》，《甘肃农业》2006年第6期。

② 国务院人口普查办公室：《国家统计局人口和社会科技统计司，中国2000年人口普查资料》，中国统计出版社2000年版。

③ 周成超、楚洁、徐晓超：《安徽省农村某镇空巢老人抑郁情况现状及相关因素》，《中国心理卫生杂志》2008年第2期。

④ 闫芳、李淑然：《老年抑郁症的发病率及随访研究》，《中国心理卫生杂志》2000年第6期。

⑤ 刁利华、牛燕红、李燕玲：《老年癌症病人抑郁与社会支持的相关调查及心理护理》，《中华护理杂志》2002年第5期。

存在不同程度抑郁障碍。[①] 在国内，孟琛等在北京老年人中的调查结果显示，13.7%的老年人有明确的抑郁症状。

本文采用老年人抑郁量表（GDS），对376位60岁以上的城镇老年人进行调查，了解城镇空巢老年人的抑郁状况并提出相应对策，这对于推动健康老龄化、积极老龄化、和谐老龄化和幸福老龄化具有十分重要的意义。

一 对象与方法

（一）调查对象

调查对象为长春及外围县市的60岁以上老年人。整群随机抽样，共发问卷470份，回收有效问卷376份，有效率80%。其中男性238名，占63.3%；女性138名，占36.7%。年龄在60~70岁之间的188名，占50.0%；71~80岁的172名，占45.7%；81~88岁的16名，占4.3%。所有调查均由调查者讲清填写方法之后，由调查对象独立完成。对因文化程度低及视力差等无法自行填写的，则由调查人员提问，研究对象回答，调查员代填的方式进行。

（二）调查工具

采用1982年Brink等人编制的老年人抑郁量表（GDS）中文版。[②] GDS是专为老年人编制并在老年人样本中标准化了的抑郁量表，可作为老年人抑郁水平和筛查老年抑郁症的首选量表。量表共计30个条目，采用是或否表述来回答，包括情绪低落、活动减少、易激惹、退缩痛苦的想法，对过去、现在与将来的消极评价等症状。计分方法：第1、5、9、15、19、21、27、29、30项回答“否”得1分，其余20项回答“是”得1分，各项得分相加为总分。0~10分为正常，11~20分为轻度，21~25分为中度，26~30分为重度。即得分越低，抑郁程度越轻，得分越高，抑郁程度越重。该量表具有较好的信度和效度，其内部一致性系数为

① B D Lebowitz, et al., Diagnosis and Treatment of Depression in Late Life (Consensus Statement Updates), *Journal of American Medical Association*, Vol. 17, No. 4, 1998, pp. 201-204.

② 高之旭：《上海地区老年抑郁症的流行病学调查》，《中国神经精神病杂志》1992年第5期。

0.89，重测信度为0.85，与诊断标准一致的标准效度为0.95，与流调用抑郁量表的平行效度为0.96。

（三）统计方法

全部问卷资料经核实进行统一编码，用SPSS12.0软件进行统计分析处理，采用描述性分析、χ^2 检验、t 检验和单因素方差分析的统计学方法。

二　结果

（一）城镇老年人抑郁的总体状况

所有调查对象中，非空巢老年人（与子女同住）170名，空巢老年人206名（其中与配偶同住的有156名，独居的50名），空巢比例为54.8%。376名老年人抑郁的发生率为42.0%，轻度抑郁占33.5%，中度抑郁占8.5%；空巢老年人的抑郁发生率42.7%，轻度抑郁占31.9%，中度抑郁占9.7%，重度抑郁占1.1%。

（二）不同生活方式的城镇老年人抑郁状况差异比较

3种不同生活方式的城镇老年人抑郁发生率的差异有极显著性（χ^2 = 31.080，P < 0.01），结果见表1。

表1　不同生活方式的城镇老年人抑郁状况差异比较

生活方式	人数（人）	抑郁症状（人）	发生率（%）
与子女同住	170	653	8.2
与配偶同住	156	50	32.1
独居	50	38	76.0

（三）不同婚姻状况的城镇空巢老年人抑郁程度平均得分的比较

不同婚姻状况的空巢老年人在抑郁得分的平均值的差异有极显著性（F = 7.489，P < 0.01），其中在婚组的平均得分最低，未婚组的平均得分居中，丧偶组的平均得分最高；不同婚姻状况，得分愈高，其抑郁程度愈重，反之，则愈轻（见表2）。

表2　不同婚姻状况的城镇空巢老年人抑郁程度平均得分的比较（x ± s）

婚姻状况	人数（人）	抑郁得分
在婚	170	3.00 ± 7.00
未婚	6	15.53 ± 6.24
丧偶	30	18.87 ± 6.29

（四）城镇空巢老年人抑郁状况在性别和年龄上的差异比较

206 名城镇空巢老人中，男性 142 人，有抑郁症状的 58 人（占 0.8%），女性 64 人，有抑郁症状的 30 人，占 46.9%，男女的差异没有显著性（$t = 1.653$，$P > 0.05$）。在年龄上，70 岁以下组和 70 岁以上组之间的差异有显著性（$\chi^2 = 5.382$，$P < 0.05$），70 岁以下组抑郁症状发生率较 70 岁以上为高。

（五）城镇空巢老年人抑郁状况在文化程度和经济收入上的差异比较

在文化程度上，城镇空巢老年人抑郁发生率的差异存在极显著性（$\chi^2 = 16.780$，$P < 0.01$），小学以下文化程度抑郁症状的发生率是 76.9%，中学（中专）文化程度郁症状的发生率是 33.3%，大专及以上文化程度郁症状的发生率是 28.9%。在经济收入上，城镇空巢老年人抑郁的发生率的差异存在极显著性（$\chi^2 = 18.963$，$P < 0.01$），500 元以下的抑郁症状的发生率是 80.0%，500 ~ 1000 元的抑郁症状的发生率是 59.3%，1000 ~ 2000 元的抑郁症状的发生率是 33.3%，2000 元以上的抑郁症状的发生率是 17.1%。

三　讨论

笔者研究结果显示，长春市及周边城镇空巢家庭老年人抑郁发生率为 42.7%，其中轻度抑郁者占 31.9%，中度抑郁者占 9.7%，重度抑郁者占 1.1%。从总体来看，城镇空巢家庭老年人抑郁发生率明显高于其他生活方式的老年人。这主要是因为城镇空巢老年人在情感慰藉、健康医护、生活照料等方面的缺乏，以及生活方式、居住环境的改变，家庭赡养老人职能逐渐削弱，使得城镇空巢家庭老年人抑郁发生率大幅增加，尤其是独居空巢老年人在这方面表现得尤为明显。

从研究结果可知，城镇空巢家庭老年人抑郁的发生受婚姻、年龄、文化程度和经济状况等因素影响。丧偶组的老年人抑郁程度最严重，未婚组次之。这可能由于孤寡老年人属于弱势空巢家庭，缺乏非正式支持网络。研究表明，非正式支持网是一种层次性的网络，[①]夫妻关系是非正面支持中最有活力和最有保障的支持性因素，老年人倾向于从配偶那里获得精神支持和日常生活照顾，配偶在空巢老年人支持中的作用不可忽视。当子女成家立业之后，配偶就成为老年人的精神支柱，此时如果再丧偶，往往给老年人带来严重的心理缺失感和痛苦。老人表现为生活较为孤独，没有亲密的交流对象，不能很好调节自己的生活和情绪，无助感较强，情绪低落，容易产生抑郁情绪；若这种情绪过于强烈持久，将会产生明显的老年抑郁症状。

从文化程度上分析，文化程度低的空巢老年人发生抑郁情绪的比例大，文化程度偏低，随之可能导致社会地位、经济地位低下，缺乏自我保健意识，这些都可能给老年人带来负性情绪。在年龄上，笔者研究并未显示随着空巢老年人年龄的增加，抑郁发生率增加的趋势，这与国内多数报道一致。这可能是由于年龄大的老人年轻时经历苦难太多，故适应能力较强，对生活要求不太高有关；经济收入作为生存的必要条件对空巢老年人抑郁情绪发生率的影响不容忽视。调查表明，低收入的空巢老年人抑郁情绪发生率高于高收入者，原因是一定的经济收入是不断提高老年人生活质量、改善抑郁情绪的物质基础。

本文针对上述结果提出以下对策。第一，全社会应重视空巢家庭老年人这个特殊群体，多进行关爱，多提供正式支持，尤其是精神和心理支持，以预防和减少空巢老年人抑郁的发生。措施上可建立老年人交流俱乐部、老年关怀机构等场所。针对经济收入低的空巢老年人抑郁发生率较高的情况，建议政府修改现行的居民最低生活保障制度，适当提高空巢老年人的补贴标准，以达到最基本的生活保障。社区应积极开展相关知识宣教和组织相关的关爱活动，为老年人提供预防保健和健康促进服务。全社会对孤寡老年人应给予特别的温暖和心理关爱，社区健康教育也应把老年人再婚教育作为增加社会支持的一项重要内容，鼓励和帮

---

① 李兆良、高燕：《城镇“空巢”家庭老年人社会支持状况调查分析》，《医学与社会》2008 年第 1 期。

助单身老年人积极寻找合适伴侣。[①] 对有较严重抑郁情绪的老年人，全社会应该进行积极有效的心理干预和心理疏导服务。

第二，提倡子女对老年人不仅生活上要全面照护，更要在精神上积极赡养。子女常回家看望老人，与老人团聚。子女对老人生活的精心照料护理，亲情的慰藉和心理的温暖，和老人面对面的心理沟通和情感交流，能够增加对老人的心理支持，可在很大程度上减少空巢老年人抑郁情绪的发生，以解父母的思念牵挂之苦。对于丧偶的老年人，子女应该打破传统的禁锢，鼓励其再婚，找到自己喜欢的伴侣，这样有利于老年人摆脱抑郁心理。

第三，从空巢家庭老年人自身来看，空巢老年人应正确面对和认知空巢的现实，保持积极的健康心态，以积极的思维看待自己和空巢带来的各种问题，努力提高自我调节能力，多参加社会活动和健身锻炼，琴棋书画，陶冶情志，修身养性，丰富自我的精神文化生活，提高自身的适应能力，积极做到老有所为，老有所乐，有助于预防和减少抑郁的发生。

（原载《医学与社会》2008 年第 10 期）

① Kurlowicz L H, HICHE, Faculty. Nursing Stand or Practice Protocol, *Depressionin Elderly Patients. Geriatric Nursing*, Vol. 18, 1997, pp. 192 – 199.

城镇“空巢”家庭老年人社会支持状况调查分析

“空巢家庭”是指无子女共处，只剩下老年人独自生活的家庭。国内外统计空巢家庭主要指老年人独居户和老年夫妇户。[①]“空巢老年人”是指不与子女居住在一起的老年人，包括无子女或与子女分开居住的老人。资料显示，我国目前“空巢家庭老年人”有2340万之多，并有急速增加的趋势。预计2030年空巢家庭的比例将达到90%，届时我国老年人家庭将“空巢化”。[②]空巢家庭老年人由于情感慰藉、健康医护和生活照料等方面的缺乏，极易出现“空巢综合征”，严重地影响空巢家庭老年人的身心健康。全社会应积极关注空巢老年人的生存状况，尤其要关注那些需要社会支持的独居、高龄、受教育程度低的空巢老年人。

研究调查显示，1个百分点家庭社会支持的上升，可以带来13个百分点死亡可能性的下降。[③]国外心理健康状况和社会支持的相关分析结果发现，社会支持对心理健康有着积极的影响，它是影响生活满意度的一个重要因素。[④]社会支持是他人提供的一种资源，告知某人他是被爱、被关心、被尊重的，他生活在一个彼此联系且相互帮助的社会网络当中；除了情感支持外，他人还可以提供有形的物质支持和信息支持等。发达国家对空巢家庭现象研究较早，国内关于空巢家庭老年人的研究刚起步，研究内容多是一些综述和对空巢家庭老年人生活状况、躯体健康状况等方面的分析，对空巢家庭老年人的社会支持状况的研究尚不多见。本文

---

① 柏云端：《关于空巢家庭养老问题的几点分析》，《甘肃农业》2006年第6期。

② 国务院人口普查办公室：《国家统计局人口和社会科技统计司，中国2000年人口普查资料》，中国统计出版社2000年版。

③ ［美］格里格·津巴多：《心理学与生活》，王垒译，人民邮电出版社2004年版。

④ 崔丽娟：《城市老年人社会支持网络和生活满意度的研究》，《心理学报》1997年第20期。

采用社会支持评定量表（SSRS）及自编的一般情况调查问卷，对376位60岁以上的城镇老年人进行调查，数据用SPSS12.0分析处理。通过调查，分析城镇空巢家庭老年人的社会支持状况及对支持的利用程度，对增进老年人身心健康，提高其生活质量提出相关改进意见。

一　对象与方法

（一）调查对象

调查对象为60岁以上的城镇老年人，主要来自长春市及外围县市。共发问卷470份，回收有效问卷376份，有效回收率80%。其中男性238名，占63.3%；女性138名，占36.7%。年龄在60～70岁之间的188名，占50.0%；71～80岁的172名，占45.7%；81～88岁的16名，占4.3%。空巢老人206名（其中与配偶同住的156名，独居的50名），空巢比例为54.8%。

（二）调查工具

本研究采用有关专家修订的社会支持评定量表（SSRS），[①] 该量表具有较好的信度和效度。量表共计10个条目，3个维度：客观社会支持（3条），包括可见的或实际的支持，包括物质上的直接援助、社会网络、团体关系的存在和参与；主观社会支持（4条），包括个体在社会中被尊重、支持、理解的情感体验和满意程度；社会支持利用度（3条），指个体对支持的主动利用程度，包括个体在遭遇烦恼时的倾诉方式和对团体活动的参与程度。量表计分方法：第1～4、8～10条，每条只选一项，选择1、2、3、4项分别计1、2、3、4分；第5条分A、B、C、D四项计总分，每项从无到全力支持分别计1～4分；第6、7条如回答“无任何来源”则计0分，回答“下列来源”者，有几个来源就计几分。客观支持得分：2、6、7条评分之和，记为S1；主观支持得分：1、3、4、5条评分之和，记为S2；对支持利用度得分：8、9、10条评分之和，记为S3；社会支持总分：S1 + S2 + S3，记为SS。各项均为分值越高，社会支持

---

① 肖水源：《社会支持评定量表的理论基础与研究应用》，《临床精神医学杂志》1994年第2期。

越多。

（三）统计方法

被试在专业人员的统一指导下，在规定时间内独立完成问卷，并当场回收。在由评定对象自行填写各种量表之前，调查者将量表的填写方法讲解清楚，然后由评定对象做出独立的、不受任何人影响的自我评定。对因文化程度低及视力差等无法自行填写问卷的则改由调查人员提问、研究对象回答、调查员代填的方式进行。在整理数据的过程中剔除漏答的及背景资料填写不完整的无效问卷。在施测过程中，对老年人提出的问题做必要的解释。全部问卷资料经核实进行统一编码，用 SPSS12.0 软件进行统计分析处理，采用 t 检验和单因素方差分析的统计学方法。

二　结果

（一）城镇老年人社会支持的总体状况

376 位老年人总社会支持得分平均数为 34.73，最小值为 13.00，最大值为 50.00。得分在 30 分以下的有 102 名，占 27.1%；在 30 ~ 40 分之间的有 186 名，占 49.5%；40 分以上的有 88 名，占 23.4%。

（二）不同生活方式的城镇老年人社会支持差异比较（见表 1）

表 1　　不同生活方式的城镇老年人社会支持差异比较（x ± s）

项目	与子女同住（n = 158）	与配偶同住（n = 156）	独居（n = 50）	F	P
S1	8.68 ± 2.32	8.62 ± 2.85	4.64 ± 2.60	25.760	0.000
S2	20.20 ± 3.89	19.19 ± 3.83	15.72 ± 3.52	13.092	0.000
S3	8.06 ± 1.99	7.32 ± 2.11	6.56 ± 1.94	5.960	0.003
SS	36.95 ± 6.13	35.13 ± 7.02	26.92 ± 6.07	22.629	0.000

单因素方差分析表明，三组在社会支持上有显著差异（$P < 0.01$），两两比较发现，与子女同住组和与配偶同住组之间无显著差异，但这两组明显高于独居组。

（三）城镇空巢家庭老年人社会支持在婚姻状况上的差异（见表2）

表2　　不同婚姻状况城市空巢家庭老人社会支持差异比较（x±s）

项目	在婚（n=170）	未婚（n=6）	丧偶（n=30）	F	P
S1	8.38±2.92	3.00±1.00	4.47±2.72	15.888	0.000
S2	18.98±3.81	16.67±4.93	15.13±3.72	6.756	0.002
S3	7.38±2.10	7.00±2.65	5.80±1.42	3.849	0.025
SS	34.73±6.96	26.67±3.11	25.40±6.42	13.123	0.000

经单因素方差分析表明，三组在社会支持上有显著差异（$P<0.01$），如表2所示，在婚组最高，未婚组其次，丧偶组最低。

（四）不同教育程度城镇空巢家庭老年人社会支持差异比较（见表3）

表3　　不同教育程度的城市空巢家庭老人社会支持差异比较（x±s）

项目	小学以下（n=52）	中学（中专）（n=78）	大专及以上（n=76）	F	P
S1	6.35±3.40	7.77±2.96	8.42±3.27	3.308	0.041
S2	17.27±4.20	18.74±3.80	18.68±4.11	1.259	0.288
S3	6.27±2.03	7.41±2.01	7.45±2.09	3.129	0.048
SS	29.88±7.88	33.92±6.90	34.55±7.76	3.360	0.039

表3数据显示，在客观支持和对支持利用两个维度上不同教育程度组之间有差异（$P<0.05$）。

（五）城镇空巢家庭老年人社会支持在年龄、经济收入和性别上的差异

单因素方差分析结果表明，在总社会支持上不同年龄组没有显著差异（$P>0.05$），但在主观支持维度上三组有差异（$P<0.05$），60～70岁年龄组最高，71～80岁年龄组其次，81岁以上年龄组最低。城镇空巢老年人社会支持在经济收入上没有显著差异（$P>0.05$），但随经济收入的增高，社会支持在各个维度上略有增高。独立样本t检验发现，在社会支持上男女空巢老年人没有显著差异（$P>0.05$）。

三　讨论

本次调查结果显示，城镇空巢家庭老年人社会支持状况不容乐观，独居老年人社会支持最低，其次是与子女同住的老年人，与配偶同住的老年人最高。社会支持网一般分为非正式和正式的两种：非正式的包括家庭成员、亲友和近邻；正式的包括社会团体组织系统。非正式支持网是一种层次性的网络，夫妻关系和亲子关系处于核心位置，是非正式支持中最有活力和最有保障的支持性因素。老年人倾向于从配偶那里获得精神支持和日常生活照顾，子女大多发挥“拾遗补阙”的作用，提供不密集、短时间的支持，配偶提供支持的持续时间最长、可能性最大并且支持范围也最为广泛。随着独生子女家庭的增加以及子女与父母分开居住的发展趋势，配偶在老人支持中的作用更加不可忽视。子女成家立业，已远走高飞，配偶就成为老年人的重要精神支柱，此时如果再丧偶，往往给老年人带来严重的心理缺失感和孤独感。

有研究表明，独居老年人在心理健康、社会功能、日常生活能力方面都明显弱于与子女或与配偶同住的老年人。[①] 孤寡老年人属于弱势空巢家庭群体，全社会对孤寡老年人应给予特别的关注，社区健康教育也应把老年人再婚教育作为增加社会支持的一项重要内容，鼓励和帮助单身老年人改变传统观念，积极寻找合适的伴侣，[②] 这是增加社会支持的一项十分重要的内容。

城镇空巢家庭老年人的主观支持维度，随年龄的增长而逐渐下降。可能是老年人随年龄的增长，身体状况变差，生活圈子缩小，社会活动与人际交往也相应减少的缘故。从已有的老年人年龄性别分布调查来看，由于女性一般比男性的平均寿命长，在高龄老人家庭女性的比例明显高于男性，高龄空巢老人的许多问题实际上是空巢高龄女性老人问题。空巢高龄女性是老年人群中的脆弱群体，也是最需要关注的群体，她们不像男性那样有着较为广泛的交际圈和更为丰富的社区活动，更容易感到

---

① 邢洁、胡继春：《“空巢综合症”的社会治疗》，《医学与社会》2006 年第 6 期。

② 罗惠芳：《空巢家庭问题的研究现状》，《现代护理》2006 年第 7 期。

孤独和抑郁。所以不仅应在生活的各个方面给予支持，更要从精神上给予关怀。

在受教育程度方面，城镇空巢家庭老年人在客观支持和对支持利用两个维度上，随文化程度的提高而增高。受教育程度高者，不仅在其求学过程中是一个社会网络资源的积累过程，而且可以通过同学关系与不同职业的人建立多元关系，并且也有更多的机会参与各种学术的和非学术的社团，从而获得更高效益的社会网络资源。社会学认为，一个人所受教育越高，其精神需求就越大，就越乐于和他人进行交往，社会支持状况就越好。在经济状况方面，城镇空巢家庭老年人在社会支持各个维度上随经济收入的增加而略有增高，但没有显著差异。本次调查的大多数空巢老人都有比较固定的经济收入，88.3%的空巢老年人都有退休金，老年人在离退休前的职位和社会关系对其有延伸式的影响，使他们在进入晚年后比其他人优先得到更丰富的照顾资源，在获取娱乐、社交、医疗等方面的家庭外部支持资源上也更容易。

空巢家庭作为人口老龄化过程中比较突出的社会现象，对社会发展具有一定的影响，是当前和今后政府和社会必须高度重视的问题。针对部分空巢老年人面临着经济困难、缺乏照料和精神孤独等问题，全社会应切实解决好对空巢老年人的照料和心理关爱，妥善安排好其晚年生活，积极构筑社会网络的支持系统，通过开办老年大学，鼓励“再婚”，提高生活照料和精神慰藉等形式增加其社会支持，这不仅是广大空巢老年人及其子女的迫切要求，也是应对人口老龄化、保障社会稳定、促进经济发展的客观要求。

（原载《医学与社会》2008 年第 1 期）

医护人员工作压力状况及与职业倦怠关系调查分析

职业倦怠（bornout）是用来描述那些供职于助人行业（helping professions）的人因工作时间过长、工作量过大、工作强度过高所经历的一种身心疲惫不堪的状态，[①] 是指个体因不能有效应对工作上延续不断的各种压力而产生的一种长期性反应。它有三个核心成分：情绪衰竭、低个人成就感及去个性化。[②] 国外的职业倦怠研究最早是从医护人员开始的，已有的研究发现，医护人员是职业倦怠的高发群体，且医护人员职业倦怠对于医疗质量、对于自身的职业发展和生活都有消极影响。[③] 我国医患比重大大低于发达国家，医护人员的工作负荷过重，承担的压力大，潜藏着倦怠发生的高危因素。[④]

国外研究发现，相当一部分医护人员出现情绪疲惫、缺乏个人成就感等职业倦怠症状。国内的医护人员也面临着职业倦怠的困扰，医护人员的服务对象是人的生命和健康，承受长期的压力是无法避免的。因此，压力是医护人员职业倦怠产生的首要原因。[⑤] 然而国内对医护人员职业倦怠的研究并不多见，尚无关于医护人员工作压力与职业倦怠的关系研究，本研究采用自编的医护人员工作压力调查表和国际通用的 Maslach 倦怠量

---

① Shirom A, *Job－releted burnout: Areview In Quick J C, Tetrick L E. Eds, Handbook of occupational health psychology*, AmPsychol Associat, 2003, pp. 245－264.

② Maslaeh C, Sehaufeli W B, Leiter M P, Job Burnout, *Ann Rev Psychol*, Vol. 52, 2001, pp. 97－422.

③ Iacovides A, Fountoulakis K N, Kaprinis S T, The relationship between jobstress, burnout and clinical depression, *J Affect Dis*, Vol. 75, 2003, pp. 209－221.

④ 曾玲娟、伍新春：《国外职业倦怠研究概说》，《沈阳师范大学学报》（社会科学版）2003 年第 1 期。

⑤ 张铁山、李殿富：《医务人员工作倦怠——一个不容忽视的问题》，《中国医院管理》2004 年第 9 期。

表（MBI－HSS）对264名医护人员进行调查，对医护人员工作压力状况及与职业倦怠的关系作初步探讨，对预防和降低医护人员职业倦怠以及提高医疗质量具有重要的意义。

一 资料与方法

（一）对象选择

采用整群随机抽样的方式在长春市4所医院选取对象，共发放问卷280份，收回问卷271份，有效问卷264份。其中男性113人（42.8%），女性151人（57.2%）；年龄30岁以下87人（32.9%），31～39岁124人（47.0%），40岁以上53人（20.1%）；从学历分布来看，中技53人（20.1%），大专68人（25.8%），本科79人（29.9%），本科以上64人（24.2%）；医生108人（40.9%），护士156人（59.1%）。

（二）方法

采用自行编制的医护人员工作压力调查表，该调查表由16个问题组成，分别测查医护人员的工作压力来源、总的工作压力强度以及具体的8个方面的工作压力的强度等，问题主要采用Likert量表形式，分5级记分，经检验，该问卷总的信度为0.8362，修正后的分半信度为0.8675；Maslach倦怠量表－国际通用版（MaslachBurnoutInwentory－HumanService-Survey，MBI－HSS）问卷共22道题，包括3个维度：情绪衰竭、低个人成就感和去个性化。情绪衰竭是描述情绪过度疲惫和逐渐增加的衰竭感觉，包括9道题；个人成就感是描述工作时的完美感，有竞争力和成功的体验，包括8道题；去个性化是描述对待服务对象冷漠、像机器一样的非情感性反应、个体倒退等，包括5道题。采用7点记分方法，0代表“从不”，6代表“非常频”。在情绪衰竭和去个性化方面，得分越高，倦怠程度越强，得分越低，倦怠程度越弱；在个人成就感方面，得分越高，倦怠程度越弱，得分越低，倦怠程度越强。本次调查情绪衰竭、低个人成就感和去个性化的内部一致性系数分别为0.87、0.82、0.86。

（三）统计学方法

采用等级相关分析。

二 结果

（一）医护人员的工作压力状况

通过开放式问题调查了医护人员在最近一年里所面临的最大工作压力来源，结果在264名医护人员回答中，使医护人员最感压力的工作事件前几位的依次是医疗事故压力（87人，32.9%）、工作负荷压力（45人，17.1%）、医患关系压力（42人，15.9%）、职业声望压力（33人，12.5%）和聘任压力（31人，11.7%）。本组医护人员总的工作压力强度为3.79±0.84，医疗事故压力3.96±0.98，工作负荷压力3.82±1.03，职业声望压力3.57±1.34，医患关系压力3.43±1.03，聘任压力3.14±1.27，角色职责压力3.05±1.13，职业发展压力2.01±1.04，工作与家庭冲突压力2.45±1.12。在8个方面的工作压力中，压力强度超过中值3的有7个，只有工作与家庭冲突压力的平均值低于3。

（二）医护人员的工作压力与职业倦怠的关系

8个方面的工作压力有5个方面与职业倦怠的情绪衰竭维度呈显著正相关，医患关系压力与职业倦怠的三个维度都呈显著正相关，见表1。

表1　　医护人员工作压力与职业倦怠之间的关系

工作压力	情绪衰竭	去个性化	低个人成就感
医疗事故压力	0.189*	0.056	0.067
工作负荷压力	0.176*	0.161	0.078
医患关系压力	0.297**	0.285**	0.146*
角色责任压力	0.103	-0.036	-0.016
聘任压力	0.186*	0.042	0.038
职业声望压力	0.061	-0.039	0.056
工作—家庭冲突压力	0.052	-0.035	0.047
职业发展压力	0.156*	0.052	0.055

注：* $P<0.05$，** $P<0.01$。

三 讨论

本调查结果表明，当前医护人员所面临的工作压力较多，压力强度较大。这些压力既有来自医护人员这一助人职业特殊性方面的压力，也有来自医护职业在社会大环境中的声望的压力。医护人员的工作对象是患者的健康和生命，这决定了医护人员的工作压力比较大。首先是医疗事故的压力以及患者和患者家属的压力。医护人员要经常面对急症抢救、生离死别、疾病威胁、技术更新，经常处于一种应激状态。一个患者的死亡对医护人员的心理影响比每天处理危重患者产生的心理影响大得多。垂死和死亡现象作为一种刺激因素除造成医护人员的直接心理压力外，还会导致继发影响，会使医护人员产生一种紧张感，认为自身工作中的很小失误或差错，都可能导致患者死亡，在这种心理状态下更易发生差错和医疗事故。职业的性质决定了医护人员日常工作量大且烦琐，工作时间相对不确定，生活缺乏规律，经常处于一种不良的工作环境中，加之临床上患者病情变化多端，不确定因素多，让人难以捉摸，随时随地都有新的变化，要求医护人员认真观察，详细记录，并迅速做出反应，同时还要满足患者的各种合理需要，尊重患者的各种权利，避免医疗差错、事故的发生，这些都会产生工作压力。

另外，与其他学科相比，医学还是一门很年轻的学科，临床医学是一门高技术性、高风险性、高探索性的行业，医学本身面临很多无奈，可是社会对医学的期望却是“手到病除，起死回生”。医护人员的很多无奈得不到社会的理解，给医护人员的工作也带来了巨大的压力，高期望值意味着高失望，所以医生一边行医还要一边防范患者不满而引起的重重纠纷。缺乏正确的社会评价也会导致医护人员职业倦怠的产生，使他们对自己的工作意义产生了怀疑，降低了个人成就感。某种程度上说，医护人员感受到多方面的工作压力是必然的。

本研究发现65.3%的医护人员认为自己面临较大或很大的工作压力。对于过大的工作压力，医护人员应采取积极的措施，包括寻求必要的心理干预和组织调整，以缓解和降低这些压力。从工作压力与职业倦怠的关系来看，5个方面的工作压力与职业倦怠的情绪衰竭维度呈正相关。情绪衰竭是指个人认为自己所有的情绪资源都已经耗尽，感觉工作特别累，压力特别大，对工作缺乏动力，在工作中会有挫折感，甚至出现害怕工作的情况。[①] 医疗事故、医患关系、工作负荷、聘任压力、职业发展等压力使医护人员面临相对高的心理能力和资源消耗，容易导致其出现情绪衰竭状况；[②] 医患关系压力和工作负荷压力与去个性化维度呈正相关；医患关系压力与低成就感维度有显著正相关。医患关系是当代医学的一个核心问题，医德规范要求医护人员必须和患者建立一种和谐、融洽的医患关系，这也是医疗过程顺利进行的基础。

医院是一个复杂多变的环境，也是一个充满焦虑、沟通障碍的场所。医护人员每天要面对饱受疾病折磨、心理状态不同、文化层次不同的各类患者，同时还要面对患者及其家属的愤怒、恐惧、悲伤等情绪变化，医护人员没有选择余地，只有全身心地投入，面带微笑，忍受委屈，以维护良好的医患关系。这说明工作压力与职业倦怠的关系较为复杂。通常认为二者关系密切，现在看来，不能笼统地下此结论，必须具体到不同来源的工作压力以及职业倦怠的不同维度。从本研究的结果看，工作压力与职业倦怠的相关关系主要体现在工作压力与情绪衰竭的关系中。

本研究提示，在今后的医院管理中，应重视医护人员的职业倦怠现象，并采取积极有效的措施，包括医护人员个体方面的努力，正确认识职业倦怠，提高自我调节能力，采取积极的态度和措施，坚持正确的信念和职业理想；建立社会支持网络，对医护人员持合理期望，进行必要的专业心理干预；加强医院科学管理，建立良性支援机制，[③] 以预防和降低医护人员职业倦怠的发生，从而提高医护人员的工作生活质量和医疗效率。

［原载《吉林大学学报》（医学版）2006 年第 1 期］

---

① 李超平、时勘、罗正学：《医护人员工作倦怠的调查》，《中国临床心理学杂志》2003 年第 3 期。

② 赵玉芳、张庆林：《医生职业倦怠研究》，《心理科学》2004 年第 5 期。

③ 李兆良、高燕、冯晓黎：《论医护人员职业倦怠的原因与对策》，《医学与社会》2005 年第 6 期。

论医护人员职业倦怠的原因与对策

职业倦怠（burnout）是弗鲁顿伯格（Freudenberger）于1974年首次提出的，他用“burnout”一词来描述“那些供职于助人行业（helping professions）的人因工作时间过长、工作量过大、工作强度过高所经历的一种疲惫不堪的状态”,[①] 是指个体因不能有效地应对工作上延续不断的各种压力而产生的一种长期性反应。职业倦怠已经成为不可忽视的职业病,[②] 是近年来工业和组织心理学及职业健康领域的一个研究热点。[③] 有研究表明，医生的职业倦怠感整体上比较严重。[④] 国内已有一些研究发现，相当一部分医护人员出现情绪疲惫、缺乏个人成就感等职业倦怠症状。[⑤] 职业倦怠影响个体的工作，包括工作满意度降低、工作效率下降、缺勤、离职、与家人同事的冲突增加等。[⑥] 职业倦怠的这种消极影响，使得职业倦怠成为健康心理学的研究热点问题之一。

医护人员经常要与不同的患者打交道，这就要求他们既要具有较强的业务能力，同时也要具备较强的人际关系处理能力。此外，医护人员面对的是患者的健康和生命，决定了医护人员的工作压力比较大，工作时间相对其他职业的人员来说具有相对的不稳定性，这就使得医护人员成为职业倦怠的易发群体。医护人员职业倦怠的存在，极大地影响了我国医疗质量和医护人员的身心健康，作为医护人员工作的直接对象，患者首当其冲地成了医护人员职业倦怠的受害者。因此，无论从关心医护

---

① Schwab R L, *Teacher Stress and Burnout*, Handbook of Research on Teacher Education. Sikulan Editor, Macmillan, 1996.

② 郭思、钟建安：《职业倦怠的干预研究述评》，《心理科学》2004年第4期。

③ 唐莉、赵玉芳：《国外职业倦怠研究的进展》，《社会心理科学》2004年第2期。

④ 赵玉芳、张庆林：《医生职业倦怠研究》，《心理科学》2004年第5期。

⑤ 李超平：《医护人员工作倦怠的调查》，《中国临床心理学杂志》2003年第11期。

⑥ Cordes C L, Dougherty T W, A rewiew and an inte – gration of research on job burnout, *Academy of Management Review*, Vol. 18, No. 4, 1993, pp. 621 – 656.

人员和患者健康的角度还是从重视中国医学事业发展的角度，我们都应积极关注医护人员的职业倦怠。

一 医护人员职业倦怠产生的原因

（一）医护人员职业的心理压力

医护人员是一个特殊职业群体，需要经常与不同的患者及其家属打交道，经常面对重症抢救、生离死别、传染威胁，技术更新，职业的性质决定了日常工作量大且烦琐，工作生活时间相对缺乏规律，经常处于一种不良的工作环境中；加之临床上病人病情变化复杂，不确定因素多，要求医护人员认真观察，详细记录，并迅速做出反应；同时还要满足病人的各种合理需要，尊重病人的各种权利，避免医疗差错、事故的发生，这些都会产生工作压力。医护人员有时要面对危重病人，面对死亡。一个病人的死亡对医护人员的心理影响比每天处理危重病人产生的心理影响大得多。抢救垂死和死亡现象作为一种刺激因素除造成医护人员的直接心理压力外，还会导致继发影响，会使医护人员产生一种紧张感，认为自身工作中的很小失误或差错，都可能导致病人死亡，在这种心理状态下更易发生差错和医疗事故。医护人员在面对危重病人时可产生强烈的情感反应，会感受到病人家属和病人生离死别的焦急、惊吓和深切的悲伤，思想上产生极度紧张，造成了医护人员的心理压力。

（二）复杂的医患关系和医际关系

医患关系是当代医学的一个核心问题，医德规范要求医护人员必须和病人建立一种和谐、融洽的医患关系，这也是医疗工作顺利进行的基础。医院是一个复杂多变的环境，也是一个充满焦虑、沟通障碍的场所。医护人员要面对饱受疾病折磨、心理状态不同、文化层次不同的病人，同时还要面对病人及其家属的愤怒、恐惧、悲伤等情绪变化，医护人员没有选择余地，只有全身心地投入，面带微笑，以维护良好的医患关系。医护人员与其他卫生工作人员之间的关系也会使医护人员产生工作压力。医护人员不仅要处理好医患关系，还要处理好医务人员之间的关系。现实中医务人员有着不同的个性特点，有时会出现相互不配合、袖手旁观、相互埋怨、推卸责任。这些矛盾和冲突无形之中增加了医护人员的工作压力。

（三）人格特征

人格特征是职业倦怠一个不可忽略的影响因素，具有某些人格特征的医护人员容易成为职业倦怠的高发群体，如怯懦、自卑、孤僻、狭隘、缺乏耐性、神经质和低自尊的人，在面临压力时，往往不能采用恰当的策略加以应付，特别是具有A型人格特质的个体易出现职业心理倦怠。国内的研究表明，A型人格者的情绪疲惫和去个性化程度更高。[①] A型人格特质通常表现为强烈的寻求成就，竞争意识强，行为急躁，动作及语言粗鲁等。研究表明，A型个体血液中的激素成分很多，更容易受到环境的影响，发生心理紧张反应。

（四）诊疗、护理工作的市场化

随着市场经济的发展，诊疗、护理工作将被推向市场。主要表现为医护人员的流动和分布将由市场来调节，诊疗、护理服务的内容也将根据市场需求的变化而变化。社会的发展，使得病人及病人家属的要求越来越高，越来越多，他们主观上认为自己是最急、最重、最需要得到医护人员关心和照料的，而医护人员要为许多病人服务，未做出及时的反应，就会导致医患冲突；工作繁忙及服务对象的不理解导致医护人员心理失衡，表现出不耐烦、脾气暴躁、易怒、言语举止失常。另外，知识的更新、激烈的竞争以及人们对诊疗、护理工作更高的要求，造成了医护人员智能上的压力，对那些在心理上、业务技术上处于劣势的医护人员来说，更易发生内疚、遗憾、灰心或无能为力等一系列身心耗竭综合征。

二 缓解医护人员职业倦怠的对策

（一）医护人员个体方面的努力

1. 正确认识职业倦怠

解决职业倦怠的关键在于个体应意识到职业倦怠并不是在一生中只

① 蒋奖：《医护人员工作倦怠与A型人格、控制点的关系研究》，《心理科学》2002年第2期。

发生一次的现象，它可能一次又一次地影响着医护人员的工作和生活。如果医护人员学着识别自身职业倦怠的症状，并在发生之前意识到它，那么医护人员就可能很快地恢复平衡，而不需要一个较长的恢复时期。因此，医护人员应对职业倦怠持积极的态度，以积极的应对方式提高医护人员心理适应能力，正确认识职业倦怠的各种症状，以便及早解决问题。

2. 提高自我调节能力

要建立科学、健康的工作方式，制定切实可行的目标，建立合理的专业期望；要有张有弛，进行科学的时间管理，找到适合自己的方式，进行充分的休息和放松；要不断学习，进行人际关系和社会技能知识的培训，来提高个体的应对能力；要加强团队建设，建立社会支持系统；要通过心理疗法及时倾诉、反思人生、定期运动等方式松弛情绪。

3. 采取积极的态度和措施

积极的应对方式可以使自己有效地面对心理应激，重新恢复心理的平衡。作为医护人员个体，必须采取适当的措施，包括有意识地观察自己的工作环境、良好的自我暗示、反省自己的失误、及时处理问题、灵活地做出反应和学会适应。此外，还应主动争取广泛的社会支持，如多参与社会活动，多与社区邻里保持联络，获得理解和尊重；多与同事联系，密切协作，分享诊疗经验等。

4. 坚持正确的信念和职业理想

医护人员的信念和职业理想是医护人员在压力下维持心理健康的重要保证。对某一事业的信念和理想是职业倦怠的最好缓冲剂。因此，坚定正确的医疗观念和积极的信念，培养对医学事业和对患者无私的爱与奉献精神，对防止医护人员职业倦怠是至关重要的。

（二）建立社会支持网络，对医护人员持合理期望

1. 提高实习期间培训和在职培训的质量

高质量的培训是缓解医护人员职业倦怠的间接途径。一方面在实习期间，重视培养新医护人员对医学事业特殊性的认识；同时还应把处理压力和职业倦怠的个别策略和技巧教给他们，使他们对未来可能面临的压力有充分的心理准备。另一方面，在诊疗护理过程中，还要继续培训医护人员如何更好地从事诊疗护理工作，而且应唤起他们对本职工作的责任感和兴趣，熟悉仪器设备、规章制度、医院环境等，还应传授人际

交往的技巧。

2. 建立社会支持系统

社会支持系统是个体应对压力的重要外部资源，很多研究显示，支持系统可以使个体减轻压力，延缓倦怠感的产生。建立社会支持网络，首要的是对医护人员形成良好的公共信任氛围。在公共信任、支援的氛围中，医护人员和医院都会表现出信心和干劲，创造更多的社会效益，会使医护人员具有高度的自尊感，及把医学视为一种可追求的事业而对其抱有积极、肯定的看法。

3. 对医护人员职业持合理的期望

对医护人员职业建立合理期望也是非常重要的，医护人员是真实的人，医护人员的能力也是有限的，加上当前医学技术还不能完全解决所有的疾病等一些客观条件的限制。所以，在对医护人员评价时，要从动机与效果、目的与手段辩证统一关系来进行，而不是仅仅从医疗效果来评价。因此，患者家属、患者及社会大众应对医护人员抱有合理期望，以减少医护人员的压力。

（三）加强医院科学管理，建立良性支援机制

1. 改进医院的管理

医院管理不当是医护人员工作不满意的根源之一。医院在管理中，应重视医护人员的职业倦怠，并采取积极的措施，包括必要的心理干预和组织调整，使医护人员处于良好的环境中，来预防和降低医护人员的职业倦怠，以提高医护人员的工作生活质量和工作效率。改进医院管理，首要的就是院长要以身作则，实行开放民主的行政管理，一视同仁，任人唯贤，尊重医护人员，关心医护人员，努力协调好医院中的各种关系，为临床一线医护人员提供一切支持和保障。

2. 建立良好的组织氛围

营造良好的组织氛围是避免或缓解医护人员职业倦怠的重要举措。一方面，医院管理者的支持与关心能有效地减轻医护人员的心理压力，减少心理问题的发生。另一方面，来自同事的支持甚至比来自行政方面的支持更为重要。来自同事的信息支持（如提供某些必要的知识）、实践经验支持（如帮助完成工作任务）以及情感支持能增强对工作情境的控制感，从而降低压力水平和人格解体水平，提高个人成就感和工作表现。

3. 增加对医护人员的支持

大量研究表明，医护人员在解决倦怠时多数倾向寻求他人的支持，其中医院的支持是必不可少的。医院的支持将有助于医护人员解决工作及后顾之忧。具体来说，医院支持应包括精神支持和物质支持两方面，如优化医院的人员配置，改善工作条件，通过管理机制支持医护人员的诊疗、护理工作以及对医护人员的劳动予以认可和积极评价。

（原载《医学与社会》2005 年第 6 期）

网络成瘾大学生心理健康状况调查

网络成瘾是指在无成瘾物质的作用下的上网行为冲动失控现象，它主要表现为由于过度和不当地使用网络而导致个体明显的社会、心理功能的损害，[①] 并伴有和上网有关的耐受性、戒断反应以及强迫性行为等。国内有学者研究表明，大学生中网络成瘾者占 3.6%。[②] 国外研究表明，大学生是网络成瘾的高发人群，成瘾率在 5% ~10%，尤其以男性大学生居多。[③] 美国一项针对本科生的研究发现，8.1% 的大学生有网络成瘾倾向，其中男性成瘾率是女性的 4 倍。[④] 毋庸置疑，网络成瘾已经成为一种新的心理障碍，[⑤] 其严重影响大学生的身心健康、学习和生活，有时甚至还会危及他们的生命。因此，对于网络成瘾大学生进行研究，并在此基础上提出有效的心理干预策略，就显得尤为重要。基于此，本研究探讨网络成瘾大学生心理健康状况，为制定有效的健康教育措施提供依据。

一　对象与方法

（一）对象：整群抽取长春市部分高校 17 ~24 岁 1 ~4 年级的大学本科生 1227 人。

（二）方法：采用现场问卷调查，当场回收。使用网络成瘾诊断标准

---

① 吴汉荣、朱克京：《影响大学生网络成瘾相关因素的路径分析》，《中国公共卫生》2004 年第 11 期。

② 王立皓、童辉杰：《大学生网络成瘾与社会支持、交往焦虑、自我和谐的关系研究》，《健康心理学杂志》2003 年第 2 期。

③ 朱克京、吴汉荣、田书桐：《大学生网络成瘾的成因及干预》，《国外医学社会医学分册》2003 年第 1 期。

④ 衣新发、俞国良：《青少年网络成瘾研究述评》，《中国青年研究》2003 年第 12 期。

⑤ 张朝、于宗富：《网络成瘾——一种新的心理障碍》，《中国学校卫生》2003 年第 5 期。

量表与症状自评量表（SC1－90）。

1. 网络成瘾诊断标准量表：采用美国匹兹堡大学 K. S. Young 教授编制的网络成瘾诊断标准量表，评价内容包括耐受症状、戒断症状、对上网节制失败、为上网甘愿冒险、隐瞒上网的程度、逃避问题及不良感受、上网行为失控及渴望使用网络等 8 个方面，符合 5 条及以上则认为对网络成瘾。

2. 症状自评量表（SCL－90）：该量表具有较好的信度和效度。问卷包含 90 个项目，共 10 个因子：强迫症状、人际关系敏感、忧郁、焦虑、敌对、恐怖、偏执、精神病性、躯体化、其他（包括睡眠与饮食等）。

（三）统计分析：全部问卷资料经核实进行统一编码，用 SPSS 11.0 软件建立数据库并进行统计分析。计数资料进行χ^2 检验，计量资料进行 t 检验。

二　结果

（一）一般情况：本次调查大学生 1227 人，其中男生 403 人，占 32.8%；女生 824 人，占 67.2%。大学生网络成瘾发生率：本次调查有效问卷为 1227 份，全部接触并使用过网络，有 96 人符合网络成瘾诊断标准，网络成瘾发生率为 7.8%，其中男生网络成瘾发生率为 12.66%，高于女生 5.46%，差异有统计学意义（$P<0.01$）。

（二）网络成瘾大学生与非成瘾大学生心理健康状况比较（见表 1）。

从表 1 可见，网络成瘾大学生与非成瘾大学生在整体心理健康状况上差异有统计学意义（$P<0.05$）。

表 1　　网络成瘾与非成瘾大学生心理健康状况比较（x ± s）

因子	网络成瘾	非网络成瘾	t
强迫	2.43 ±0.478	1.95 ±0.582	3.628**
人际关系敏感	2.18 ±0.642	1.89 ±0.629	2.013*
忧郁	2.07 ±0.518	1.78 ±0.742	1.694
焦虑	1.85 ±0.571	1.62 ±0.523	1.905
敌对	2.11 ±0.714	1.65 ±0.556	3.560**
恐怖	1.66 ±0.398	1.41 ±0.446	2.533*

续表

因子	网络成瘾	非网络成瘾	t
偏执	1.99 ±0.629	1.72 ±0.573	2.009 *
精神病性	1.97 ±0.609	1.59 ±0.495	3.259 **
躯体化	1.75 ±0.571	1.48 ±0.489	2.336 *
其他	2.09 ±0.608	1.62 ±0.507	4.017 **
总均分	2.00 ±0.429	1.68 ±0.442	3.220 **

注：* $P<0.05$，** $P<0.01$。

三　讨论

本次调查结果显示，在大学生群体中存在一定比例的网络成瘾者，网络成瘾发生率为7.8%，这与国内外近期的相关研究结果接近。[①②] 本次调查表明，网络成瘾大学生存在的主要心理问题是强迫、人际关系障碍、敌对、精神病性、其他（睡眠与饮食），这4个因子得分要明显高于非网络成瘾大学生。网络成瘾大学生当陷入网络以后，会觉得网络有极大的吸引力，会身不由己地去接触网络，由于长时间沉迷于虚拟的网络世界，容易导致脱离与现实世界的联结，进而出现人际关系问题、敌对情绪、强迫以及其他一些躯体的症状，而且接触时间越久就会产生越大的依赖性，这种依赖性既包括生理的依赖，也包括心理的依赖，最后逐渐发展变成一种强迫性的成瘾行为。本文研究结果提示，有关教育部门应重视网络成瘾给大学生身心健康和学业发展带来的危害，对于网络成瘾大学生群体，应进行及时有效的教育疏导和专业心理干预，对其增加社会支持，让其学会自我心理调适，使其保持心理和谐。[③]

（原载《中国公共卫生》2006年第6期）

① Chou C, Hsiao M C. Internet addiction, suage, gratification, and pleasure experience: The Tawan Colege Students' Case, *Com－puters and education*, Vol. 35, No. 1, 2000, pp. 65－80.

② 林绚晖、阎巩固：《大学生上网行为及网络成瘾探讨》，《中国心理卫生杂志》2001年第4期。

③ 王立皓、童辉杰：《大学生网络成瘾与社会支持、交往焦虑、自我和谐的关系研究》，《健康心理学杂志》2003年第2期。

大学生心理问题193例诊断分析

大学生作为一个特殊群体，是各种心理问题的高发群体。学业压力、人际关系、恋爱、性、就业压力等现实因素的影响，使得大学生容易出现各种心理问题。有研究指出，大学生心理问题呈现出普遍性、扩展性和多样性等特点。[①] 通过查阅和梳理相关文献发现，国内关于大学生各类心理问题诊断分析报道并不多见。本文通过回顾性研究，对接待的193例大学生心理问题进行诊断分析，目的是探讨大学生心理问题的总体情况以及大学生心理问题在不同年级和不同性别中的分布情况，以期为高校对大学生开展有针对性的心理健康教育和心理疏导工作提供参考依据。

一　材料和方法

（一）材料

本文资料是原白求恩医科大学大学生心理咨询中心1999年10月—2001年1月间接待的大学生，有完整咨询记录的共193例，记录包括大学生个人和家庭的基本情况以及咨询的问题类型。按心理档案记载进行心理诊断并按诊断后的结果进行统计分析。心理诊断按国际、国内通用标准确定，把大学生常见的心理问题诊断分为10类，它们分别是人际关系问题、适应环境问题、情绪问题、学习问题、恋爱问题、自卑问题、家庭问题、就业问题、性问题、其他问题。

（二）方法

将诊断后的193例大学生心理问题全部输入计算机，进行一般资料的

---

① 刘萍、方乐坤：《大学生心理健康教育的现状及对策研究》，《重庆大学学报》（社会科学版）2003年第6期。

整理、复选题的次数分析，所有运算均在 SPSS11.0 上进行。

二 结果

（一）一般资料

前来咨询的大学生包括本科生、研究生，年龄在 18～29 岁之间，男生 78 人（40.4%），女生 115 人（59.6%）；大一学生 46 人（23.8%）、大二学生 51 人（26.4%）、大三学生 60 人（31.1%）、大四学生 21 人（10.8%）、大五学生 15 人（7.8%）、研究生 7 人（3.6%）。

（二）大学生心理问题总体情况

情绪问题占的比例最大，其次是人际关系、学习、恋爱、适应环境等问题。71.6% 的大学生进行了情绪问题的咨询，占大学生问题总次数的 26.7%；43.2% 的大学生进行了人际关系问题的咨询，占咨询总次数的 15.4%（见表 1）。

表 1　　大学生心理问题总体情况分析

心理问题	咨询例次	占咨询总次数比例（%）	占咨询总人数比例（%）
人际关系问题	169	15.4	43.2
适应环境问题	109	9.9	26.9
情绪问题	293	26.7	71.6
学习问题	133	12.1	32.4
恋爱问题	119	10.9	28.9
自卑问题	56	5.1	14.3
家庭问题	44	4.0	10.7
就业问题	110	10.0	25.8
性问题	24	2.2	5.8
其他问题	39	3.6	9.7

（三）不同年级、不同性别大学生心理问题占总咨询人数的百分比

不同性别的大学生在学习、情绪、人际关系、恋爱、家庭方面相差

不大，而咨询性问题、就业问题和其他问题的，男生远远多于女生。进一步分析发现，性问题在男生咨询问题中占首位，是困扰男大学生的一个常见心理问题；而咨询就业问题的女生多于男生，说明就业是困扰女大学生的常见问题；从年级来看，咨询就业问题的，大一、大二年级的学生非常少，而到大四、大五年级出现急剧增加的趋势；在适应环境方面，大一、大二年级的学生明显多于其他年级的学生，尤其是大一年级的学生（见表2）。

表2　不同性别、不同年级大学生心理问题占总咨询人数的百分比

	人际	适应	情绪	学习	恋爱	自卑	家庭	就业	性	其他
性别										
男	44.7	51.6	45.1	53.6	49.1	52.4	55.8	39.2	94.7	67.5
女	55.3	48.4	54.9	46.4	50.9	47.6	44.2	60.8	5.3	32.5
年级										
大一	18	59.7	15.6	21.2	15.6	35.7	29.8	2.8	12.6	23.2
大二	27.3	27.6	30.7	25.6	19.9	26.5	26.7	4.5	24.2	18.5
大三	29.6	6.8	26.8	27.5	28.7	15.9	19.0	19.7	32.6	23.4
大四	13.5	5.9	18.9	14.1	16.4	10.8	12.8	30.6	18	20.7
大五	9.3	0	5.4	9.7	16.7	9.4	9.7	42.4	12.6	14.2
研究生	2.3	0	2.6	1.9	2.7	1.7	2	0	0	0

三　讨论

从大学生咨询问题的总体情况来看，情绪问题、人际关系问题、学习问题、适应环境问题、恋爱以及就业问题是大学生主要的心理问题，占92.5%。这一结果与北京大学心理咨询与治疗中心王登峰（1991）的统计结果一致。[①] 大学生的情绪问题特别突出，主要原因是当代大学生处于社会转型时期，面临着来自社会、家庭、学业和就业等诸多压力源，

---

① 王登峰、张伯源：《大学生心理卫生与咨询》，北京大学出版社1992年版，第41—42页。

其年龄和心理特点决定了他们的心理正处于多变的高峰期，情绪、情感体验非常强烈、丰富，往往对那些符合自己信念、理想和观点的事件和行为迅速产生热烈的、肯定的积极情绪反应，反之则会迅速产生否定的消极情绪反应，情绪、情感的两极性特别明显。①

作为教育工作者，加强大学生的心理健康教育具有非常重要的意义。因此，要积极引导大学生用顽强的意志和适当的有效方法去克服不良情绪、情感的影响和干扰，培养其情绪的自我管理和自我调适能力，学会保持健康乐观的情绪和积极的心态，努力完成在校期间的学业，为今后的工作和生活奠定良好的基础。除情绪问题之外，大学生人际关系问题也很普遍，主要表现为沟通不良、交往恐怖、人际关系失调、孤独、缺乏社交技巧等。通过分析不难发现，造成这一问题的主要原因是，大学生个性差异及缺乏各种社会锻炼和人生经验，在人际交往中往往容易表现出以自我为中心、自负、目中无人等问题。只强调自己的感受，忽略对他人的理解和共情，再加上很多大学生都是第一次离家在外，过集体住宿生活，不懂得如何处理与同学之间的各种矛盾，因此各种各样的人际关系问题也成为困扰大学生的主要问题之一。

此外，学习也是大学生咨询的主要问题。毋庸置疑，学习是大学生的主要任务，也是大学生产生心理压力的主要原因。因为大学的学习内容和方法与中学有很大差别，由于很多大学生一时适应不了大学的学习生活和学习方式，而且没有了中学那么明确的学习目标和动力，因此他们会感到无所适从，没有成就感和自我价值感。

通过分析，我们发现，大学新生的环境适应问题也很突出。新生步入大学，面临着从中学到大学生活的急剧转折和角色转换，由于青年初期独立性发展的不完全、社会阅历浅以及他们凡事容易表现出过于理想化等特点，有些学生明显表现出适应障碍。② 处于青春期的大学生由于性生理发育成熟，社会交往范围扩大，他们日益渴望接触异性，了解异性，并希望得到异性的关注和喜欢，恋爱成为大学生普遍的愿望。但是由于大学生的心理发育相对还不成熟，不能很好地处理恋爱以及与异性之间

---

① 李心天：《医学心理学》，北京医科大学中国协和医科大学联合出版社 1997 年版，第 144—145 页。

② 樊富珉：《大学生心理健康与发展》，清华大学出版社 1997 年版，第 31—32 页。

的关系，因此恋爱问题也成为大学生咨询的主要问题之一。

大学生心理问题在年级上存在一定的差异。从年级分布情况来看，一年级到三年级学生的心理问题较其他年级要多一些，到了四、五年级开始下降；总体上看，大学二、三年级学生的心理健康状况最差，一年级学生次之，四、五年级学生较少，研究生最少。从所学专业角度分析，可以认为二、三年级的医学生所学专业的深度、广度及来自各方面的竞争和压力较大，有心理问题的人数就多；在环境适应问题这一项上，具有明显的年级差异，适应问题在大一、大二学生咨询的问题中占首位，说明大一、大二学生的心理困扰主要是环境和学习方法方面的适应问题。不少大学新生在中学时期是学习尖子，进入大学后在学习上优势削弱或消失，精神上容易出现失落感和挫败感。

此外，对于部分学生来说，专业不理想、人际关系紧张、学习乏味等问题会使其情绪低落。另外，个人的性格缺陷也容易导致人际交往障碍，嫉妒、多疑、心胸狭隘、自卑、胆小、拘谨、孤僻、任性、偏激、不宽容、不懂得换位思考和欣赏他人等性格缺陷，都会容易形成人际关系问题和逃避心理，从而导致不能正确认识与处理各种人际关系，这是大学新生存在的普遍现象。① 在就业问题上存在明显的年级差异，就业问题在大四、大五学生咨询的问题中占首位。

当前大学生心理问题中突出的一个就是就业压力问题，基于此，学校相关部门应加强对大学生的职业指导和心理疏导，重点加强市场经济条件下的职业挑战、职业心理、职业选择及职业适应等方面的教育，培养学生良好的职业竞争能力。大学生心理问题在性别分布上，女生多于男生，这可能与女生的敏感、多疑、好依赖、感情细腻、社会对女性的偏见以及更易受周围环境的影响，适应能力较差有关。② 女生在就业问题上表现不自信，因此女生咨询就业问题要多于男生。

在性问题上，男生存在的各种问题和困扰显著多于女生，这可能与男生的性生理需求更加强烈但是性知识少于女生有关，导致一些正常的性心理活动被视为异端和不正常，从而产生各种压抑和情绪波动等心理

---

① Xia Jilin, Psycholoyical Adjustmen of Adaptive Problem of College Freshman, *International Chinese Neuropsychiatry Medicine Journal*, Vol. 5, No. 1, 2004, p. 22.

② 赵冰洁、陈幼贞：《大学生心理咨询问题分析》，《健康心理学杂志》2004年第1期。

困扰。对大学生而言，建议远离低级庸俗的东西，遵守有规律的生活作息制度。经常参加健康的文体活动和建立正常的同学友谊关系，这些都是有效控制和宣泄性欲的积极健康心理活动。

从以上分析可知，要培养大学生健康的心理素质，高校的心理咨询服务工作应针对不同的年级和性别以及对普遍存在的和个别特殊问题采取相应的措施，在对大学生心理问题特点的把握上，对心理问题产生原因的科学分析上，以及对大学生心理健康教育有效途径的选择上等，应引起足够的重视，[①] 采用灵活的原则、积极有效的专业方法，有针对性地区别对待，以达到良好的心理咨询和干预效果。

（原载《中国实验诊断学》2005 年第 4 期）

① 杨丽君：《高校心理健康教育中不容忽视的几个问题》，《江苏大学学报》（高教研究版）2004 年第 1 期。

第四编　积极家庭教育探索

家校合作要有边界意识

当前，家校合作、家校共育问题再次成为教育的热点话题，如何有效整合家校的教育资源，如何充分发挥家校双方各自的教育力量和优势，如何形成良性的家校共育长效机制，如何实现家校合作共育“1 +1 >2”的良好效果，俨然成为广大教育工作者尤为关注的重要主题。

家庭教育和学校教育作为两种最重要的教育形态，有着各自不同的教育分工、职责、原则、任务、内容和相对独立的教育空间，需要双方教育主体加以明晰并严格地遵循，并在此基础上，力争使各自的教育功能发挥至最大化，取得最佳的教育效果。“办好教育事业，家庭、学校、政府、社会都有责任。家庭是人生的第一所学校，父母是孩子的第一任老师，要给孩子讲好‘人生第一课’，帮助孩子扣好人生第一粒扣子。”不可否认，家庭是人生旅程的起点，家庭教育作为教育的根基，在个体的启蒙教育、品格教育和终身教育中具有奠基性的作用，对一个人的道德品质、情绪情感发展、人格健全发展、价值观的形成、为人处世、行为习惯、健康成长等都具有十分重要的影响。“家庭教育不到位，不仅会抵消学校教育的效果，还会给孩子发展造成一定的消极影响。”也就是说，没有家庭教育的积极支持与配合，学校教育很难取得理想的效果。

毋庸置疑，家校合作是实现立德树人教育任务最有效的方式。苏联著名教育家苏霍姆林斯基说过：“没有家庭教育的学校教育和没有学校教育的家庭教育，都不可能完成培养人这样一个极其细微的任务。”事实上，家庭和学校单一任何一方都无法完成对孩子优秀的教育和培养，孩子的健康成长和全面发展需要家校双方各司其职，责任共担，[①] 各尽所能，互相配合，形成强大的教育合力，有效整合各自的教育优势、资源和力量，来协同完成育人这一重要使命。

---

① 王方林:《把握家校合作的教育尺度》,《中国德育》2018 年第 17 期。

所谓家校合作是指家庭与学校之间的互相沟通、对话、互动、分享、理解和配合，作为一种共同交流成长、成人、成才、做人、做事、学习以及教育和管理的有效方式，其目的就在于使学校管理者、教师、家长和学生得以共同参与教育这一公共事业，增进互信，彼此支持，促进合作，以期获得理想的共育效果。

国外近40年的研究表明，当家校能够实现良性互动和有效合作共育时，学生、家庭和学校都可以从中受益，尤其对学生的成长和发展而言，其价值更是显而易见。有学者进行的元分析研究发现，家长充分地参与、理解、信任、支持、配合学校和老师的教育教学工作，对学生的学业成绩、心理健康、幸福感提升、价值观的形成和社会性的发展等都具有十分明显的促进作用。

在家校合作过程中，家庭和学校的责任有着各自不同的定位和侧重，二者之间绝不能彼此替代、越位、越界、迎合和退让。家校合作的目的和真正旨趣在于使双方按照各自的内在要求和规则形成1+1>2的教育合力；在于更好地发挥家庭教育和学校教育各自不同的教育功能、优势和力量；在于有效地整合家校资源和优化育人环境；在于培养孩子具有健全的人格；在于有力促进孩子全面自由地发展；在于共同承担培育孩子健康、快乐、幸福成长的教育责任。

然而，现实的家校合作过程，却存在一些我们不愿看到的“老师不像老师，家长不像家长”相互越界、越俎代庖、无为退让和责任分散等现象。[①] 比如，2016年10月，曾有新闻报道江苏南京一所中学要求高三学生家长轮流替教师代班管理早晚自习和监考的事件，引发相关人员的热议和讨论。再比如，2017年3月，杭州一名二年级妈妈在微博上吐槽学校发放的、由北京师范大学儿童性教育课题组编写出版的《珍爱生命：小学生性健康教育读本》“尺度太大”，称其为“黄色漫画”，致使校方收回该教材，很多学校也因此不敢再采用该套教材对学生进行科学的性教育。又如，许多幼儿园和小学低年级教师给学生留一些超出孩子能力水平极为复杂的家庭作业，如缝布娃娃、编织花篮、做圣诞树等，这样的作业任务对于年幼的孩子来说根本无法完成，为使孩子能正常交差，

---

① 潘小芳、郭瑞迎：《责任分散理论视域下家校责任共同体的构建》，《教学研究》2017年第6期。

无奈只能由家长全部代劳，使得家长苦不堪言，怨声载道，却敢怒不敢言。以上这些真实案例，均是家校主体双方权责界限模糊、相互越界、扩大边界造成的结果，以至于出现学校和老师把家长变成自己的“助教”，老师对家长的强加职责或退让迎合，以及家长对学校教育教学工作的指手画脚和妄加干涉等家校合作过程中的越位、错位等混乱现象。

在家校合作过程中，我们反对“消融界限”并获得超越一切界限话语权的独断做法，主张通过权责分析来澄清和确定各自分明的界限，不得越过各自的界限去试图干涉对方正常的教育活动。毋庸置疑，家校合作的前提是厘清责任。[①] 家校合作的双方作为教育的共同体，应自觉地意识到各自的权责界限，不去趾高气扬唯我独尊地充当另一方的“权威”，操纵和控制对方，也不能各行其是，“以己度人”，更不能“己所欲，强施于人”。而应在各自界限分明的教育场域内，按照家庭教育和学校教育各自内在不同的教育分工、定位、任务、职责、要求和规则，划定界限，厘清权责，互相尊重，和而不同，共生互补，履行好各自的教育使命，遵循好各自的教育原则，扮演好各自的教育角色，约束好各自的教育言行，利用好各自的教育资源，完成好各自的教育任务，充分发挥各自的教育功能，而绝不能抹杀或越过界限，权责不清、彼此替代、自以为是、横加指责或妄加干涉。

需要说明的是，强调家校合作要有边界意识，不应成为家校合作与沟通的障碍，相反，应成为家校主体双方深度合作、良性互动、有效沟通、协同育人的重要前提和基础。家校合作的边界意识是一种新时代的大教育观，是家校主体双方之间平等、开放、自主、协作、互补、共赢的合作关系，是一种积极的家校对话意识、一种理性的家校合作态度、一种智慧的家校共育做法，它能以一种更为恰当的有效方式，使学校更像学校，家庭更像家庭，充分发挥各自应有的教育功能，使真正长期有力、有序、有为、有效的家校沟通、家校互动、家校合作、家校协同、家校共育成为可能，并取得理想的教育效果。

当前，家校合作的必要性和迫切性得到了社会的普遍认同，但不可否认的是，家校合作的现状和成效并不乐观，还存在很多现实问题需要面对和解决。其具体表现在：家校合作过程中存有合作双方主体责任界

① 吴亮奎：《家校合作的前提是厘清责任》，《中国德育》2017 年第 23 期。

限不清，家长与学校的权利边界模糊，[①] 合作流于形式化和表面化，家校主体双方沟通不积极，家校共育缺乏有效协调机制，家庭教育依附或迎合学校教育，家庭教育学校教育化，家庭教育功能弱化，家庭教育功能丧失，家庭教育扩大化，学校教育让步于家庭教育，学校教育家庭教育化，家校合作双方出现越位、错位、越界、干涉、强加、退让、相互推诿、无自我约束力、无规则底线等无序混乱现象，致使家校双方很难形成教育合力。

显然，这些问题的出现与家校合作双方缺乏明晰的边界意识有着密切的关系，此种家校合作并不是我们想要的真正有效的家校合作，没有边界的家校合作也很难取得良好的教育效果。

心理学家认为，意识是指个体对自己以及自己与周围世界的关系有着清晰、明确的觉知、反映、理解和自觉的态度，它涉及个体的知觉、情感、思维、表象、愿望和意志等心理活动。意识具有选择、限制、计划和执行功能，它能帮助个体明了环境信息和采取有效行动，有助于个体对现实的个人建构和文化建构。

边界意识是对人的生活世界各个领域各自“游戏规则”的自律性和自主性保持明确的意识，并在现实的交往互动和合作过程中自觉做到不越界。边界意识坚持的是“相对的确定性”原则，它反对抹杀一切界限的“虚无意识”和“唯我独尊”的话语霸权，认为边界不清和越界是破坏主体双方交往和合作的“罪魁祸首”。

边界意识承认每一个领域都具有各自内在的“有限性”“局限性”“相对性”，任何一个领域的存在都处于一定具体条件和特殊场域范围的“边界”之内，并且强调正是因为这种“有限性”和“相对性”，每个领域才获得了其自身的规定性、自律性、约束性、自主性和时空背景，才具有各自明确的目的、功能、价值和规则，才能有效地规范每个领域中活动主体的行为，才能使交往、交流、对话、沟通与合作真正成为可能。

家校合作的性质、特点、内容、任务和目的决定了家校合作尤其要有明确的边界意识，要有对教育合作主体行为的严格规定、规范和限定。可以说，没有边界的家校合作，不是真正意义上的家校合作。家校合作

① 李润：《试析家校合作中家长集体教育权与学校教育权的冲突》，《成都师范学院学报》2018 年第 6 期。

的边界意识是一种“和而不同”的教育智慧，它强调的是一种多样性的统一，是对家校合作双方主体责任和价值秩序的规定；它要求和规定在家校合作过程中，家校合作主体双方要明晰自身权、责、义的相对性和有限性，理性地把握好家校合作的分寸和尺度，做到“有所为，有所不为”；同时它要求家校合作主体双方要理念一致，步调一致，方向一致，任务明确，各负其责，密切协作，平等沟通，形成合力，共同育人。家校合作的边界意识反对家校合作主体双方边际不清、相互越界、彼此替代、混为一谈、一味迎合、附庸退让，或独断地支配、掌控、强迫和妄加干涉合作的另一方。

作为教育合作共同体的双方，家校之间应该是一种互惠互利、平等共赢的战略合作伙伴关系。厘定和明晰家校双方之间的边界是为了更好地推进家校合作，更有效地实现家校共育。事实表明，没有明确边界意识的家校合作，家校主体双方在合作过程中会失去各自相对的自主性、独立性、规范性和自律性，会丧失自己的人格尊严和道德立场，会导致家校合作规则、秩序和责任的错位、越位和混乱，最终会导致家校合作流于形式，难以有效持久进行下去，也无法真正实现家校合作共同育人的目标。

家校合作的边界意识要求家校合作的双方应自觉意识到各自的主体责任和“游戏规则”，既要明晰自己的边界，又不能越过对方的边界；既不能无知无畏地去妄加干涉另一方的教育活动，唯我独尊地去充当另一方的“权威”和“话语霸权”，又不能无原则地退让和迎合对方。家校合作的边界意识有助于家庭教育和学校教育的主体双方在遵循各自规则的过程中，真正形成一种平等、尊重、信任、理解、互补、配合、支持、良性互动的积极合作关系。

需要说明的是，强调家校合作要有边界意识，其目的绝不是否弃家校合作，恰恰相反，家校合作的边界意识是要限制和避免无边界家校合作的消极后果，真正实现家校合作价值和效果的最大化。也就是说，强调家校合作要有明确的边界意识，并不意味着家校合作双方主体之间是“老死不相往来”的绝对隔绝或二元对立的关系。相反，家校合作双方主体之间可能而且必须进行有效的沟通与合作，实现合作双方的“交互性”和“有效融合”，而非“单向性”和“自说自话”。强调家校沟通、合作和共育的前提条件正是家庭和学校对各自规则限度保持明确的意识，并自觉做到不越界、不错位、不控制、不独断、不迎合、不无原则退让，只有这样，家校合作才能真正取得我们预期想要达到的理想教育效果。

明晰的边界意识有助于“父母更像父母，老师更像老师”，能够有效地促进家庭与学校进行高质量的平等沟通、对话、交流、互动、反馈、协作和共育，能够有助于家校双方明晰各自的权责，消除二元对立关系，达成教育共识，建立合作伙伴关系，发挥各自的教育功能，共同完成立德树人的教育目标和任务，并同时从中彰显和升华出一种家校合作的自觉意识、积极意识、民主意识、尊重意识、平等意识、规则意识、自律意识、宽容意识和共同体意识，避免家校合作双方出现极端、片面、割裂、独断、偏执、过激、推诿、越界等言行。

综合上述，家校合作的边界意识是一种科学的家校合作理论意识，它强调家庭教育和学校教育要在各自的本职范围内划界但不越界，明确各自的责任但不推卸责任，由“边界模糊”走向“边界明晰”，[①] 主张家校合作的主体双方要自觉地恪守各自的教育权利、教育职责和教育任务，采取民主、协商、信任、支持的家校合作方式，[②] 采用共生的价值取向，[③] 彼此尊重，相互理解，积极对话，消除隔阂，良性互动，优势互补，从而有效达成开放多元的统一认识，找到真正属于自己的准确定位，充分发挥家庭教育和学校教育的整合优势，以及家校合作在立德树人中的重要作用，[④] 同时大力推进家校合作共育的制度化、科学化、规范化和长效化的发展，[⑤] 从而共同完成对孩子优秀教育和培养的伟大使命。

（原载《教育家》2019 年第 16 期）

---

① 张雅慧：《学校与家庭教育的权责边界》，《教师教育学报》2018 年第 2 期。

② 朱丽：《基于民主视角的家校合作审视》，《基础教育》2018 年第 4 期。

③ 胡白云、瞿聪、徐彬：《家校合作的价值取向及其实现》，《教育探索》2017 年第 6 期。

④ 刘宇佳：《立德树人视域下中小学家校合作模式的构建》，《当代教育理论与实践》2018 年第 3 期。

⑤ 吴重涵、王梅雾、张俊：《教育跨界行动的制度化特征——对家校合作的经验分析》，《教育研究》2017 年第 11 期。

积极家庭教育引导父母走出焦虑

积极家庭教育以目前国际上流行的积极心理学研究最新成果为理论基础，用实验数据做理论支撑，是一种科学的家庭教育新理念。积极家庭教育倡导家庭教育的积极价值取向，以培养孩子健全的人格为核心，充分发掘孩子自身的积极潜能、力量、优势和美德，让孩子获得更多的积极心理品质，以更好地适应未来的社会和环境，助力其更好地生存和发展。积极家庭教育是对当下中国家庭教育实践困境的积极理论回应，对于以科学的家庭教育替代经验式的家庭教育将是一种有力的推动，能为当代家庭教育提供可资借鉴的科学理论和有效方法，是值得大力提倡和推广的新家庭教育理念。

当前，中国家庭教育所凸显的问题是父母对教育、对家庭、对孩子所持有的功利主义观念，是父母自身科学教育素养的缺失，是父母自身消极的教育心态和教育状态，是父母教育意识和教育责任的缺乏。这些突出的家庭教育问题必然会导致大多数父母持有一种传统的、落后的人性观、教育观、家庭观和儿童观，必然会存在单纯以应试教育为指向的功利化的家庭教育倾向，忽略对孩子成长和社会适应更为重要的人格教育、道德教育、情商教育、幸福教育、人际关系教育、利他教育和良好的行为习惯教育。毋庸置疑，这是一种背离儿童积极天性和时代发展狭隘的家庭教育观。新的时代呼唤一种科学的家庭教育新理念、新理论和新方法。积极家庭教育是国际教育的前沿理念，它以积极心理学为理论基础，用实验数据做理论支撑，是一种积极的人性教育，是一种科学的新家庭教育，是对当下中国家庭教育实践困境的积极理论回应，是以“积极”为导向，充分发掘孩子自身的积极潜能、力量、优势和美德，让孩子获得更多的积极人格品质，更好地适应社会和生存发展。积极家庭教育能够为当代家庭教育提供可资借鉴的科学理论和有效方法，是值得大力提倡和推广的新家庭教育理念。

一　积极家庭教育及其理论基础

积极家庭教育是积极教育的一个重要组成部分，是积极教育理念、方法和技术在家庭教育领域中的实践和运用。积极教育是一个全新的教育理念，是积极心理学过去三年提出的一个新概念，是积极心理学应用的一个分支。积极教育被定义为促进人类全面发展的积极心理品质教育。积极教育是一种科学的教育形态，它以积极心理学为理论基础，用科学实验数据做理论支撑。积极教育倡导品格与学业并重的教育理念，认为积极心理品格教育能够有力促进学生对科学知识的掌握和学业的成功。①

从国际上一些国家推行的积极教育实践来看，积极教育能有效地融入德育课堂，渗透到日常教学、师生交往和同伴交往之中。积极教育能提高学生的学业成绩，能有效预防和减少儿童抑郁、焦虑情绪的出现，能减少学生的缺课率和退学率，能提升学生的幸福感和快乐感。② 目前，国内的江苏省江阴中学、增城高级中学以及清华附小都已经卓有成效地开展积极教育的实践探索。通过对积极教育实验组和对照组的比较研究发现，实验组的学生幸福感显著提升，在朋友关系、师生关系、学业成绩、学校生活、家庭生活和自我积极体验等方面的满意度显著提高，在自我接纳程度、积极主动感、目标意义感、勇气和毅力、环境把控力、人际关系能力和个人成长能力方面显著高于对照组。③

近年来，国际上一些发达国家将积极教育作为教育改革和提升国民幸福指数的一个重要途径。澳大利亚是国际上首个倡导积极教育的国家，美国、英国和北欧国家也在推动积极教育方面进行了有力探索，并取得了卓著的成效。如英国首相卡梅伦上任后的第一件事，就是把积极教育作为国家教育改革的战略目标。美国更是将积极教育倡导者聘为总统的国咨顾问，高度重视积极教育的理念创新和实践推广。

---

① Toni N and Helen M，Prosper：A New Framework for Positive Education. *Psychology of Well - Being*，Vol. 5，2015，pp. 1 - 17.

② James Reveley，Foucauldian Critique of Positive Educationand Related Self - technologies：Someproblems and new directions，*Open Review of Educational Research*，Vol. 2，2015，pp. 78 - 93.

③ 任俊：《写给教育者的积极心理学》，中国轻工业出版社 2010 年版。

2014年12月，由积极心理学奠基人塞利格曼教授倡议，来自各大洲包括中国在内的积极心理学领军人物在美国纽约成立了“国际积极教育联盟”，决定把积极教育作为全球教育改革运动在世界范围内进行推广和普及。国际积极教育联盟的口号和宗旨是在致力于科学知识教育和提升儿童学业能力的同时，对其进行品德教育和幸福教育，两者相互渗透，互相促进，互为补充。2016年7月，首届“世界积极教育联盟大会”在美国达拉斯举行，来自世界40多个国家的专家学者和教育工作者围绕积极教育进行深入交流和探讨，以推动积极心理学和幸福科学在家庭、学校和社会的广泛应用，以及如何在全世界推动一场新时代的教育改革。

积极家庭教育倡导从幸福、价值、品德、生命意义等方面全方位提升孩子的心理能力，充分发掘孩子身上的优势和美德，主张父母在家庭教育过程中，通过对孩子及周围人、事、物所持有的积极态度、积极语言、积极情绪、积极关系、积极解释、积极反应、积极思维、积极应对和积极改变，从而对孩子产生言传身教、潜移默化的积极影响。大量实践表明，积极家庭教育能培养出宽容、乐观、感恩、善良、积极、快乐、阳光、健康、幸福、有理想、有梦想、人格健全、积极进取、内心充满正能量的孩子。①

积极家庭教育的理论基础是目前国际上流行的积极心理学。积极心理学是利用心理学目前比较完善和科学的实验方法，致力于研究人类的长处、力量、优势和美德等积极品质的一门学科，包括道德、自律、善良、理智、感恩、宽容、责任、希望、乐观、坚韧、审美、创造和智慧等，是一门关于幸福的心理学。从价值取向和功能来看，积极心理学不仅强调修补功能，更强调积极建设功能，它以积极的价值观来解读人的心理，试图激发人类内在的积极力量和优秀品质，帮助个体最大限度地挖掘自己的潜能并获得美好的生活。②③

“积极”（positive）一词源自拉丁文“positum”，原意是指“实际而

---

① Martin E P Seligman，Randal M. Ernst，Randal M. Ernst，Jane Gillham，Karen Reivich & Mark Linkins，Positive education：positive psychology and classroom interventions，Oxford Review of Education，Vol. 35，2009，pp. 293 – 311.

② ［美］Alan Carr：《积极心理学——关于人类幸福和力量的科学》，郑雪译，中国轻工业出版社2008年版。

③ ［美］彼得森：《打开积极心理学之门》，侯玉波译，机械工业出版社2010年版。

具有建设性的”或“潜在的”意思，因此现代意义上的“积极”，既包括人外显的积极，也包括人潜在的积极，当代心理学中所谓“积极”，一般是指“正向的”或“主动的”含义。① 积极心理学中的“积极”主要包含有以下三重含义：一是对前期集中于心理问题研究的病理学式心理学的超越；二是倡导心理学要研究人心理的积极方面；三是强调用积极的方式来对心理问题做出适当的解释，并从中获得积极意义。积极心理学的研究范畴主要体现在三个层面：在主观层面上，研究积极的情绪情感体验。包括针对过去的满意感、满足感、成就感和骄傲感等，针对现在的幸福感和快乐感等以及针对未来的期望感和乐观感等。在个人层面上，研究积极的人格特质，包括乐观、爱的能力、美德、勇气、对美的感受力、毅力、宽恕、创造性、关注未来和智慧等。到目前为止，积极心理学具体研究了24种积极人格特质。在群体层面上，研究积极的社会组织系统，主要研究积极的社会大系统（包括国家的法律、法规和政策等）和积极的小系统（家庭、学校、社区和单位等系统）。积极心理学认为人及其经验是在环境中得到体现的，同时环境又在很大程度上影响了人，一个人良好的环境适应性也是一种积极心理品质。②

积极心理学把自己的研究重点放在人自身的积极因素方面，主张心理学要以人固有的、实际的、潜在的具有建设性的力量、美德和善端为出发点，提倡用一种积极的心态来对人的许多心理现象（包括心理问题）做出新的解读，从而激发人自身内在的积极力量和优秀品质，并利用这些积极力量和优秀品质来帮助普通人或具有一定天赋的人最大限度地挖掘自己的潜力并获得幸福的生活，实际上它是一种关心人的优秀品质和美好心灵的心理学。③ 综上所述，积极心理学的科学方法论、研究范畴和积极价值取向，能够成为积极家庭教育强有力的理论基础。

---

① ［美］Alan Carr：《积极心理学——关于人类幸福和力量的科学》，郑雪译，中国轻工业出版社2008年版。

② 任俊：《积极心理学》，上海教育出版社2006年版。

③ ［美］塞利格曼：《真实的幸福》，洪兰译，万卷出版公司2010年版。

二　积极家庭教育的内容

积极家庭教育的核心是培养孩子健全的人格品质，其目标是让孩子获得更多积极心理品质并获得幸福美好的生活。基于积极心理学的最新研究成果，结合中国本土化的积极教育实践探索，积极家庭教育的内容体系是“6+2”的模式。即6大模块：积极自我、积极情绪、积极关系、积极投入、积极意义和积极成就；2套身心健康培养系统、1套身心调节方法（放松、呼吸、正念、锻炼、睡眠等）、1套积极品质与美德系统（6大美德24种积极人格品质）。

积极家庭教育6大模块中的积极自我，是指通过积极教育的科学理论和有效方法，使儿童具有良好的自我意识、自我概念、自我图式和积极的自我评价，具体表现为具有良好的自尊、自信、自我效能感、自我控制力、自我调节能力和自我应对能力。研究发现，良好的自尊和高自我效能感能够促进个人力量和顺应能力的发展，[①②] 能有效地应对各种人生挑战和处理内在的心理冲突，可以使个体生活得更美好。[③]

积极情绪是指对个人有意义的事情的愉悦反应，是在实现目标的进程中取得进步或得到他人的积极评价时产生的感受。积极情绪包括欣喜、愉悦、高兴、快乐、自豪、乐观、希望、满意和骄傲等。研究发现，积极情绪能增进和提高个人的主观幸福感。美国密歇根大学的芭芭拉·弗里迪克逊教授提出了“情绪扩展—建构模型”，认为积极情绪为人们提供了一种安全、稳定的心理和行为环境，能够拓宽视野，建构个体智力、心理、身体和社会的资源，有效地增加个体的包容性和创造力，进而扩展人们当下的思维、注意和行为范围，并且能建立起长久的心理能量。[④]

积极心理学的创始人塞利格曼指出，人在乐观愉快的心境下，对成功的渴望更强，克服困难、应对挑战的意志更坚强，更能坚持不懈，面

① Bandura A, *Self - Efficacy*, New York: Freeman, 1997.

② Mruk C, *Self - esteem* (*2nd edn*), New York: Springer, 1999.

③ Conte H and Plutchik R, *Ego Defences: Theory and Measurement*, New York: Wiley, 1995.

④ Fredrickson B L and Branigan C, Positive emotions broaden the scope of attention and thought - action repertoires, *Cognition & Emotion*, Vol. 19, 2005, pp. 313 - 332.

对挫折不会否认自己。[①] 儿童在心情好时，更愿意接受新观念、新想法和新经验。研究发现，积极的情绪体验有益于儿童智力的发展，有助于良好品德的获得。[②] 儿童在积极情绪状态下，其心智更灵活，态度更积极，行动更自觉，做事更主动，注意更集中，想象更丰富，记忆更牢固，思维更敏捷、更发散、更具创造性。在家庭教育过程中，父母应不断增加孩子的积极情绪情感体验，让孩子在快乐中成长，在求知中体验到快乐。

积极亲子关系是一种以安全的情感依恋为基础的父母与孩子之间的亲密关系，是一种关爱、尊重、平等、倾听、信任、理解、沟通、支持、和谐的关系，是家庭教育取得效果的前提，是决定家庭教育成败的关键，是孩子健全人格发展的基础。研究表明，个体的发展，自婴幼儿期与父母的亲密关系开始，而后由家庭到学校，再由学校到社会，其间发展的心路历程是否正常，关键决定因素在于起点的亲子关系。自婴幼儿开始，孩子能在积极家庭环境中获得父母的关爱、温暖和积极情感回应，形成良好的心理安全感和信任感，建立积极的亲子关系，就等于奠定了此后人格发展的基石。[③]

积极投入是指训练和培养儿童专注、投入、沉浸于当前所从事的活动任务，做到目标明确，反应灵敏，有控制感，激发儿童的求知、探索、读书、交友、利他和成长的内在动机。积极心理学研究发现，受内在动机驱使而从事某种活动时，儿童会表现出更强烈的兴趣、兴奋、热情、主动和自信，会沉浸其中，同时会有更出色的表现，发挥更好的水平，也表现出更持久的坚持性和独创性，其自尊也得到相应的提升，并伴随强烈的快乐感和主观幸福感的体验。[④]

积极意义是指儿童自身存在的价值感和意义感，知道自己的优势，并利用自己的优势服务于他人和社会。积极家庭教育培养儿童热爱生活，关心他人，引导和鼓励儿童做出有利于他人、社会和国家的行为，从而感受到自身存在的价值和意义。孩子的成长是一种自我体验和主动探索的过程，需要父母用科学和智慧让孩子感受到生活的意义，体验成长的

---

① ［美］塞利格曼：《教出乐观的孩子》，洪莉译，万卷出版公司 2010 年版。

② ［美］弗雷德里克森：《积极情绪的力量》，王珺译，中国人民大学出版社 2010 年版。

③ 张春兴：《教育心理学》，浙江教育出版社 2002 年版。

④ Mathew A, White, Why won't it Stick? Positive Psychology and Positive Education, *Psychology of Well - Being*, Vol. 6, 2016, pp. 1 - 16.

意义，感受生命的绚丽，体验人生的幸福。

积极成就是指在学习和成长过程中，父母通过科学的教育和引导，为孩子设置合理目标，掌握为人处世的科学方法，鼓励孩子积极进取，勤奋刻苦，经过自己的不懈努力，不断取得成绩。积极家庭教育就是通过科学的教育方式、方法和技术，让儿童在求知、成长和生活中不断积累成功的经验，形成良性循环，有助于激发儿童探索世界的内在动力和自信心，获得更多的积极心理品质，体验到科学的快乐、探索的快乐、求知的快乐、学习的快乐、读书的快乐、交友的快乐、助人的快乐、成长的快乐、成才的快乐和成功的快乐。

概而言之，培养孩子健全的人格是积极家庭教育的核心，建立积极的亲子关系是积极家庭教育的关键，让孩子拥有获得幸福生活的积极品质是积极家庭教育的目标，让孩子有更多的积极情绪情感体验，有成就感和意义感，是积极家庭的重要内容。

家庭教育的目的不仅仅在于去除孩子心理或行为上的问题，更要帮助孩子形成一种良好的、适应性的心理和行为模式。没有问题的孩子并不意味着就一定是一个健康、快乐、幸福的孩子，同样，去掉孩子心理或行为上的问题也并不意味着孩子就能自然而然形成一种良好的心理或行为模式。人的生命系统不是由问题构成的，它是一个开放的、自我决定的系统，既有潜在的自我内心冲突，也有潜在的自我完善的内在能力。因此，家庭教育应改变这种偏向问题的价值取向，把自己的工作重心放在培养和发掘孩子固有的积极潜能上，通过培养和发掘孩子人性中固有的积极力量、优势和美德，从而使他们真正健康、快乐、幸福地成长。积极家庭教育正是以这种积极价值取向为核心而发展起来的一种科学的家庭教育新理念。积极家庭教育倡导，父母在传统知识教育的基础上更加注重对孩子进行品格和幸福的教育。通过积极家庭教育，可以弥补和辅佐传统知识教育的不足，让孩子的发展更平衡、更综合、更全面、更积极，使孩子变得更优秀、更智慧、更高尚、更卓越。同时积极家庭教育主张，面对孩子和成长过程中所出现的问题，父母要秉持积极的教育心态，使用积极的教育语言，营造积极的家庭成长环境，对孩子的行为进行积极的解释和归因，与孩子进行积极的反应和互动，培养孩子积极的行为习惯，让孩子有更多的积极情绪情感体验，通过积极的家庭教育方法、方式和策略，使孩子成长为一个具有更多积极心理品质的人。

三 积极家庭教育的贡献

作为一种国际教育的前沿理念、一种科学的教育新方向，积极家庭教育是在世界积极教育运动蓬勃发展的新的时代背景下，对当下中国家庭教育实践中的难点、热点和重点问题的积极理论回应。基于积极家庭教育倡导的理论和方法，对于以科学的家庭教育代替经验式的家庭教育而言，对于探索立足于中国家庭教育实际的新理论和新方法来说，都将是一种有力推动。积极家庭教育是中国家庭教育改革和新家庭教育创新的一条可行路径，能够为新家庭教育的建设和发展提供有力的支撑，能够为父母提供科学的方法和有效的技术，有助于父母取得良好的家庭教育效果。

科学的家庭教育对孩子的成长是一种推动力、一种助力，错误的家庭教育对孩子的成长是一种阻碍、一种反教育。积极家庭教育是一种科学的新家庭教育，是一种更人性、更符合儿童心理发展规律的教育。积极家庭教育能充分激发孩子天性中所具有的积极性、积极元素、积极潜能和积极力量，能培育他们具有爱心、美德、力量、正义感、是非观和良好的价值观等积极心理品质，能培养他们从小具有善良之心、是非之心、感恩之心、快乐之心、宽容之心、进取之心和崇敬之心，能影响他们获得美好人生。一个具有积极心态、积极品质、积极行动和积极价值取向的孩子，心中会充满力量，有梦想、有目标、有方向、有希望、有毅力，人生也因此有快乐、有幸福、有成就、有价值、有意义。

积极家庭教育为当代父母提供了培养孩子积极品质的理念、方法和技术。努力成长为积极的父母，用心建设一个积极的家庭，成功培育一个积极的孩子，是家庭教育十分重要的主题。基于积极家庭教育理念和方法，父母在生活中多对孩子进行积极关注，善于发掘孩子身上所具有的积极品质，通过引导、训练和培养，使孩子人格中不断获得这些积极品质，并学会运用和实践这些积极品质，使自我不断变得强大和有力。通过积极家庭教育，让孩子感受到生活的美好，生命的灿烂，人生的幸福。

需要加以说明的是，提出积极家庭教育的新理念，不是要否弃、排斥或取代已有的多元家庭教育理论和模式的合理性和价值，也不是单纯追求所谓“快乐教育”和“幸福教育”，而是要以“积极”为导向，从“积极”出发，激发孩子身上的积极潜能、力量、美德和优势，让孩子获得更多积极品质并获得美好的生活。积极家庭教育是对已有传统家庭教育的一种修正、完善和有益补充。这种补充的价值在于使家庭教育变得更科学、更人性、更合理、更积极、更有魅力、更有效果，真正恢复家庭教育应有的功能和使命——使所有孩子的潜能、优势、力量和美德得到充分的发掘并获得幸福美好的生活。

（原载《中国教育报》2017 年 5 月 25 日）

积极教育促进学生发展

积极教育是促进受教育者全面发展的积极心理品质教育，是积极心理学的科学研究在教育领域中的实践和应用，是近几年发展起来的一种前沿教育理念和全新教育方向。积极教育倡导品格与学业并重的教育理念，认为积极心理品质教育能够有力促进孩子对科学知识的掌握和学业能力的提升。积极教育强调对孩子进行“幸福技能”、“心理技能”和“学业技能”的教育。

孩子健康、快乐、幸福是每个家长追求的普遍目标和期望。然而，现代家庭教育存在的一个不争的事实是：虽然孩子的物质生活越来越丰富，想吃什么就能吃到什么，想到哪儿玩就能到哪儿玩，可是，孩子却感受不到更多的幸福感和快乐感，心理健康水平反而在下降。这不能不令我们重新深刻反思和质疑我们所持有的教育理念、教育方式、教育方法的合理性。

无数研究表明，不懂教育的父母和不当的家庭教养方式是孩子各种问题形成的主要原因。孩子身上的各种情绪、行为和人格问题，如自卑懦弱、喜欢暴力或奴性十足、胆小害羞、不善良、不懂是非、小心眼、不上进、懒惰、喜欢埋怨、脾气暴躁、自以为是、不关心人、不快乐整天板着脸、过于敏感多疑、不喜欢学习、冷酷孤僻、自私自利等，都因为父母中有一个人是苛求之人，喜欢打骂，管得过多、时常责怪、包办替代，缺乏同情心，缺乏宽容的家庭环境，指责是这个家庭的主基调，对孩子要求过高、父母对自己要求过低，替孩子做得太多，消极思维，脾气不好、习惯通过发火这种不良方式与孩子沟通，宠爱过度、不让孩子尝试，夫妻不和或者亲子关系紧张，缺乏包容心、没有温暖，父母不爱学习或认为学习不重要，父母放任不管或喜欢暴力，等，家庭教养方式是干涉型、暴力型、放任型、溺爱型或知识无用型。任何父母都不希望自己的孩子成为上面所描述的孩子，但专制、喜欢替孩子决定或是不明事理的父母很少去认真反思自己的言行举止和对待孩子的方式和态度，去改变自己不当的家庭教养方式。

当前，积极教育正呈现出强大的力量和蓬勃发展的态势，探索运用积极心理学助力教育的研究，传播和实践积极教育的理念，培养孩子具有更多的性格优势、力量和美德等积极心理品质，让其在成长过程中拥有一种有意义的幸福生活，从而促进其人生的最优发展。无数研究表明，“积极”是孩子人生幸福的源泉，“积极”让他们快乐，“积极”让他们感到美好，“积极”让他们有意义，“积极”让他们幸福。通过积极家庭教育，让孩子在学习、生活中体验到科学的快乐、探索的快乐、求知的快乐、学习的快乐、读书的快乐、交友的快乐、助人的快乐、成长的快乐、成才的快乐、成功的快乐、人生的快乐。

具体来说，之所以大力倡导积极教育的理念和方法，是因为积极教育具有前沿性、科学性、有效性、可行性和本土性特点。

1. 积极教育具有前沿性。积极教育是一种前沿的教育理念，是近几年提出的全新教育理念。2014 年 12 月，由积极心理学奠基人塞利格曼教授倡议，来自各大洲包括中国在内的积极心理学领军人物在美国纽约成立了“国际积极教育联盟”，决定把积极教育作为全球教育改革运动在世界范围内进行推广和普及。国际积极教育联盟的口号和宗旨是在致力于科学知识教育和提升儿童学业能力的同时，对其进行品格教育和幸福教育，两者相互渗透，互相促进，互为补充。2016 年 7 月，首届“世界积极教育联盟大会”在美国达拉斯举行，来自世界 40 多个国家的专家学者和教育工作者围绕积极教育进行深入交流和探讨，以推动积极心理学和幸福科学在家庭、学校和社会的广泛应用，以及如何在全世界推动一场新时代的教育改革。2019 年 6 月 27 日—28 日，第一届全国积极教育大会在清华大学举行。大会以“积极教育，心智发展”为主题，针对中国积极教育的应用实践进行深入探讨，旨在推动中国积极教育理念的实践进程，促进积极教育事业的发展，以实现青少年积极教育的普及与传播。

2. 积极教育具有科学性。积极教育是以目前国际上流行的积极心理学为理论基础。积极心理学致力于研究人类的力量、优势和美德，是一门关于幸福的心理学。积极心理学是利用心理学目前已比较完善和有效的实验方法与测量手段，致力于研究普通人的长处和美德等积极品质的一门科学。具体来说，积极心理学是一门关心积极的主观体验、积极的个人特质、积极的组织系统的科学，其目标是提升生活品质、预防身心疾病的发生和如何让人幸福，其宗旨是关注被忽略的积极特质、长处、力量与美德以及获得持续幸福的能力。

中国家庭教育凸显的问题是父母消极的教育心态和教育状态，是父母对教育、对孩子所持有的功利主义观念和态度，是父母把应试教育和问题教育作为家庭教育全部的做法，是父母自身缺乏优势、力量、美德等“积极元素”，是父母的消极情绪、消极语言和消极解释等。父母过度焦虑、没面子和输不起的消极心态；父母唯分数和成绩第一；父母每天找孩子的问题，盯着孩子的毛病，放大孩子的问题；父母使用消极的语言；父母消极的情绪。积极心理学的研究告诉我们，家庭教育不应该仅从 -10 到 0，更应该是从 0 到 +10。正如塞利格曼和他 5 岁女儿妮可的一段对话之后自己对教育反思的那样：“对于女儿的教育，不应该仅是通过纠正她的缺点，而应该是通过培养她的性格优势，从她表现出来的优势中引导和启发她。”积极心理学研究表明，积极心理品质对孩子的成长、成人、成才、成功最重要，父母和家庭教育要尤为关注、发掘和培养孩子的“积极性”、“积极元素”和“积极力量”。

3. 积极教育具有有效性。近年来，国际上一些发达国家将积极教育作为教育改革和提升国民幸福指数的一个重要途径。澳大利亚是国际上首个倡导积极教育的国家，美国、英国和北欧国家也在推动积极教育方面进行了有力探索，并取得了卓著的成效。如英国首相卡梅伦上任后的第一件事，就是把积极教育作为国家教育改革的战略目标。美国更是将积极教育倡导者聘为总统的国咨顾问，高度重视积极教育的理念创新和实践推广。

十几年前，美国宾州的抗挫折力计划；2009 年澳大利亚基隆文法中学提出了积极教育；2006 年，英国威灵顿公立学校普及积极教育，2014 英国全公立学校上课前都要进行 10 分钟的冥想。此外，不丹、秘鲁、南亚等国家数千所学校实施的积极教育。从国际上一些国家推行的积极教育的成功经验，我们发现，积极教育能够有效提高学生的学业成绩；能够提前预警，有效预防和减少抑郁、焦虑的出现；能够有效减少学生的缺课率和退学率；能够有效增加学生的幸福感和快乐感。

也就是说，积极教育能够有效地提升孩子的心理健康技能、学业技能和幸福技能。目前，我国的江阴中学、增城高级中学、成都青羊区以及清华附小等近千所中小学已经卓有成效地开展了积极教育的实践探索，并取得了良好的教育效果。通过对实验组和对照组的比较研究发现，积极教育实验组的学生幸福感显著提升，在朋友关系、师生关系、学业成绩和自我积极体验等方面的满意度，显著高于对照组；在自我接纳度、积极主动感、目标意义感、勇气和毅力、人际关系能力和个人成长能力方面，显著高于对照组。大量实践表明，积极教育能培养出宽容、乐观、感恩、善良、快乐、阳光、健康、幸福、有理想、有梦想、人格健全、积极进取、内心充满正能量的孩子，能够取得良好的教育效果。

4. 积极教育具有可行性。积极教育能够有效融入家庭生活、亲子关系、亲子沟通和学习活动，可以有效渗透到学生心理健康教育、德育课堂、日常教学和师生交往之中。父母和老师可以通过线下的培训、讲座、沙龙、研讨、读书会以及线上的微课、视频等不同形式的课程学习积极教育的理论和方法。在家庭教育中，父母可以有意识地对孩子进行积极教育，通过对孩子及周围人、事、物所持有的积极心态、积极关系、积极情绪、积极感受、积极体验、积极观点、积极语言、积极解释、积极反应、积极思维和积极应对，对孩子产生言传身教、潜移默化的积极影响，从而培养孩子力量、美德、优势等积极心理品质。

积极教育要求我们父母在进行家庭教育过程中，不仅内容要积极，形式和方法上也要积极。在家庭教育内容上，父母要在传统知识教育的基础上注重对孩子进行品德教育、情商教育、幸福教育、快乐教育、感恩教育、乐观性格教育、利他亲社会教育、价值观教育、人际关系教育、良好生活习惯教育和健全人格教育。通过积极教育，可以弥补和辅佐传统知识教育的不足，让孩子的发展更平衡、更综合、更全面、更积极，让孩子具有更多的快乐感、美感、意义感、道德感、成就感、感染力、共鸣心、同理心、欣赏心和宽恕心，使孩子变得更优秀、更智慧、更高尚、更卓越。在家庭教育方法和形式上，面对孩子及其成长过程中所出现的问题，家长要心态积极、状态积极、关系积极、语言积极、沟通积极、思维积极、解释积极、归因积极、行为习惯积极、改变和成长积极。通过积极的教育方法、方式和策略，使孩子成长为积极、阳光、快乐、乐观、善良、幸福、懂做人、会做事、善与人相处、有梦想、受欢迎的人。

5. 积极教育具有本土性。从我国的江阴中学、增城高级中学、成都青羊区以及清华附小等近千所中小学的积极教育实践和取得的良好教育效果来看，我们可以肯定地说，积极教育适合中国本土的文化语境。中国自古以来就十分重视修身、正心、美德、优势、力量等积极心理品质的教育，中国传统文化中蕴含着丰富的积极教育的思想、理念和智慧，这为积极教育在中国的发展和本土化的研究，提供了非常坚实的文化资源、思想资源和学术资源基础，如何有效地发掘和利用这些资源，从而有力地推进积极教育在中国的不断发展，是当下中国积极教育研究者需要首先考虑的重要问题。基于积极教育的理论主张和积极价值取向，我们认为中国具有积极教育的文化土壤，积极教育能够很好地适应亚洲的哲学和价值观，尤其与中国传统文化中的教育哲学和价值观相适应。

需要指出的是，积极家庭教育是积极心理学在家庭教育方面的实践和应用。积极心理学是20世纪末由美国前任心理学会主席马丁·塞利格曼等人提出的，是近年来心理学研究的一个热点。积极心理学关注人类的健康幸福与和谐发展，其研究成果对于家庭教育的实践，特别是对于如何促进孩子快乐成长有很大的启示意义。

从国际上一些发达国家推行的积极教育实践来看，积极教育可以提升孩子的幸福感。作为家长，要革新家庭教育的传统理念，看到孩子身上的优点，采用积极家庭教育的方法。即强调家庭教育并不只是要求孩子改正错误和问题，不要习惯于把目光集中在孩子做错的事情上，而要主动发掘孩子的优势和闪光点，并在实践中培育这些品质。

需要强调的是，积极家庭教育并不是赏识教育。赏识教育是我国本土的一种教育方式，赏识教育的模式和理论在近几十年来，逐渐推广到学校教育和家庭教育中。中国陶行知研究会赏识教育研究所所长、被誉为“中国第一位觉醒的父亲”的周弘用20年时间成功地养育了其聋哑女儿，并由此提出了赏识教育。赏识教育是在惩罚教育盛行的局面下作为其对立面而出现的，人们在实施惩罚教育后并没有得到其预想的效果，有的孩子反而出现了人格缺陷，在这种“棍棒文化”盛行的社会氛围中，人们开始推崇赏识教育。

赏识教育认为成功的教育应是通过赏识孩子使其获得成功，如周弘所说：“赏识教育的特点是注重孩子的优点和长处——小题大做，无限夸张，逐步形成燎原之势，让孩子在‘我是好孩子’的心态中觉醒。”其实这利用了心理学中的自我实现的预言效应，即让孩子觉得自己可以，并形成正向的自我期待，从而引发积极的行为。所以，赏识教育与积极家庭教育既有相同点，也有很多不同之处。

首先，教育的目的不同。赏识教育的目的是通过表扬孩子，让孩子在感觉良好中发挥自己的优势进而取得成功。周弘认为赏识分为四个层次，即“赏识孩子的行为结果，以强化孩子的行为；赏识孩子的行为过程，以激发孩子的兴趣和动机；创造环境，以指明孩子发展方向；适当提醒，增强孩子的心理体验，纠正孩子的不良行为”。

表扬是个人主义的西方文化背景中重要的教育方法，而我国是集体主义的东方文化，东方文化中自我意识具有很高的相互依赖性，孩子从小会学着与他人比较，因此过多的表扬对孩子的成长可能是有害的，会让孩子骄傲、自以为是。我国是一个面子社会，父母、学校经常的表扬会增强孩子的面子意识，导致孩子无法面对公众场合的失败与公开的批评，这对成长并没有益处。

积极家庭教育同样重视孩子的积极情绪，也认同赏识孩子的手段，但是与通过赏识来激励孩子相比，积极家庭教育更强调家长这一角色的客观性，家长如同一面镜子，需要将客观的信息反馈给孩子，帮助孩子形成积极、客观的自我概念。同时，积极家庭教育注重孩子复原力的培养，即孩子从失败与挫折中复原的能力。环境并不总是美好的，不可能充满了赏识与表扬，孩子的成长过程中会有很多拒绝、挫折与失败。成功的人可以从挫败中走出来，并且活得更好。赏识与表扬显然无法培养孩子的复原力，只有能客观认识到自己的长处，同时又能坦然承认自己不足的孩子才有勇气直面挫折，并在不断的失败中继续向前。

其次，教育原则不同。赏识教育认为，“赏识导致成功，抱怨导致失败”，这种原则低估了孩子的能力，简单地认为家长只要洗脑式无限夸大孩子的优点，就可以让孩子自我感觉良好，继而获得成功，这会导致孩子无法客观评价自我，无法设置切合实际的目标。孩子成长的道路漫长而曲折，家长需要提供的是良好的家庭环境，优质的学校教育，健康的人际交往等各项资源，并不仅仅是简单的夸奖。

目前社会的舆论会夸大个人内心的力量，认为只要不断努力，就能实现自己的梦想。然而事实上，个人的成功不只需要奋斗的决心，客观的能力以及自身所具有的资源都起着非常重要的作用。帮助孩子客观评价自己、认识到自己的优势与劣势，并学会使用自己的优势，会更有利于孩子的健康发展，赏识教育在中国的发展所带来的问题也证明了这一点。

父母的赏识并不必然会促进孩子的成长，但这对亲子间建立安全、信赖的关系是有利的。好的亲子关系是家庭教育的基础，也是决定家庭教育成败的关键和前提，积极的亲子关系有助于家长与孩子建立情感联结，让孩子肯于听取家长的意见和教导，也有利于家长倾听孩子的意见，并且为孩子提供安全的港湾，有利于孩子的身心健康发展。

积极家庭教育认为赏识是一种外部控制，目标在于激发孩子的动机，直至最终可以撤销外部的激励。积极家庭教育坚持儿童主体性原则，强调尊重孩子的权利和自主性。只要不涉及教育的底线，儿童的成长均要以儿童的自主选择为主，同时家长应教育儿童为自己的行为负责和为自己的人生负责。

最后，理论假设不同。赏识教育认为，“没有种不好的庄稼，只有不会种庄稼的农民”“孩子都是没有问题的”“孩子生病，家长吃药”。这种观点实际上忽视了孩子在自我发展中的主体作用，认为孩子需要在家长的帮助下得到发展，孩子所有的问题都源自家长。

这一假设会带来一些问题。首先，孩子无法正视自己的问题，不会寻求家庭以外的资源来应对自己所面临的不利处境，缺乏责任，没有能力去面对和处理来自父母的不利影响。其次，这会让父母承担很多原本不属于自己的责任。当孩子出现问题时，父母会陷入深深的自责，影响家庭正常的生活。

积极家庭教育认为人类既有积极面，也有消极面，积极家庭教育选择关注孩子的积极面，但并不否认孩子的消极面。承认孩子具有自我发展的力量、优势和美德，并不是事事都需要父母的发掘与表扬。在这一假设下，我们认为家长只是孩子成长的外因，孩子是自我成长与发展的主人，父母的教育需要依托孩子的行为才能起作用，而且孩子对父母教养行为的反应方式也会影响父母的教育方式。因此，父母不应该为孩子的行为承担全部责任。

赏识教育认为人类的本质需求就是渴望得到赏识。为了满足孩子的这一要求，父母要学会发现孩子的优点和长处，并且通过表扬，不断鼓励和激励孩子，达到积极的良性循环的效果，让孩子在“我是好孩子”的心态中觉醒。积极家庭教育认为渴望得到赏识只是人类需要中的一种，根据马斯洛的需要层次理论，人最重要的需要是自我实现，个体需要知道自己想要成为什么样的人并且实现自己的全部潜能。个体的发展并不是仅仅需要外界的表扬与鼓励，在不同时期孩子需要家长给予不同的教养策略。

赏识教育虽然承认孩子的潜能，并且提出要尊重孩子的个体差异，但其假设是这些潜能需要家长去发掘并及时表扬才行。这是变相的外部控制，忽略了孩子的自主能动性。因此，赏识教育虽然较传统教育有一定的进步，但仍然是以成人的标准和视角来约束和控制孩子。

赏识教育是对我国惩罚教育的一种有益的修正，21 世纪以来为我们的教育做出了卓越的贡献。但是新事物的出现必然会带来新的问题，现在，为什么虎妈狼爸的论调又开始有很大的市场，因为赏识教育如果过度，就会产生反作用，会弱化一部分孩子的上进心，甚至会导致一些原本优秀的孩子逐步甘于平庸。滥用赏识者往往是“变着法儿夸奖，绕着弯儿表扬”，这会让孩子感到“做对做错都是一样的”，最终渐渐失去上进心，滥用赏识还会使孩子不能正确认识自己的缺点和错误，有的家长在孩子犯错误的时候也不批评，或只是“温柔”地说几句，在“说”之前还要挖空心思、转着圈儿“表扬”，这样做只会后患无穷。

我们相信每一个孩子都有向上向善的积极力量，好的家庭教育应该引导家长学会用积极心理学的理念发掘自己孩子身上潜在的力量并培养孩子自我激励的能力。如何规避赏识教育存在的误区，学习和应用积极心理学的理念、方法和技术；如何让家长转变家庭教育理念，不断发掘孩子潜在的力量、美德和优势等积极品质，激发孩子的主体意识和内在发展动力，是家庭教育研究者的重要任务。

作为一种国际教育的前沿理念、一种科学的教育新方向，积极教育具有十分重要的理论价值和现实意义。概而言之，积极教育是在世界积极教育运动蓬勃发展的新的时代背景下，对当下中国家庭教育实践中的难点、热点和重点问题的积极理论回应。基于积极教育倡导的理论和方法，对于以科学的家庭教育代替经验式的家庭教育而言，对于探索立足于中国家庭教育实际的新理论和新方法来说，都将是一种有力推动。积极教育是中国家庭教育改革和新家庭教育创新的一条可行路径，能够为新家庭教育的建设和发展提供有力的支撑，能够为父母提供科学的方法和有效的技术，有助于父母取得良好的家庭教育效果。

（原载《中国社会科学报》2018 年 3 月 27 日）

父母教养越明智孩子品格越坚毅

坚毅作为一种积极的力量、美德和优势，是指个体能够在一段较长时间，对自己选择的有价值的长远目标始终坚持持久的激情，即使历经失败，仍然能够百折不挠，坚持不懈地努力追求目标的一种积极心理品质。

有研究表明，与人的智商、情商和天赋相比，坚毅是可靠预测个体成功的重要指标。纵观古今中外，在各个领域中无数的成功人士和杰出者，他们无不具有勤奋、坚忍不拔和在逆境中依然长期坚持追求自己人生目标的坚毅品格。

自古以来，我国就极力推崇人要有“千磨万击还坚劲，任尔东西南北风”“只要功夫深，铁杵磨成针”“梅花香自苦寒来”“不经历风雨怎能见彩虹”等坚忍不拔的执着奋斗精神。我们所熟知的大思想家孟子的名言：“故天将降大任于斯人也，必先苦其心志，劳其筋骨，饿其体肤，空乏其身，行拂乱其所为，所以动心忍性，曾益其所不能。”在这里，孟子告诫人们，一个人想完成上天赋予的伟大使命，想取得人生辉煌的成就，一定要先使他的意志和身心受到磨炼，以此来坚韧他的性情，磨炼他的意志，提升他的心智水平，让他具有坚毅力。

我们所熟知的52岁开始创业的传奇人物麦当劳的创始人雷·克罗克曾经说过：“世界上没有什么可以取代坚毅的地位。有才能而失败的人比比皆是，才华横溢却不思进取者众多，受过教育但潦倒终生的人也屡见不鲜，唯有坚毅的人才是无所不能的。”正因为坚毅对人生的发展具有如此重要的价值，积极心理学家把坚毅力、情商力、好奇心、感恩统称为能预示青少年积极发展的“重磅利器”，首先强调坚毅力对青少年积极发展的作用。

坚毅品格的培养作为一种全新的前沿教育理念，近年来已经风靡国际教育界，受到各国教育者的极大关注。坚毅力的价值以及如何培养孩子具有坚毅力，就成为学者研究的重要主题。毋庸置疑，培养孩子具有坚毅的品格是家庭教育尤为重要的内容，父母应清醒地意识到，坚毅品格对孩子的成长和发展具有十分重要的价值。

有研究表明，与低坚毅水平的孩子相比，高坚毅水平的孩子能够获得较好的学业成绩；能够在具有挑战性的活动任务中持续不断地努力，有较高的积极投入；具有较高的抗压能力并保持心理健康；高坚毅的九年级学生，出现手机成瘾、打架、离家出走、不良嗜好等问题行为的概率更低；培养和塑造孩子坚毅的品格，能够提升其主观幸福感和生活满意度，增加积极情绪情感体验，较少地受到消极情绪的困扰和影响。此外，坚毅水平还会影响到学生对学业目标的执着程度。

研究发现，父母的教养方式直接影响孩子坚毅力的获得，父母采用高要求高回应的权威型家庭教养方式，比放任型、忽视型和专制型的教养方式更能培养孩子坚毅的品格。有心理学家指出，为了避免与“专制型”教养方式相混淆，应该把“权威型”教养方式称为“明智型”教养方式。

明智型教养方式的特点和优势是对孩子支持和要求同时兼顾的教育方式，此种教养方式能够培养孩子具有坚毅的品格。明智型教养方式的父母其权威是基于智慧、知识和良好的亲子关系，而不是来自权力、粗暴和打骂，他们知道孩子需要关爱、尊重和自由，要给孩子充分的情感支持和心理支持；他们更懂得还要给孩子提出要求、建立规则和适度批评，尤其懂得为孩子树立坚毅的榜样，父母对孩子示范自己对目标的持久激情和坚毅。明智型教养方式的父母能准确地判断和积极满足孩子的各种心理需求，给孩子充足的心理营养，发掘孩子的潜力和优势，激发孩子成长的内驱力，培养孩子具有更多的积极心理品质，从而有助于孩子成长为具有坚毅品格的人。

心理学家在过去40年的大量研究中发现，明智型教养方式的父母能够给孩子提供无条件爱的支持和高标准的要求，也就是支持性和要求性兼顾的父母，此种教养方式的父母培养出的孩子比放任型、忽视型和专制型的教养方式的父母教育出的孩子更优秀、更出色，具有更多的积极心理品质。国外有针对10000多名青少年父母的调查研究显示，无论是社会阶层、种族或者婚姻状况如何，如果这些青少年的父母对孩子是支持的、关爱的、温暖的、尊重的并对孩子有明确和高标准要求，则这些孩子的学业成绩会更好、自我会更独立、心理会更健康，幸福感会更高，更少出现焦虑和抑郁的情绪，出现问题行为甚至违法行为的可能性也更小。在这里，希望更多的父母改变自己错误的教育方式，学会采用明智型教养方式，如此便能够助力孩子更好地成长。

无数事实表明，除了采用明智型教养方式可以培养孩子的坚毅力，父母还可以通过长期有效的“刻意练习”来提升孩子的坚毅力，而且最好从小就注重对孩子坚毅品格的培养。具体来说，父母要善于积极发现孩子身上所具有的力量、美德和性格优势，培养孩子自己的兴趣，鼓励孩子多参加课外活动，并且一定要让孩子在某项活动中坚持一年以上的时间，在坚持不懈的追求、努力、付出、挑战和练习中磨炼自己的意志，这样能够有助于使其成为具有坚毅品格的人。

认知心理学家埃里克森通过追踪研究发现，那些在音乐、体育、舞蹈、钢琴、国际象棋、职业高尔夫球等领域的世界级高手差不多都经过了10年10000小时的“刻意练习”。埃里克森所说的“刻意练习”是一种有提升性的长期明确目标，个体有意识、有计划、全神贯注地投入其中和不懈努力，并在完成任务的练习、训练、尝试和挑战过程中，积极、主动、及时地寻求有价值的反馈信息，进行持续不断的反思、修正、改进、完善和突破，而且每一次练习都尽力做到全力以赴，努力地完成任务和实现目标，从而能够有助于使其获得坚毅的品格。

如此看来，对孩子实施坚毅教育是家庭教育中十分重要的内容，应引起父母足够的重视，并学会采用科学有效的方法培养孩子的坚毅力。在家庭教育中，培养孩子坚毅的品格，提升孩子的坚毅力，让孩子具有坚毅精神，父母应采用明智型的家庭教养方式，对孩子高要求和给予尊重、温暖和无条件爱的支持；从小培养孩子自己喜欢的兴趣，引导和鼓励孩子对某项任务进行有质量持续不断的“刻意练习”，让孩子体验刻意练习给其带来的乐趣、满足感和成就感，带给孩子释放激情和坚持不懈的力量。

（原载《中国教育报》2020年10月15日）

一部开拓儿童积极教育的创新之作

——评任俊教授的《写给教育者的积极心理学》

《写给教育者的积极心理学》一书，基于积极心理学的视角和理念，在对国内外现有的丰厚的研究成果进行综合研究的基础上，结合国内当前儿童教育的实际，提出和论证了儿童积极教育的新理念和新方法。该书内容新、精、实用、可读性强，以其思想理念的前沿性、科学性、创新性、指导性、教育性和实用性等特点而具有重要的学术价值和现实意义，是一部值得广大教育者认真阅读的开拓性创新之作。

美国心理学会前任主席 Seligman（2004）提出心理学研究应致力于关切人类正向特质、长处、优势、力量和美德，以帮助人们追寻更真实的快乐与幸福。Seligman 把这个新领域的心理学命名为“积极心理学”。积极心理学作为一种新思想、新理念、新行动、新技术，一出现就吸引了心理学界的眼球，并逐渐发展成为一种世界性心理学运动，成为一种国际性潮流。

任俊教授是国内积极心理学的领军者，是国内第一个也是迄今为止唯一著有《积极心理学》一书的著名心理学者。长期以来，任俊教授以其深厚的学术功底、国际化的研究视野和精湛的实验研究技术，不断引领国内积极心理学研究的发展方向，在学界具有非常大的学术影响力，在国内外享有盛誉，尤其在积极心理学的理论建构、积极教育、积极情绪诱导的实验研究方面具有开拓性学术贡献。目前任俊教授是国际积极心理学会（International Positive PsychologyAssociation，简称 IPPA）唯一的中国理事。

《写给教育者的积极心理学》一书是全国教育科学“十一五”规划课题“积极心理学在当代教育实践中的应用”的研究成果，是任俊教授把积极心理学的精髓与核心理念引入教育领域而进行的理论和实践的创新性探索，是对国内外既有积极心理学研究成果的集中总结和不断超越。

《写给教育者的积极心理学》一书以“积极”为主脉线索，在检视当前国内教育过分关注儿童“消极面”的同时，旗帜鲜明地指出教育者应持有积极的价值取向，应聚焦孩子的积极方面，发掘孩子的积极元素，强调在教育过程中应有意识地培养儿童积极思考的习惯、积极的生活态度、积极的心理体验、积极的生活信念、积极的品格等的重要价值。

《写给教育者的积极心理学》一书于2010年8月由中国轻工业出版社出版。纵观全书，它具有以下特色。

一　基于的视角新

《写给教育者的积极心理学》一书的重要特色之一是基于积极心理学的视角而建构和展开的儿童积极教育的理论和实践探索。美国著名心理学史家舒尔兹在2004年出版的《现代心理学史》（第八版）中称：积极心理学是当代心理学研究的最新进展之一。积极心理学是20世纪90年代后期在美国心理学界兴起的一个新的研究领域，是近年来在西方心理学界出现的一种新的研究取向，一股重要心理学力量，一种积极的思潮，也是当代心理学研究的新热点，当今国家心理学舞台上比较活跃的一个领域。

积极心理学倡导心理学积极价值取向，主张用积极的心态来对人的许多心理现象（包括心理问题）做出新的解读，从而激发人自身内在的积极力量、潜能、优势等积极心理品质，并利用这些积极力量和优秀品质来帮助普通人或具有一定天赋的人最大限度地挖掘自己的潜力并获得美好的生活，实际上它是一门关于人类幸福与力量的科学。

积极心理学的主要研究内容是“一个中心、三个基本点”。一个中心是指积极心理学要以研究人的幸福为中心，“三个基本点”是：积极情绪、积极人格特质和积极的社会组织系统。具体来说，积极心理学的研究对象主要体现在三个层面：在主观层面上，研究积极的情绪情感体验，包括针对过去的满意感、满足感、成就感和骄傲感等，针对现在的幸福感和快乐感，以及针对未来的期望感、憧憬感和乐观感。在个人层面上，研究积极的人格特质，包括乐观、爱的能力、美德、勇气、对美的感受、毅力、宽恕、创造性、关注未来和智慧等。到目前为止，积极心理学具体研究了 24 种积极人格特质。在群体层面上，研究积极的社会组织系统，主要研究积极的社会大系统（包括国家的法律、法规和政策等）和积极的小系统（学校、社区、单位和家庭等）。积极心理学认为人及其经验是在环境中得到体现的，同时环境又在很大程度上影响个人，个人良好的环境适应能力实际也是一种积极的心理品质。

从心理学的价值功能来看，积极心理学不仅强调修补功能，更强调积极建设功能，这使心理学的功能变得更完善，心理学自身也因此而变得更加平衡。在过去的近一个世纪里，心理学所关注的要么是非正常人的心理与行为，要么是正常人不健康的心理和行为，而对正常人如何适应和应付生活、如何获得人生幸福却关注不够。积极心理学将视野投向帮助人们如何更好地适应生活，其目的是想寻找到现象世界（主要是人性积极方面的现象世界）背后的规律——一种使普通人生活幸福的规律。消极心理学是对小部分“问题心理”的研究，这是一种主要致力于“修补”的研究，其核心任务就在于对问题的修复，修复个体损坏的习惯、损坏的动机、损坏的童年，甚至于损坏的思想，期望通过修复人类的损坏部分来达到心理健康的目的，它把普通人作为标准常模，其目标是把小部分的“问题”人修补成大多数没有问题的普通人。以问题为取向的消极心理模式研究难以使人类真正幸福，在一定程度上背离了心理学研究的初衷，难以实现心理学研究应有的价值和社会使命。

任俊教授紧跟极具前沿性的积极心理学的研究方向和时代潮流，关注当下教育实践中的困境、热点、难点、重点和痛点问题，把脉这些教育现实问题，以敏锐的学术洞察力、严谨的治学态度，秉持关怀儿童健康成长和对儿童教育强烈的责任感、使命感、时代感和教育情怀，基于积极心理学带来的革命性理念，重磅推出这部《写给教育者的积极心理学》力作。在这部著作中，任俊教授以其睿智的目光捕捉到了当前国内儿童教育中存在的问题，创造性地提出了当前儿童教育的新思路、新理念、新技术和新方法。《写给教育者的积极心理学》著作的问世，彰显和表征了任俊教授对近年来国内凸显的教育现实问题的一种深切关注、反思、探索和积极的理论回应。

二 论述的理念新

之所以把《写给教育者的积极心理学》称为一部具有创新性的力作，是因为任俊教授在这本书里论述了儿童教育的新理念、新主张、新观点、新方法。如何对儿童进行良好的家庭教育、学校教育和社会教育一直以来是一个受关注的重要主题，也是一个教育难题。尽管在儿童的教育方面我们积累了许多成功的经验，但是在教育理念和教育方式上仍然还存有一定的问题和局限性，这主要表现在：一是缺乏积极教育的理念和主张。在各种教育形态中我们不难发现，大多数教育者把工作的重心放在学生各种外显或潜在问题、毛病、缺点的发现、消除和解决，缺乏一种寻找、发现、挖掘、培育和研究学生的各种积极力量、积极品质的积极育理念。二是缺乏积极有效的教育方式和方法。纵观已有的教育，缺乏对学生积极心理资源、积极情绪、积极体验进行提升和扩建的有效途径和方式。《写给教育者的积极心理学》一书，以积极心理学的科学理念为统领，在对国内外现有的丰厚研究成果进行综合研究的基础上，结合国内当前儿童教育的实际，科学、客观、理性、逻辑地分析了积极心理学应用于教育领域的必要性和可行性，系统地阐释和论证了儿童教育问题的四个侧面，即孩子的心理资源：教育成败的秘密；孩子的心理最近发展区：教育者的用武之地；基于积极心理学的儿童教育新思路；心理体验：孩子的可改和不可改之处。作者对这“四个侧面”的选择和侧重，是以科学、理性、缜密、逻辑的分析思考为基础而审慎提出来的；作者对这“四个侧面”的阐释和论证，是以深入的科学实验研究而凝练成的。《写给教育者的积极心理学》一书正是通过这种“选择”和“论证”而彰显其为一部真正科学、前沿、实用、有效、具有指导意义的力作。

三 提出的方法新

教育不应是脱离教育实际的空洞说教，而应是一门建立在心理学研究之上操作性很强的科学和艺术。当前我国的教育者还缺乏一套提高儿童积极心理品质和力量的行之有效的方法和技术。针对这一客观现实，任俊教授在理论和实践研究的基础上，创新性地提出了一系列能有效提升儿童心理资源、积极心理品质的方法和途径。作者在书中探讨了如何增加和节省孩子的心理资源，提出了加强体育锻炼、保持充足的睡眠和休息、练习冥想，是有效提高孩子心理资源恢复能力的方法。

尤其详细论证了冥想是一种提升儿童心理复原力，简单易行又确实具有良好功效的心理锻炼法。提出把积极心理学最推崇的 ABCDE 模式应用于培养孩子在面对问题时进行积极的思考和解释，形成积极的解决思路，从而培养孩子积极的生活态度，学会摆脱日常生活中的困扰和焦虑，着眼于积极、和平、希望和意义，增加正性情感，提高自尊和主观幸福感。强调家长和老师在日常生活和学习中要做孩子积极的榜样，增加孩子接触性愉快体验，让孩子远离“时间贫困”和“空间贫困”，使孩子的心理在生活中获得免疫力，形成和谐的心理环境。主张利用仪式、礼节和故事留住教育内容、获得生活信念，促进孩子的心理发展。阐释了改善和优化孩子性格的四个方法，即不要直接对孩子的抱怨进行强化；培养孩子积极思考的习惯；以民主、温暖的方式教养孩子；对孩子寄予积极的期望。

通过上述方法来增加孩子积极的心理体验，使积极成为其一种内在自觉和心理养成，促进人格健全和心理成长。上述方法的提出，对于教育者进行家庭教育、学校教育和社会教育的实践和操作都具有重要的指导意义。

《写给教育者的积极心理学》一书是任俊教授把积极心理学理论与教育实践相结合，对国内外既有成果的总结和超越。该书体系创新，内容新、精、实用、可读性强，以其思想理念的前沿性、科学性、创新性、指导性、教育性和实用性特点而具有重要的学术价值和现实意义。

《写给教育者的积极心理学》一书以简洁、明晰、流畅的现代语言，针对目前国内中小学教育实际情况，结合教育中的实例，以心理学大量的实证研究为支撑，观点鲜明地向教育者阐发了积极心理学对于教育工作的技术支持和理念指导，提出了基于积极心理学的儿童教育新思路，提供了积极教育有效的操作方法和实施路径。正如作者在前言中所述：“我总想把积极心理学的一些研究成果从书柜中搬出来，让它服务于大众的日常生活，现在这本书便是我这种想法的具体实施，希望这本书中的观点和方法能给教育者提供真真切切的帮助。”身为教育者的教师和家长，认真地阅读此书，细细品味、体会、领悟其中的积极教育的意涵、理念和价值取向，不仅能够提升自我，使自己的心态、思想、人生变得积极，而且能够对儿童教育的理念和方式有新的认识和理解，使其在学校教育和家庭教育中更加自觉地关注、挖掘、培养孩子的优势、力量和美德等积极心理品质和力量，使教育者在追求教育质量、教育效果的同时，让孩子体验到更大的快乐和幸福。

任俊教授的这部新著是国内第一部系统地把积极心理学的科学理念和精髓应用到教育实践领域中的开拓性创新之作，其提出的儿童积极教育的新见和主张极具应用价值，填补了国内在此研究领域的空白，在理论和实践两个方面必将对儿童教育产生广泛而深远的影响。毋庸置疑，任俊教授的《写给教育者的积极心理学》是一部上乘佳作，十分值得我们仔细阅读和学习。

［原载《常州工学院学报》（社科版）2011 年第 5 期］

积极家庭环境培育健全人格

决定孩子一生的不是成绩，而是健全的人格。培养孩子具有健全的人格是家庭教育的核心。家庭教育是不断塑造、完善和优化孩子人格的过程，是父母能够遵循孩子的心理发展规律，满足孩子的心理成长需求，引发孩子成长的内在动机，采用科学、有效的教育方式，让孩子的人格不断获得更多积极品质的过程。

人的问题，人格的问题，一直是古今中外无数哲学家、思想家和教育家尤为关注的问题。“人是万物的尺度。”人系超然万物之上而最为天下贵。一个人的人格亦即一个人的“为人”。也就是说，人之所以为人之者，就在于人具有不同于动物的人格。教育是塑造人、培养人、感召人的伟大职业。如何通过科学的教育使个体获得积极的人格品质，具有高尚的人格，进而达到人格的完善，是教育的神圣使命和目标。

现代意义上的“人格”术语是一个外来词，其来源于拉丁文“persona”，原意是指面具，是舞台演员根据剧情需要所画的脸谱。中国古代汉语中并没有“人格”这个词，但有与人格含义相近的或者相关联的丰富词语，如“品格”“品质”“品性”“品行”“品德”“人性”“人品”等。孔子的著名论断“性相近也，习相远也”讲的就是关于先天的“人性”“天性”和后天的“习性”“习惯”方面的内容。孔子认为，人的天性素质是人发展的基础，而后天的教育、环境和自我努力是导致个体差异非常重要的影响因素。

人格是一个内涵极为丰富和抽象的概念，不同的研究者基于不同的理论视角，对人格的理解不同，对人格含义的界定也不相同。例如，有人把人格界定为个体在社会中所扮演的角色和所具有的身份；有人则把人格看成一个人区别于他人稳定不变习惯化的行为模式；有人把人格定义为个人行为的全部品质；还有人把人格定义为一种控制行为的内部机制（如身心组织、系统、自我、特质等）。有心理学家曾经梳理考察了关于人格的50多个不同的定义，迄今为止，还没有一个被学者们一致认同的人格定义。

虽然心理学家对人格的定义不尽相同，见仁见智，难以统一，但各种不同的观点和见解也正在逐渐走向融合的趋势。中国著名心理学家、西南师大学黄希庭教授，综合已有的具有代表性的人格定义，在其《人格心理学》一书中把人格界定为个体在行为上的内部倾向，它表现为个体适应环境时在价值观、信念、能力、情绪、需要、动机、兴趣、爱好、态度、气质、性格和体质等方面的整合，是具有动力一致性和连续性的自我，是个体在社会化过程中形成的给人以特色的身心组织。该定义指出了人格所具有的四个基本特征：整体性、稳定性、独特性和社会性。

心理学研究表明，一个人的人格是遗传和环境交互作用的结果。也就是说，个体人格的形成、发展和表现离不开先天的生物遗传基础，更离不开后天的生存环境，尤其是家庭环境的影响。

研究发现，父母的教养方式、家庭结构、家庭氛围、家庭风气、亲子关系、是否独生子女等都会对孩子人格的形成和发展产生重要影响作用。如有研究表明，父母对孩子持有冷漠、不关心的态度，忽视孩子的情感和心理需求，会使孩子的自我价值感、自尊感和成就动机水平都比较低；父母经常采用打骂、体罚的教养方式对待孩子，会使孩子难以管教，容易形成逆反、对抗、攻击、残忍、暴力等反社会性人格特质；父母采用溺爱的教育方式，孩子在人格中会表现出缺乏爱心、以自我为中心、自私、任性、没有耐心、承受挫折能力较低；一个过度焦虑的孩子常常有一个对其过度保护、过度照顾、对孩子反应十分幼稚化的母亲。

另有研究发现，从小与父母之一分开，或者从小失去父母，或者生活在单亲家庭或寄养家庭中，缺乏母（父）爱，会对孩子早期人格的发展产生许多负面的影响，容易产生很多的心理问题，出现焦虑、冷漠和回避情绪，对成人缺乏信任感，很少对成人形成安全型依恋，而且语言发展落后，容易变得攻击、反叛和难以相处。

相反，有大量研究表明，温馨、和谐、民主、尊重、平等、充满关爱的积极家庭环境，能够促进孩子形成自主、友好、乐观、独立、自控、成熟的人格特征。由此可见，家庭环境和父母教养方式对孩子人格的形成、塑造和发展所具有的重要作用。

积极心理学研究发现，人类具有六大美德、二十四种积极人格特质，具有积极人格特质的人可以很好地预防心理问题，并能够更顺利地取得成功和获得幸福。积极家庭教育就是要培养孩子具有更多的积极人格特质，如信念、价值、坚韧、乐观、希望、感恩、宽恕等，以有助于孩子获得稳定的幸福感。

孩子的成长并不容易，危机重重。良好的家庭教育对于孩子的成长是一种助力、一种推动力，反之，错误的家庭教育对于孩子的成长却是一种阻力。在孩子的成长过程中，每一个阶段的家庭教育都很重要，父母都不能忽视，都不应出现错误，否则任何一个阶段的教育失误都将会影响孩子健全人格的顺利发展。

个体人格的发展是一生的过程。心理学家埃里克森指出，孩子在每一个成长阶段都存在一个心理发展危机，心理危机成功地得到化解，孩子的人格就会获得积极的品质并不断地向前发展，自我随之会不断获得力量，心理也会不断变得灵活和强大。反之，如果孩子的心理发展危机没有成功解决，人格中就会获得消极的品质，就会阻碍孩子人格的健康发展。科学的家庭教育就是父母采用正确的教育理念、方法和技术，成功地化解孩子每个成长阶段的心理发展危机，使孩子的人格不断获得优势、力量、美德、价值等积极心理品质，人格不断向前发展。

在0～1.5岁这个年龄阶段中，当孩子的心理发展危机得到成功解决时，也就是说，如果儿童具有的基本信任超过基本不信任，人格中便形成了希望的品质（美德）。具有希望品质的儿童对人有一种基本信任感，勇于冒险，不会被绝望和挫折所压垮，成年后性格倾向于乐观、信任、活跃、向上等积极的人格特征；而缺乏这种品质的儿童难以建立人际信任，不可能怀有希望，因为他们必须时刻为需要是否能得到满足而担忧，形成恐惧感，对世界产生敌意，被目前所束缚，总是依附在父母身边，成年后性格倾向于悲观、多疑、烦躁、疏远、退缩等消极人格特征。1.5～3岁的儿童学会适应社会规则而又不至于过分丧失自主性时，自我对害羞和怀疑的危机就解决了，由此获得一种新的人格品质（美德），即意志。具有意志的儿童能够面对怀疑与害羞的境地，表现出自我抑制和自由选择的不可动摇的决心，可为个人今后遵守社会秩序和法治生活做好准备。

在3～6岁年龄阶段，如果父母鼓励儿童的独创性行为和想象力，那儿童会以一种健康的独创性意识离开这个阶段。如果父母讥笑儿童的独创性行为和想象力，采取否定和压制的态度，就会使他们认为自己的游戏是不好的，自己提出的问题是笨拙的，自己在父母的面前是讨厌的，使孩子产生内疚感和失败感，那儿童就会缺乏自信心地离开这一阶段。由于缺乏自主性，当他们在考虑种种行为时总是易于产生内疚感，倾向于退缩、循规蹈矩，在别人限制的范围内不敢越雷池一步，倾向于生活在别人为他们安排好的狭隘圈子里。如果儿童在这个阶段获得自主性超过内疚，在其人格中就会形成目的的美德。

在小学阶段，老师和父母要积极回应儿童的努力，用认同和赞美的方式培养良好的自我概念。如果孩子在学习过程中获得愉快的体验和成功的经验，成功经验多于失败，在其人格中将会形成勤奋进取的品质。反之，则会形成消极、自卑的性格，不敢面对现实挑战和困难。

处于青春期阶段的青少年对周围世界有了新的观察和思考，他们经常思考自己到底是怎样的一个人，通过自己所有已掌握信息，包括对自己和社会的信息，从别人对他的态度中，从自己扮演的各种社会角色中，逐渐认清自己，以便确定自己是谁，自己在社会群体中的地位，要自觉地与成人处于平等地位，在心理上积极准备着走向未来，也就是说要获得自我同一性。

自我同一性对发展健康人格十分重要，同一性的形成标志着儿童期的结束和成年期的开始。如果在这个阶段青少年不能获得同一性，就会产生角色混乱或消极同一性，同一性与角色混乱或消极同一性之间的斗争表现为本阶段的危机。

角色混乱是以不能选择生活角色为特征，是指个体不能正确地选择适应社会的角色，不能确定自己是谁，能干什么。消极同一性是指个体形成与社会要求相背离同一性，如不加选择地把自己认同于某一类的人，是告诫青少年不要学习不良行为。

如果这一阶段的心理危机得到成功解决，青少年获得的是积极自我同一性，在其人格上就会形成忠诚的品质。这里的忠诚是指尽管价值体系有着不可避免的矛盾，仍能毫不动摇，坚定自己的价值目标，效忠自我发自内心誓言的能力。

心理学有句名言，性格即命运，性格决定命运。一个人性格中的积极品质越多，如具有坚强、乐观、坚毅、勇敢、自信、积极、向上等特质，这个人对人生就越有掌控力，他就越快乐、越幸福、越优秀、越容易取得成就和获得成功，越能更好地生存和发展。

积极的人格品质有助于孩子健康、快乐、幸福地成长，使孩子更好地适应环境和最优地发展。在人生的道路上，孩子要想取得成就，获得成功，拥有快乐、幸福、灿烂的人生，离不开健全的人格，更需要发掘和使用自身所具有的力量、优势和美德等积极的元素。家庭教育中，父母应有意识从小对孩子进行积极人格品质的培养、塑造和训练。目前，积极心理学提出了6大美德24种积极人格品质，6大美德24种积极人格品质包括：好奇心，对世界的好奇、情趣、探索；爱学习，喜欢学新事物、喜欢自学、上学、阅读；创造力，创见性、创新性；开放的思想，判断力、独立性、批判性思维；知识和智慧，个人、社会和情绪智慧；全局观念，独特视角、洞察力；勇敢，勇气、面对困难、挑战和痛苦不退缩；坚持不懈，坚持性、努力、勤奋和坚毅；真实性，正直、诚实、真实；仁慈、善良、慷慨，宽宏大量、利他、亲社会；爱与被爱的能力，亲密关系、关怀；精神，责任、团队精神、忠诚；公平，平等、正义、坚持原则；领导能力，职责、全力和义务；自我控制，自我约束、自律、自我管理；审慎，谨慎、小心、考虑周到；适度与谦虚；美、卓越，美丽、敬畏、欣赏、完美；感恩，常表达谢意、感激、懂得感恩；希望，乐观、对未来充满美好期望、努力达成心愿；精神追求，心灵上的目标、信念和信仰；宽恕，慈悲、宽容、原谅、不报复；幽默，风趣、快乐、轻松；热情，热心、激情、精力充沛。

家庭教育中，家长应心平气和、理性地看待和接纳孩子一切，清醒地意识到孩子只是经由自己来到这个世界上，他们并不是自己的私有财产，他们是具有独立人格的个体，他们有自己思想，有自己的情感，有自己的喜好，有自己的意愿，有自己的选择，有自己的真实感受和体验。父母绝不能按照自己的主观意志去期望孩子成为父母所希望的人。做父母难，做成功父母更难。成功父母教育之道就是：父母要把握好教育的尺度和分寸，做到要有所为，有所不为。父母时时管，事事管，管得很多，自己很累，效果不好；父母什么都不管，疏于教育，忽视、忽略、完全放任自流，效果更不好；有智慧的父母管但不全管，区别对待，有重点地管，自己不累，孩子快乐，教育效果最好。

通过学习积极家庭教育，使父母真正树立科学的家庭教育理念，了解和遵循孩子的心理发展规律，满足孩子的心理成长需求，掌握给予孩子心理营养的有效方法和技巧，引发孩子成长的内在动力，从而培育孩子具有健全的人格。

孩子的健康成长不仅需要父母的言传身教，更需要家庭环境的刺激、熏陶、感染和塑造。我们常说，孩子是家庭的缩影，其身上带有家庭的烙印，有什么样的家庭环境，就会造就什么样的孩子。也就是说，家庭环境能够影响孩子将来成为一个什么样的人。我们可以这样认为，人创造了环境，同样环境也创造了人。环境对人的影响作用不容小觑，环境不仅影响着人的心理行为，还影响着人的语言、习惯、性格、修养和价值观。"家庭"二字，意味着要伴随人的一生。在不同家庭环境中长大的孩子，他们在认知、品格、道德、价值观、为人处世、人际交往、思维方式、行为习惯等方面都会有很大的不同。简言之，在家庭教育中，父母既要言传，又要身教，更要境教。

美国斯坦福大学著名心理学家津巴多教授所做的，探讨人性问题的"斯坦福监狱实验"，验证了中国古语"近朱者赤，近墨者黑"这一真知灼见的论断。研究结果发现，实验中的所有人，都被深深卷入自己所扮演的角色情境而无法自拔，情境对人行为的改变和影响的力量竟如此之大。此外，我们所熟知的中国古代著名的"孟母三迁"故事，这些都有力地说明了环境对人的心理行为的影响是巨大的。

家庭是孩子生存、生活、成长和发展所依赖的首个具体环境，是孩子可塑性最强时期的生活环境，具有先入为主第一影响的基础作用，能有效刺激、作用、塑造孩子的各种心理行为，并制约和限定后续其他因素的影响。孩子生活和成长在家庭环境之中，自然会受到家庭环境的影响。家庭环境是孩子生活的条件和成长的前提，孩子的心理行为和心理成长不是真空中的存在，也不是随心所欲的结果，在某种意义上是家庭环境影响的结果。孩子的成长和发展，孩子心理的成长和发展，都要依赖其所生活的家庭环境、家庭氛围和家风家规。孩子的心理行为在某种意义上说关系到家庭环境的刺激、家庭环境的作用、家庭环境的影响、家庭环境的感染、家庭环境的熏陶、家庭环境的塑造、家庭环境的干预。研究表明，家庭环境对孩子的健康成长、人格塑造具有潜移默化的影响，这种影响具有无声的力量，是一种无言的教育，是一种最经常、最直接、最根本、最有效的教育。

家庭教育中的归属法则告诉我们，要保证孩子在积极的家庭环境中成长，让他们能够感受到家庭的归属感和父母的关爱。不言而喻，家庭环境对于孩子的生存、成长和发展来说，具有非常重要和决定性的意义。美国心理学家诺尔蒂曾经有这样一段名言："如果孩子生活在批评的环境中，他就学会指责；如果孩子生活在嘲笑的环境中，他就学会自卑；如果孩子生活在鼓励的环境中，他就学会自信；如果孩子生活在公平的环境中，他就学会正义……"一个在充满争吵、打骂、指责、挑剔、吼叫、抱怨、嫉妒、计较、冷漠、暴力、仇恨等负能量家庭环境中长大的孩子，不可能成长得"都挺好"。因为，他们每天感受、体验、吸收、内化这种消极的气氛和负面的能量，会严重"污染"他们的心理环境，让他们伤痕累累，严重影响他们的心理成长和人格发展。而且更为严重的是，他们并没有注意到自己已经被这种充满负能量的家庭环境严重"感染"，甚至错误地认为这就是正常的，这就是对的，觉得自己被消极地对待和消极地对待他人都是理所当然的。

最令人担忧的是，从小被消极的环境和负能量包围的孩子，长大以后，即使离开了那种环境和氛围，却依旧属于负能量环境的一员。不论在学校和家庭，还是进入社会，都会不自觉地开启消极模式，持有悲观心态，焦虑抑郁，怨天尤人，推卸责任，负性思维，人性丑恶，与人不和，甚至以自我为中心，成为负能量环境和负性事件的制造者和发出者，消极地对待、体验和解释周围的人、事、物，感受不到生活中美好的一面，难以体验到人生的快乐和幸福。

美国加利福尼亚州监狱的一项调查发现，在他们抽查的263个罪犯中，有87%的罪犯所生活的家庭环境复杂，父母或者其中一个行为恶劣，或者两个都存在问题，表现为满嘴脏话、家暴、酗酒、吸毒，或者其他犯罪行为问题。他们从小不断地接受这种"负能量"的"洗礼"，普遍从初中开始就表现出明显的犯罪倾向，形成消极的自我同一性和反道德价值观念，偏执冲动，脾气暴躁，不服从管教，违反规则，喜欢打架，报复心强，具有攻击性。

目前，国际上饱受关注的积极家庭教育，不仅注重对孩子积极心理品质的培养，而且强调家庭环境对孩子健全人格的塑造和影响。积极家庭教育主张父母在家庭教育过程中，通过不断学习、掌握和应用积极家庭教育的理论、方法和策略，创设有利于孩子健康成长的积极家庭环境，从而培养一个具有感恩、乐观、自信、善良、坚毅、快乐、幸福等更多积极心理品质的人。积极的家庭环境，是一种充满爱和包容、洋溢着活力的家庭氛围。在这种环境中，家庭成员关系和谐、相互关爱、互相尊重、快乐温馨、民主宽容、理解支持、态度积极、平等沟通和氛围轻松。研究表明，积极的家庭环境能优化孩子的心理环境，促进孩子的心理成长，对孩子的身心健康具有积极的影响。

心理环境是个体在心理上所理解、所觉知、所意识、所把握、所创造和主动建构的环境。心理环境对人的影响是最切近的和最直接的，对人的心理生活和心理成长具有重要的意义。一个孩子所生活的环境并不是完全外在于他的，不是与孩子的心理天然隔绝的，也不是单向地对孩子的心理行为产生影响的。也就是说，孩子不是完全被动和受制于环境。相反，还存在孩子对其所处的环境主动把握、不同理解和心理建构的过程。也就是说，环境与孩子的心理成长是交互作用，互为共生的关系。基于此，父母应根据孩子的积极天性和心理成长规律，创设能让孩子感受到爱、宽容、快乐、温馨、自由、和谐的积极家庭环境，使环境与孩子的心理成长达到最好的融合，创造属于孩子自己的有意义的心理环境。

积极的家庭环境能优化孩子的心理环境，能影响孩子的心理世界和心理生活，能让孩子产生积极的心理感受和情绪体验，内心呈现出一种和谐、自由、轻松、愉悦、快乐、幸福的状态。积极的家庭环境培养积极的孩子，问题的家庭产生问题的孩子。家庭、家风、家庭环境、家庭氛围、家庭关系、家庭规则都会对孩子的成长、成人、成才、成功具有潜移默化的重要影响。一个健康、快乐、优秀、自信、乐观、积极、幸福、有毅力、有主见的孩子，其所在的家庭环境和家庭氛围，应该是充满关爱、尊重、民主、平等、理解、信任、包容、支持和书香气息等积极的氛围。相反，一个自卑、懦弱、懒惰、自私、唯唯诺诺、不懂是非、脾气暴躁、没有上进心、不善良的孩子，其所生活的家庭环境，会充斥着独断、专制、责骂、打击、溺爱、暴力、不平等、不自由、不尊重等消极的氛围。

家庭的形式千差万别，从完整家庭、核心家庭到单亲家庭、分居家庭、离婚家庭、再婚家庭、留守家庭、犯罪家庭、困境家庭，不同类型的家庭会对孩子产生截然不同的影响。一个在完整、和谐、充满爱的家庭环境中成长的孩子，会表现出良好的自尊、自爱、自控和自我效能感，会表现出友好热情，乐观自信，会受到同伴的喜欢，会具有良好的自我评价，会身心健康，较少忧虑，形成成长型思维、心态和价值观。随着社会的发展，家庭会变得更加复杂和多元化，怎样建立正确的家庭价值观，如何有效地发挥家庭环境的积极教育功能，是我们所有父母需要直面、学习和思考的重要现实教育问题。

需要指出的是，家庭环境是孩子心理成长和人格发展的基本前提和重要条件，孩子心理行为的发生、发展、变化、成长和成熟的过程离不开家庭环境的影响和熏陶，但并等于说孩子就是环境的奴隶。换言之，孩子的心理成长绝不是家庭环境的依附，更不是家庭环境迫使的结果，而是两者交互作用、互为共生、相互影响的结果。或者说，孩子的心理行为并非只能单方面被动接受环境的影响和改变，也不是环境任意所为的对象，孩子的心理行为的可塑性是与他的心理的主动性和创造性相关联的，孩子的心理环境是孩子心理建构或心理创造出来的。在家庭教育中，父母应在充分了解孩子不同秉性的基础上，认识到环境育人的重要价值，不忘“昔孟母，择邻处”的教育古训，努力为孩子提供良好的生活、学习和成长环境，并根据孩子不同的个性和天资，制定不同的目标，采取有针对性的教育方法，激发孩子成长的内在动力，使孩子在这种积极的家庭环境氛围中，真切地感受、体验、吸收这种良好环境带给他的正能量，并主动把握、建构、创造和优化自我积极的心理环境，从而有力地促进孩子心理的成长和健全人格的发展。

（原载《中国教育报》2018 年 10 月 25 日）

用积极家庭教育培养幼儿性格优势

积极教育是积极心理学的科学研究在教育领域中的实践和应用，是近几年发展起来的一种前沿教育理念和全新教育方向，它主张积极心理品格与学业并重的教育观点，强调对孩子“幸福技能”“心理技能”“学业技能”的全人教育。当前，积极教育在中国正呈现出强大的力量和蓬勃发展的态势，探索运用积极心理学助力教育的研究，传播和实践积极教育理念，培养孩子具有更多性格优势、力量和美德等积极心理品质，让其在成长中过一种有意义的幸福生活，从而促进人生的最优发展，是当前教育者关注的十分重要的主题。

近年来，积极心理学在教育领域中的应用和实践取得了可喜的成果，大量对于青少年和成人卓有成效的积极心理干预项目被研发和推广，但对于幼儿积极心理干预的研究和实践并不多见。也就是说，在我国学前教育领域中，对于幼儿的幸福感、积极情绪、积极关系、感恩、善良、毅力、利他行为、性格优势等方面的教育、训练和干预并没有得到足够的重视，还缺乏对幼儿进行科学系统积极心理干预的有益尝试。毋庸置疑，幼儿心理健康和幸福成长问题是幼儿教育非常重要的内容，幼儿积极心理是其从小到大健康快乐成长的宝贵基础品质。研究显示，积极心理和幸福教育已成为国际社会和教育界日益关注的重要主题，并由此引发对促进幼儿社会和情感能力的发展以及对其个人性格优势发掘的研究兴趣。

幼儿教育关注的重点集中在幼儿身体和运动技能、社会和情感能力、语言发展能力、学习方法和策略以及认知能力五个方面的发展。不难发现，在幼儿教育的具体实践中，出现强调幼儿学校认知方面的教育和发展，缺乏对幼儿社会和情感能力发展方面的关注。当前，儿童的心理健康状况不容乐观，尤其是抑郁和焦虑情绪。美国国家早期干预纵向研究发现，10% ~40% 的婴幼儿存在行为和情感障碍。大量的研究表明，儿童早期社会情感的良好发展能为其今后的最优发展提供强有力基础，能为儿童积极或消极的成长提供坚实或脆弱的支撑。作为两个重要的教育主体，教师和父母应充分认识到幼儿社会性和情感能力方面的发展已成为幼儿教育的首要主题。

积极心理学之父塞利格曼教授经过多年的研究提出了著名的幸福PERMA模型，该模型提出促使儿童获得幸福的五个维度：积极情感、积极参与、积极关系、积极意义、积极成就，并证明了该模型在教育领域中的适用性和有效性。国内外已有的大量研究为我们提供了相对一致的证据，即通过对PERMA因素的积极心理干预，能够对儿童的成长具有直接和潜在的益处，能够增加儿童的主观幸福感、亲社会行为、积极关系、积极经验和生活意义感，并能够有效地预防和减少焦虑、抑郁等心理健康问题的出现。根据积极心理学的最新研究成果，幼儿积极心理干预的内容和课程包括积极情绪、积极关系、积极成就、幸福感、亲社会行为、乐观、善良、感恩、毅力、合作、专注力、自控力等方面。例如在积极情绪干预方面具体可包括幼儿的情绪表达、情绪调节、同理心、感恩表达、快乐体验等内容。基于幼儿身心发展规律和特点，科学系统地实施幼儿积极心理教育、干预和训练，能有效促进幼儿心理技能、幸福技能和学习技能的发展。国外已有的对幼儿进行积极心理干预的相关研究结果表明，实施积极心理干预的儿童积极情绪明显增加，生活满意度、与他人的积极关系、主观幸福感、亲社会行为等得到显著提高。

让每个孩子幸福地成长，是我们最大的心愿。进入新时代，教育者非常重视对孩子幸福教育以及幸福能力的培养，迫切需要基于积极心理学理论的科学指导。当前，积极心理学在青少年和成人教育中的应用成效显著，但在幼儿教育领域的理论研究和实践推广却没有得到应有的重视。国外有研究者指出，积极心理教育和干预要从小开始，这样能够有效避免孩子在成长过程中出现的一些诸如情绪、行为、人际交往等方面的问题。已有的研究发现，青少年在积极情绪、积极关系、积极参与和生活意义等方面积极力量的增强，可以有效地预防抑郁的发生。幼儿早期积极心理干预能够使幼儿具备积极成长心态和性格优势，能够为其整个人生最优发展奠基，能够成就幸福人生。

需要指出的是，幼儿积极心理教育和干预项目绝不单是为幼儿教育工作者提出的一种理念、建议或口号，而是要在方法和行动上真正提供科学的指导和可操作性的标准，这些指导和标准应该渗透到幼儿园的整体日常工作中，全面融入到幼儿教育的正式课程、校本课程和隐性课程中，而不是孤立进行的行动。这意味着积极心理干预项目应包含于幼儿园的整体教育课程计划之中，积极创设有利于项目实施的教育大环境，范围应涵盖教师、家长、幼儿、非教学人员、家庭、学校乃至整个社会。实施幼儿积极心理教育和干预的主体是父母和教师，针对幼儿父母和幼儿教师可通过专业系统的积极心理培训来进行，充分发挥父母和教师在幼儿积极心理教育中引导、鼓励、启发、训练和榜样示范的作用。父母和幼儿教师的科学教育素养、智慧、爱心、责任心和耐心能够有效激发幼儿的积极反应，产生积极体验，形成积极经验，培养积极品格，促进他们积极成长。

在我国，对幼儿进行积极心理干预有巨大的潜力，是一项可持续的科学有效的幼儿教育活动。幼儿积极心理干预能够有力推进幼儿园课程建设和提高幼儿教育质量，能够有效提升幼儿的幸福感和预防其心理健康问题的发生。将积极心理学关注的主题如幸福、积极情绪、积极关系、毅力、感恩、乐观、希望、创造力、适应力、情商、生活意义等内容融入幼儿园的整体日常教育教学活动，对幼儿进行积极心理教育，不仅非常必要，而且至关重要。充分认识幼儿积极心理干预项目的教育意义和价值，科学开发适合我国3～6岁儿童年龄特点的积极心理干预课程，设计出适合幼儿心理成长需求的积极教育、积极活动、积极游戏等系统的课程内容体系，培育和构建积极心理教育文化，创设和优化幼儿园的积极育人环境，有效实施和推进这些项目和课程，纵向追踪和评估幼儿早期积极心理干预的长期效果，使幼儿园真正成为积极教育的学习者、实践者、推广者和受益者，使积极教育真正成为助力幼儿健康、快乐、幸福成长的福祉。

（原载《中国教育报》2019年7月18日）

父母需分辨"有所为，有所不为"

常听到有父母发出这样的心声和感慨："当父母容易，做父母难。""做父母难，做好父母更难!"纵观古今中外，教育孩子的确从来都不是一件很容易、很简单、很轻松的事情，绝不可能父母不需要付出努力和艰辛、不需要科学的方法和智慧就能教育好孩子，就可以取得良好的家庭教育效果。

无数的事实表明，孩子的成功教育，需要父母不断地学习、探索、实践、反思、总结、改变和提升；需要父母用爱心、责任心、耐心、宽容心、理解心、支持心去对待孩子和孩子的问题；还需要父母付出时间、精力、能量、心血去有效陪伴和正确引导孩子成长；更需要父母对教育尺度有合理的把控，平衡好过度与不及的关系，做到既不过度教育，也不能疏于教育。因此，可以毫不讳言地讲，为人父母是一门高深的学问，需要不断精进和提高。没有天生的成功父母，也没有不需要学习的父母，成功的父母、优秀的父母、智慧的父母都是通过不断学习、不断改变和不断成长的结果。

事实上，做父母难，难就难在对家庭教育尺度的拿捏、界限的掌控和分寸的把握上。对于教育孩子，父母到底要管到什么程度，话要说到什么程度，要求到什么程度，批评到什么程度，表扬到什么程度，引导到什么程度，放手到什么程度，如此等等，都是需要很好地把控、拿捏和平衡。因为，适当的教育，对孩子的成长是一种推动力；而不适当的教育，对孩子的成长则是一种阻力。在家庭教育中，如果父母对教育的尺度把握不当，教育方式不适当、不得法、不到位，很容易导致家庭教育出现两个极端：疏于教育和过度教育。

显然，疏于教育是一种家庭教育功能弱化、家庭教育不足、家庭教育缺失的表现，具体包括父母缺乏家庭教育意识、不重视家庭教育、不履行家庭教育责任、不付诸家庭教育行动、没有做好言传身教、对孩子不管不顾、对孩子放任自流、对孩子低要求低回应、对孩子溺爱等。古人云："子不教，父之过。"这里的"过"包括"四过"：一过是父母教子无心，缺乏教育意识，不承担教育责任，不学习成长；二过是父母教子无德，没有德行，没有修养，没有为孩子做好榜样；三过是父母教子无方，对孩子教育简单粗暴，打骂体罚，没有方法；四过是教子无规则，对孩子溺爱、百依百顺、没有管教、没有规矩。

相反，过度教育则是一种父母使用的方式或内容超出了孩子的年龄和能力所承受的范围。过度教育的父母在面对孩子的各种问题时，往往压力过大，焦躁过多，思虑过重，有一种"输不起"的心态。过度教育会使孩子出现"物极必反"的心理，产生抵触心理和厌烦情绪，会伤害孩子的自尊心和自信心，扼杀孩子的潜能，压得孩子喘不过气来，破坏良好的亲子关系。因此，过度教育是家庭教育的大忌。具体来说，过度教育主要表现为对孩子过早教育、过高要求、过高期望、过多干涉、过多限制、过度保护、过分宠爱、过度情感和物质满足、过分处罚。很显然，父母疏于教育和过度教育都是不可取的，也是不科学的，更是不恰当和不全面的，必然会对孩子的成长造成某种程度的消极影响。

基于此，在家庭教育中，如何避免出现疏于教育和过度教育现象，是父母必须直面和思考的非常重要的问题。解决家庭教育中的疏于教育和过度教育的困境，需要父母不断学习、反思、总结和改变，绝不能以自我为中心，想当然地主观臆断，凭自己的感觉和心情随意、任意地教育。相反，父母要学会控制自己的情绪和行为，做到心理灵活，掌握分寸，把握好尺度，采用适当的教育，努力做到"有所为，有所不为"。绝不能出现以下两类不适当的教育方式：一是父母对孩子时时管、事事管，做得很多，自己很累，孩子很烦，效果不好；另一是父母对孩子什么都不管，什么都不顾，对孩子没有要求、没有回应，完全放任自流，任其为所欲为，效果更不好。

不难看出，这两类教育就是我们上面所讲的过度教育和疏于教育的表现，是两种不充分的教育方式。鲁迅先生曾在其杂文《上海的儿童》中，对中国的家庭教育进行过精辟的描述和概括，一针见血地指出了两种家庭教育的本质。鲁迅认为，父母教育孩子大抵只有两种方法："其一，是任其跋扈，一点也不管，骂人固可，打人亦无不可，在门内或门前是暴主，是霸王，但到外面，便如失了网的蜘蛛一般，立刻毫无能力。

其二，是终日给以冷遇或呵斥，甚而至于打扑，使他畏葸退缩，仿佛一个奴才，一个傀儡，然而父母却美其名曰‘听话’，自以为是教育的成功，待到放他到外面来，则如暂出樊笼的小禽，他决不会飞鸣，也不会跳跃。”不难看出，鲁迅所说的两种家庭教育，一种是放任自流的溺爱，另一种是严厉粗暴的苛责。大量事实表明，在这两种家庭教育中培养出来的孩子，往往没有自主性，缺乏独立性，难以很好地融入和适应社会，会严重影响人生的顺利发展。

心理学家曾奇峰把父母分三种：第一种父母是无论你做什么，他们都批评你；第二种父母是无论你做什么，他们都忽视你；第三种父母是无论你做什么，他们都鼓励你。好孩子不是打骂出来的，也不是放任不管和忽视的结果，而是不断认同和鼓励出来的，很明显，最好的父母是第三种。我们主张父母要做到“有所为，有所不为”，实际上表达的是这样一种理念，即在教育孩子的过程中，父母要做到管但不全管，有重点切中要害地管，该管的管，该放手的放手，父母做得不多，孩子喜欢，亲子关系和谐，自主性得到发展，有助于取得良好的家庭教育效果。

举个例子来说，大多数孩子都很讨厌父母唠叨这一行为。事实上，父母对孩子三番五次，一而再，再而三的不断唠叨就是一种典型的过度教育，会让孩子产生反感、心烦和对抗心理，出现事与愿违的结果。为什么父母唠叨会让孩子十分厌烦？这在心理学上是可以解释的。在心理学上这是一种典型的心理“超限效应”。所谓“超限效应”，是指由于过多、过强或过久的刺激作用，而引起人心理极不耐烦或逆反的心理现象。下面这个小故事，我们应当都不陌生：美国著名幽默小说家马克·吐温有一次在教堂听牧师演讲。起初，他觉得牧师讲得很好，很让人感动，决定等牧师讲完之后捐款，并掏出身上所有的钱。过了十几分钟，牧师还没有讲完，马克·吐温有些不耐烦了，决定结束之后只捐些零钱。又过了十分钟，牧师还没有讲完，于是他决定一分钱也不捐了。到最后牧师终于结束了他冗长的演讲，开始募捐时，由于气愤，马克·吐温不仅分文未捐，还从盘子里偷了两元钱。

凡事皆有度，其度在于恰好，在于适当。家庭教育更是如此，教育过度和教育不及都不可取，不及难成，过之易折。古希腊哲学家德谟克利特说过：“当人过度的时候，最适宜的东西也会变成最不适宜的东西。”他告诫我们，凡事都要适度，要把握好“火候”，才能获得理想的效果。

从心理学上讲，“喋喋不休”的刺激会产生类似于上述这位牧师一样的心理“超限效应”，会侵犯人的心理领地，使人的认知出现超载，会让人焦躁不安，难以忍受，甚至表现出愤怒，导致大脑皮层产生保护性抑制，出现自然的逃避、反抗和心理抵触现象。

显而易见，在家庭教育中，父母知道不该做什么和知道该做什么同样重要。换句话说，作为父母，知道孩子的哪些行为不需要管和知道哪些行为需要管同等重要。一直以来，我们大多数父母似乎存在这样一个认知误区，那就是为人父母一定要每天从早到晚无论是在生活上还是学习上，都要不停地对孩子进行时时的主导、关注、管教、指导、监督、提醒、要求、批评、控制、挑毛病、找问题等，而且只要是自己能够做到的，都会不辞辛苦、想方设法地为孩子做好一切。似乎只要对孩子不说、不管、不问、不盯、不做、不安排、不监督、不提醒、不指责、不批评，自己就是不好、不合格、不负责、不称职、不胜任的父母。此种过度教育的做法，结果往往事与愿违，适得其反，并不能取得良好的教育效果。在家庭教育中，我们会经常看到，一些父母按照自己的主观想法，拼尽全力努力为孩子设计好一切、安排好一切、打理好一切，希望孩子能按照自己精心设计的方向去发展，去成龙成凤，成为一个优秀的人。然而，或许这只是父母的一厢情愿和用心良苦而已，孩子并没有按照父母“完美”的设计去发展。明明是为孩子好，可为什么孩子却不领情。问题出在哪里？因为教育和孩子的成长是个复杂系统，会受很多因素的影响且具有不确定性，难以通过简单的设计就能很好地预测和实现。此外，这种父母替孩子选择、替孩子决定、替代孩子成长的教育方式，无疑会让孩子丧失自我，缺乏自主性，出现“自我同一性危机”，无法形成良好的自我认同。不仅如此，父母的过度控制、逼迫和替代教育的做法，还会使孩子产生逆反心理和厌学情绪，进而影响孩子人生的顺利发展。

事实上，父母对于孩子的不同行为应采用不同的应对策略，绝不能一概而论和等量齐观地对待。澳大利亚心理学家迈克尔·霍顿通过 25 年之久的儿童心理行为研究，提出了应对孩子不良行为、提高孩子自控力的平和教养法。霍顿认为，家庭教育需要解决的一个非常重要的问题，就是父母对于孩子的不同行为，要给予不同的关注、对待和解决策略，不能仅凭借父母自己的主观感觉和自以为是，想当然地对孩子所有的行为都给予不加区别同等程度的关注。这种对待孩子行为没有重点、毫无区分的教育方式和做法，既浪费时间和精力，也没有效率和效果。因此，这不是一种科学、有效的教育方式。

由此可见，父母对于孩子的不同行为应加以区别，给予不同的侧重和关注度，这是家庭教育中非常重要的一个教育策略和智慧。霍顿通过研究，把孩子的行为分为三种类型：烦人却不严重的行为、值得鼓励的行为和无法接受的行为。父母通过日常的认真观察、了解、记录和确认，列出一个详细的孩子日常行为清单，也就是把孩子的具体行为进行归类，归入上述三种行为类型，即哪些属于烦人却不严重的行为，哪些属于值得鼓励的行为，哪些属于无法接受的行为。经过这样明确分类之后，会避免在家庭教育中，父母对孩子所有行为都采用眉毛胡子一把抓、毫无重点、缺乏针对性的相同教育方式和应对策略。

例如，心理学家霍顿通过对自己三个孩子的研究，总结出他的孩子烦人却不严重的行为有：扭身体、坐不住、哼鼻子、挖鼻孔、动来动去、哼唱歌曲、玩弄手指等；孩子值得鼓励的行为有：饭前便后洗手、每天早晚认真刷牙、放学后书包带回房间、用完东西放回原处、玩完玩具自己收拾好、自己穿衣准备上学、把脏衣服放到洗衣机、每周六打扫房间等；孩子无法接受的行为有：打人、用指甲抓人、踢人咬人、掐人、用头撞人、打耳光、弹脑门、虐待小动物、威胁他人、乱发脾气、争吵、顶嘴、骂人、咆哮、插嘴、纠缠、随地吐痰、大喊大叫、喋喋不休、墙上乱画、破坏玩具、家具上乱蹦等。

霍顿指出，针对孩子这三类不同的行为，父母应采用不同的教育策略。对于孩子烦人却不严重的行为，父母可以采用刻意忽略的方式；对于孩子值得鼓励的行为，父母用认同引导的方式；对于孩子无法接受的行为，父母要采用处理的应对方式。下面，我们就如何使用刻意忽略这个策略进行阐释和说明，希望父母能够学会使用这个教育策略。刻意忽略是一种具有积极教育意义的“忽略”，是一种值得鼓励的“忽略”，是一种理性智慧的“忽略”。所谓刻意忽略，是指父母在面对孩子“烦人却不严重”的行为时，无须花过多心思去关注、去解决，不必太计较，不必小题大做，不必火冒三丈，不用情绪过于激动，不用立刻做出回应，不需要一定处理，可以允许孩子这些行为的存在。

在这里需要说明的是，父母对孩子“烦人却不严重”的行为进行刻意忽略，并不是一味地放任自由和“不管”，而是有意识地摒弃一些微小的“管束”，进行有目的、有成效的重点“管教”，是一种“有所不为”的教育方式，在某种意义上会有助于孩子的成长。之所以主张父母要对孩子烦人却不严重的行为进行忽略，是因为如果父母总是关注那些原本不用关注的问题，会影响父母关注那些本应关注的问题，也会影响父母和孩子之间的亲密关系，还会阻碍孩子自主意识、主动性和自控力的发展。对于孩子的行为，是否应该采用“刻意忽略”的教育方式，父母可以在头脑中首先通过如下内部认知策略，即采用自问自答的方式，然后再做出是否采用刻意忽略的决定。如可以问自己：“孩子的这种行为属于清单中烦人却不严重的行为吗?”“孩子的这种行为只是让我生气却不需要我回应吗?”“时间会让这种行为自然地发生改变（消失）吗?”“我此刻需要采取行动吗?”如果前三个问题的答案都是肯定的，最后一个问题是否定的，父母就可以采用“刻意忽略”的教育策略应对孩子的行为。父母在面对孩子烦人却不严重的行为时，如何才能做到“刻意忽略”？需要父母首先管理和调节好自己的情绪，能够站在自身之外觉察自己的情绪而不被情绪所控、所伤、所扰，然后以平和的心态对孩子的情绪进行有效引导。

父母首先进行自我克制，孩子才能很好地克制。平和的情绪能帮助父母更好地克制和把控自己，能尽量避免父母用发脾气的方式让孩子与自己达成一致。当父母要火冒三丈时，可以采用如下方式进行自我管理：一是控制自己的身体；二是停下来想一想，再进行回应；三是反问自己，这是我自身的问题吗？四是离开这里，让自己冷静下来；五是进行正念练习，增强自我的觉察。父母下定决心不要发脾气或者回击孩子，不要因为孩子让你心烦意乱而责怪他，保持放松，让自己已经确定的正确想法“一以贯之”。除了刻意忽略策略以外，情绪引导也是帮助孩子学会控制自己行为的另一个重要工具。通过情绪引导，采用共情的方式，感受孩子的感受，让孩子冷静下来。当父母倾听并试图理解孩子的感受或体验时，情绪引导就开始了。

情绪引导帮助孩子成长具有三种重要教育功能：一是能帮助父母处理孩子强烈的情绪体验和感受；二是能教会孩子掌握一种在别处学不到的“语言”，孩子学会用“情绪语言”来描述他们的内心真实感受；三是能增强父母和孩子之间的情感联结，让父母和孩子关系更亲近，孩子会更信任父母。事实上，由于负责情绪控制的大脑前额叶还没有完全发展成熟，孩子很难安抚和控制自己的情绪。在孩子出现强烈的情绪体验时，父母惯用的做法是立即阻止、不停质问、急于说教、进行安慰、讲大道理、给予建议、否认感受、威胁恐吓等。父母的这些做法可能会导致孩子的情绪反应更加强烈，甚至产生对抗和抵触心理。因为孩子觉得父母并没有真正地理解、接纳和认同他，根本不理解他的心理感受，无法与父母建立情感联结，因此难以获得理想的沟通效果。其实，只要父母首先做到管理和调节好自己的情绪，做到真正接纳和包容孩子以及孩子的情绪、感受和体验，帮助孩子安静下来并不难。父母要学会改变自己的固有态度，不要急于跟孩子说教和讲大道理，尽量能够融入孩子当下的情绪状态，和孩子建立情感联结，与孩子产生心理共鸣。可以用几句关键的话来引导和缓解孩子的负性情绪。

具体父母可以采用如下句式开始情绪引导：“我能感受到你很……”“刚才发生的事情让你看起来……”“我猜想你对整件事情感到很……”。例如，一个小学二年级的男孩，在生他爸爸的气。因为爸爸已经答应周六带他去海洋世界玩，但由于爸爸临时有事无法兑现诺言，所以孩子格外失望，不停地抱怨。作为妈妈应如何对孩子进行情绪引导？这时，妈妈可以采用情绪引导的方法，这样对孩子说：“爸爸答应好的说带你去海洋世界玩，却因为其他的事情没能做到，我知道你因此心里很难过，希望爸爸能够说到做到，如果这件事发生在我身上的话，我也会对爸爸的做法感到很失望的。”

通过以上简要讨论，父母想要培养孩子的自主性、自主感和提高孩子的自控力，应注意以下三点：首先，要保持良好的心态，控制好自己的情绪，不过度焦虑，理性思考，心理灵活，有区别、有针对性地面对孩子的各种问题和不良行为，学会采用情绪引导法和“由外而内”的平和教养技巧，提升孩子“由内而外”的自我控制能力；其次，父母要拿捏好家庭教育的分寸，懂得凡事过犹不及的道理，“过度”会使孩子产生厌烦、抵触、逆反、对抗心理，会伤害孩子的自尊心和自信心，破坏亲子之间的情感联结；最后，对于孩子的不同行为，父母要区别对待，采用不同的应对策略去处理，掌握好教育尺度，拿捏好教育分寸，该管的一定要管，该放手的一定要放手，真正做到“有所为，有所不为”。

（原载《中国教育报》2020 年 9 月 17 日）

加强青少年宽恕教育

近年来，在以社会和校园各种“欺凌事件”“伤害性事件”“报复性事件”“群殴事件”“投毒事件”为代价考问一些青少年为何采用如此非理性暴力行径对待他人和生命之际，引发教育者的深刻思考：如何才能使青少年在面对人生中各种冲突、矛盾、误解、冒犯和伤害时，正确认识仇恨、报复、敌意等对个人、家庭和社会带来的极大危害性，以及如何学会以积极有效的方式去应对和化解生命中不可避免之痛，俨然成为全社会关注的重要课题。

生命过程中，很多人在遭遇或多或少大大小小的伤害、误解、陷害、背叛、冲突之后，没有把宽恕作为应对策略，而是选择了压抑痛苦，选择仇恨，甚至以暴力报复的方式面对被伤害的痛苦，有时是因为他们真的不了解宽恕给个人、家庭和社会带来的益处，或者是对宽恕存有错误的认识和理解，而没有把宽恕作为解决问题的首选方式，这使得学习如何宽恕和放下成为人生命中极其重要的一课。通过宽恕教育可以引导个体了解什么是宽恕以及宽恕与原谅、遗忘、和解等一些相关概念的不同，了解宽恕是处理人际冲突和伤害的一种积极有效的应对策略，了解伤害者和伤害性事件之间的不同。

心理学一般将宽恕定义为：宽恕涉及两个人，其中一个人在心理、情感、身体或道德方面受到另一个人的深度而持久的伤害；宽恕是使受害者从愤怒、憎恨和恐惧中解脱出来，不再渴望报复冒犯者的一个内部过程，是受害者从认识、情绪和行为反应方面对伤害者产生共情的一系列的动机变化过程，该过程降低了受害者报复和疏远侵犯者的动机，增强了受害者善待侵犯者的动机。宽恕具有亲社会利他性质和自我保护机制，对人的生活、生命、健康、社会关系具有积极的价值。心理学家研究宽恕的出发点是肯定宽恕对人的生活、健康、人际关系等有积极的影响，其研究目标是使宽恕深入人心，成为一种健康的生活方式和习惯，在日常生活之中更愿意宽恕他人。

宽恕教育是实现宽恕价值的有效途径和重要手段。所谓宽恕教育是指通过各种形式的教育教学活动，有目的、有计划地向个体传授宽恕知识，树立正确的宽恕认识，明晰宽恕价值，增强宽恕意识，提升宽恕能力，并主动做出宽恕行为的影响过程。如何增加宽恕意愿，怎样学会辨别对方的宽恕与和解，如何能体验到宽恕所带来的积极价值，感知并体验到更多的幸福和自由，让心灵得到释放与快乐，这些都与宽恕教育密切关联。

宽恕教育有助于个体以更积极的态度与人交往和处理伤害性事件。人的生命中会面临许多挑战、矛盾和冲突，当一个人面临不公正的对待时，如何平息心中的怨恨和负性情绪反应，来保持自我心理的和谐和修复与他人良好的人际关系，是我们每一个人需要直面的问题。

宽恕教育有利于优化青少年的心理环境和产生积极的心理体验。所谓心理环境，指的是被觉知到的、被理解到的、被把握到的和被创造出的环境。心理环境对人的影响是最切近的和最直接的，个体在自己的心理生活中，能够创造、把握和生成自己的心理环境。在日常的社会生活和人际交往中，青少年不可避免地会经历和感受到来自他人有意或无意，轻微或严重的伤害或侵犯。这些伤害或侵犯可以是生理上、心理上、伦理上或者是混合性的，会使个体感受到诸如缺陷、弱点等自卑、痛苦、压抑和愤怒的消极情绪体验，并由此产生一些消极的行为。换言之，人们通常应对侵犯的反应是回避和报复，这些反应在日常生活中随处可见，即与侵犯者保持距离或是寻找机会以某种方式实施攻击行为，这使得小问题引发大矛盾甚至发生恶性暴力事件，这不仅严重影响个体的心理健康，而且破坏了人与人之间和谐的社会关系，对于个体和他人甚至整个社会来说，都会产生消极的后果。其中的原因，与当前宽恕教育的缺失有一定的关联。

宽恕教育有利于青少年形成和谐人格和促进心理的成长。和谐人格既是健全统一的心理人格，又是美善相谐的道德人格，是在理性支配下的心、身、灵的整体和谐，是衡量个体心理健康的重要标准。具有和谐人格的人是一个能与他人、社会、自然万物和谐共存的人，是一个心理不断成长的人。心理成长是个体心理和心性的全面扩展和纵向提升，是个体心理的成熟。通过宽恕教育，引导青少年了解宽恕的正确含义，以及与其他可能混淆的概念相区别，以此来增加学生宽恕意愿，学会以同理心理解和接纳他人不同的想法与感受，了解人非圣贤，人皆可能错待他人，体会到每个人都需要宽恕及被宽恕，辨别对方的宽恕与和解，觉察到宽恕所产生的正向积极结果，感知并体验到更多的正性情绪；可以提升青少年的精神境界，达到生命的超然和体认；可以内化于青少年的人格结构之中，形成积极的人格，培育乐观、豁达、宽容的和谐人格、和谐精神；可以塑造理性平和、积极向上的社会心态，从而优化青少年的人格和促进其心理不断成长。

宽恕教育有利于医学生提升身心健康水平和实现内心的和谐。宽恕教育可以使青少年在与周围他人交往过程中通过包容生命中的不同部分以及提升自己的主动性，建立和恢复与他人和谐的人际关系，达到健康的生活状态。宽恕教育能够使青少年学会自觉选择宽恕作为一种自我保护机制，使自己的身心免受伤害。国外心理学和医学大量实证研究显示，宽恕有助于平缓愤怒和仇恨，减轻痛苦和压抑，摆脱不满和敌对情绪，摒弃自卑和自责，缓解焦虑和恐惧；有助于消除不宽恕状态或低宽恕水平给青少年身心带来的压力，有助于他们做出亲社会行为，减少冲动和攻击行为；有助于增加正性情感、提高自尊感和主观幸福感，并最终有利于青少年的身心健康和内心的和谐。

因此，如何增加宽恕意愿，怎样学会辨别对方的宽恕与和解，如何能觉察到宽恕所带来的好处，感知并体验到更多的幸福和自由，让心灵得到释放与快乐，都与宽恕教育息息相关。家庭、学校和社会对一个人形成正确的宽恕认知和践行宽恕行为有着重要的影响，个体可以透过自己的父母言传身教和学校有计划的相关课程教育使个体学习如何去宽恕。

可是，目前学校的生命教育、道德教育、性情教育很少加入宽恕这一课题以帮助青少年改善人际关系和面对冲突。宽恕不单是一个宗教概念，宽恕更是每一个人都可以具有的积极人格品质和美德，学校教育非常有必要将宽恕的理念引入正规课程和选修课程，通过宽恕教育，使青少年学习和掌握宽恕的理念和方法，引导他们从日常生活事件与个人经验中，正确认识和体会由于人际矛盾、冲突与伤害的发生，由此产生的失落、痛苦、愤怒等情绪的不可避免性，反思个人被宽恕被原谅的经验，思考“伤害”的意义以及对个人生活、生命的影响，鼓励和指导青少年选择积极的方式，以积极的心态、积极的解释、积极的归因、积极的想法和积极的行为去面对和处理受伤害的生命经验，认识每个人存在被宽恕及宽恕他人的心理需求，领悟宽恕是化解伤害与释放愤怒情绪的一种积极有效方法，学会在面对伤害性事件发生后所伴随的愤怒等负性情绪体验产生时，去冷静思考这些负性情绪给自己、他人所带来的消极影响，以便促使个体能够采用积极有效的方式去处理自己的愤怒情绪，使事件朝向积极的结果发展，而不是选择逃避、遗忘、否认、仇恨、报复来应对伤害性事件和负性情绪，由此来减轻自己的心理压力并进而维持自身的心理健康。

可见，宽恕与包容应该成为家庭教育和学校心理辅导课程和德育课程的重要组成内容，学校应把宽恕教育的相关课程融入到健康心理与压力、心理问题的处理、人生观及信仰对人生的影响、人际关系的建立与维护等课程的教学之中。

由于青少年正处在生理发展成熟而心理发展相对滞后的特殊阶段，他们往往情绪波动大，理性不足，容易冲动，在面对一些矛盾和冲突时难以采取积极有效的应对措施来化解，学生间因为一些小事而演变成恶性伤害事件，对当事人、家庭、学校乃至社会都会造成极为严重的危害。

如何科学引导和教育青少年在面对伤害性事件发生时，正确认识愤怒、仇恨、报复等方式给个人、家庭和社会所带来的严重危害，防止累积的愤怒变成仇恨，进而带来更具破坏性的影响及恶性循环，是值得我们深刻思考的一个重要问题。宽恕心是青少年处理人际关系的润滑剂和最重要的一种积极应对方式，很多时候，人际不是真的哪一方有问题，而是宽恕不够、理解不够、同理心不够，才导致矛盾、误会、冲突，乃至大打出手。

人际交往是社会生活基本的和经常性的行为，广泛地渗透在人们的日常活动中，人际和谐是和谐社会的重要维度，和谐社会说到底在于人与人之间的和谐。宽恕有利于人际和谐，宽恕教育是实现和达成这一和谐的重要途径和手段。通过宽恕教育，可以提高当代青少年的精神境界；可以培育乐观、豁达、宽容的心理品质；可以塑造理性平和、积极向上的社会心态，从而为构建和谐的社会关系创造一个积极的心理环境。因此，宽恕教育对于实现人与人之间的和谐，对于实现人自身的和谐，对于实现社会的和谐，都具有十分重要的现实意义。

新时期加强对青少年宽恕教育尤为重要。通过宽恕教育，真正使宽恕成为提升当代青少年身心健康和驾驭人际和谐强大精神力量和积极心理资源，使他们能够超越狭隘视野，形成一种向善、超然、防范人际冲突的道德意识，培育他们乐观、豁达、宽容、感恩的积极品质，塑造理性平和、积极向上的心态。对他人宽容、诚信、关爱、友善、理解、同情和尊重，是全社会所倡导的核心价值，也是每个青年学生所遵循的伦理原则，更是当下时代精神对他们所提出的道德要求。

明晰和考量了宽恕教育的价值之后，就应该结合现代教育教学的目的、任务和特点，使宽恕教育成为各种教育教学活动的重要内容。家庭、学校和社会对青少年形成正确的宽恕认知和做出宽恕行为有着重要的影响，可以透过父母的言传身教和学校有计划的相关课程教育使青少年学习如何去宽恕。学校应把宽恕教育的相关内容融入生命教育、积极教育、心理辅导和德育课程教学之中。通过营造、创设积极的宽恕环境和氛围，构建校园宽恕文化，有意识地实施各种形式的宽恕教育和宽恕学习与训练，使宽恕真正成为当代青年学生的一种普遍的道德共识，一种高尚的人文素养，一种反身自省的伦理规范，一种积极有效的应对策略。

对青少年实施宽恕教育应坚持灵活性与有效性、生活化与和科学化相结合的原则，使宽恕教育能够结合学生的生活经验，符合青少年的心理特点，满足学生的学习兴趣和精神需要。当前的宽恕教育，应在树立青少年正确的宽恕认知，增强宽恕意识，学习科学的宽恕理念，提升宽恕能力，创设宽恕环境，体验宽恕后的正性情感等实践层面上来进行。通过宽恕教育，使宽恕内化于青少年的人格结构之中，成为一种美德；使宽恕融入青少年的学习生活，成为当下的一种健康生活方式，成为一种宽厚的道德品格，成为处理生命历程中消极方面的一种生命态度和积极策略，成为维系人际和谐和提升生命价值行之有效的一剂良方。

需要指出的是，新时期加强青少年宽恕教育，应在研究、探索、讲授、学习、传播、宣传、推广宽恕的含义和价值等规范知识的同时，大力加强社会环境、校园环境、文化和制度建设，注重进一步改善和优化社会文化环境，努力营造一种有助于诱发、唤醒、维持和激励青少年做出宽恕行为的社会文化情境氛围。

（原载《中国社会科学报》2017 年 7 月 17 日）

要想孩子有出息“坚毅力”不可或缺

在家庭教育中，我们经常听到有些父母在不停地抱怨，认为自己孩子学业成绩不佳和个人发展不好是因为孩子天生缺乏学习的天赋、不够聪明和智力有问题等。事实上，这些父母的看法很片面，并不正确。心理学家通过研究发现，决定一个人学业成就和事业成功的并不是所谓天赋和生来就聪明，而是被称为“坚毅”的积极心理品质。

坚毅作为一种积极的力量、美德和优势，与人的目标、兴趣、希望、勤奋、坚强、坚持、坚忍、投入、努力、耐力、意志力、毅力、恒心、不屈不挠等概念相关联，包含了自主、自尊、自律、自强、自信、自豪、自我选择、自我激励、自我约束、自我管理和自我调整等积极人格特征。虽然坚毅与上述概念存有内在的关联性，但相比较而言，坚毅的内涵要比上述这些概念更加丰富。用坚毅研究最具代表性的斯坦福大学心理学家安杰拉·达克沃思教授在TED演讲时给出的明确定义：坚毅是指能够在一段较长时间对长远目标始终坚持自己的持久激情，即使历经失败，仍然能够坚持不懈地努力追求目标的一种积极心理品质。

研究表明，与人的智商、情商和天赋相比，坚毅更能预测一个人未来是否取得成就和人生获得成功。也就是说，坚毅是可靠地预测成功的重要指标。纵观古今中外，无数的成功人士和杰出者，他们无不具有勤奋、刻苦、坚忍不拔和在逆境中依然长期坚持追求自己人生目标、勇往直前、永不言败的坚毅品格。

我国自古以来就极力推崇和倡导人要有“千磨万击还坚劲，任尔东西南北风”“只要功夫深，铁杵磨成针”“梅花香自苦寒来”“苦尽甘来”“不经历风雨怎能见彩虹”等坚忍不拔的执着奋斗精神。我们所熟知的孟子的名言：“故天将降大任于斯人也，必先苦其心志，劳其筋骨，饿其体肤，空乏其身，行拂乱其所为，所以动心忍性，曾益其所不能。”在这里，孟子告诫人们，一个人想完成上天赋予的伟大使命，取得人生辉煌的成就，一定要先使他的意志和身心受到磨炼，以此来坚韧他的性情，提升他的心智水平。

52 岁开始创业的传奇人物麦当劳的创始人雷·克罗克曾经说过："世界上没有什么可以取代坚毅的地位。有才能而失败的人比比皆是，才华横溢却不思进取者众多，受过教育但潦倒终生的人也屡见不鲜，唯有坚毅的人才是无所不能的。"

的确如克罗克所言，具有坚毅品格的人拥有长远目标，始终坚持不懈地追求目标，不会轻易动摇，对未来充满希望，保持乐观态度和积极情绪，不惧怕挫折和困难，能很好地调适自己的心态，充分利用身边的积极资源发展自己，能够很好地做到知、情、意的和谐统一，从而坚定地逐步实现预定目标。正因为如此，积极心理学家更是把坚毅力、情商力、好奇心、感恩统称为能预示青少年积极发展的"重磅利器"。

与心理学中的坚韧、心理韧性、心理弹性等类似，坚毅包括坚持不懈的努力和兴趣的一致性两个维度，这两个维度往往与战胜困难和克服挫折相联系，体现了个体在追求目标过程中敢于面对挑战和困难所表现出的坚持不懈的努力和坚忍不拔的品质。

有研究显示，坚毅的第一个维度（坚持不懈的努力）能预测个体自我调节学习的七个指标，包括自我价值感、自我效能感、认知、元认知、动机、时间和学习环境管理策略、拖延；坚毅的第二个维度（兴趣的一致性）与自我调节学习的后两个指标时间和学习环境管理策略以及拖延存在显著相关。也就是说，兴趣的一致性可以使个体具有有效的时间和学习环境管理策略和减少拖延的行为。

可以毫不夸张地讲，坚毅力的培养作为一种全新的前沿教育理念，近年来已经风靡国际教育界，受到各国研究者和教育者的极大关注。毋庸置疑，培养孩子具有坚毅的品格是家庭教育尤为重要的内容，坚毅的品质对孩子的成长和发展具有十分重要的价值。坚毅理论认为，孩子想要取得优秀的学业成绩和未来获得卓越的事业成就，智力与坚毅二者缺一不可。有研究表明，与低坚毅水平的孩子相比，高坚毅水平的孩子能够获得较好的学业成绩；能够在具有挑战性的活动任务中持续不断地努力，有较高的积极投入；具有较高抗压能力并保持心理健康；高坚毅的九年级学生，出现手机成瘾、打架、离家出走、不良嗜好等问题行为的概率更低；培养和塑造孩子坚毅的品格，能够提升其主观幸福感和生活满意度，增加积极情绪情感体验，较少地受到消极情绪的困扰和影响。此外，坚毅水平还会影响到学生对学业目标的执着程度。

研究发现，父母采用高要求高回应的权威型家庭教养方式，比放任型、忽视型和专制型的教养方式更能培养孩子坚毅的品格。有心理学家指出，为了避免与"专制型"教养方式相混淆，应该把"权威型"教养方式称为"明智型"教养方式。

明智型教养方式的特点和优势是对孩子支持和要求同时兼顾的教育方式，能够培养孩子具有坚毅的品格。明智型教养方式的父母其权威是基于智慧、知识和良好的亲子关系，而不是来自权力、粗暴和打骂，他们知道孩子需要关爱、尊重和自由，要给孩子充分的情感支持和心理支持；他们更懂得还要给孩子提出要求、建立规则和适度批评，尤其懂得为孩子树立坚毅的榜样，对孩子示范激情和坚毅。明智型教养方式的父母能准确地判断和积极满足孩子的各种心理需求，发掘孩子的潜力和优势，激发孩子成长的内驱力，培养孩子具有更多的积极心理品质，从而成为一个优秀的坚毅者。

心理学家在过去40年的大量研究中发现，明智型教养方式的父母能够给孩子提供无条件爱的支持和高标准的要求，也就是支持性和要求性兼顾的父母，其培养出的孩子比放任型、忽视型和专制型教养方式的父母教育出的孩子更优秀、更出色。国外有针对10000多名青少年父母的调查研究显示，无论是社会阶层、种族或者婚姻状况如何，如果这些青少年的父母对孩子是支持性的、关爱的、温暖的、尊重的并对孩子有明确要求和高标准，则这些孩子的学业成绩会更好、自我会更独立、心理会更健康，幸福感会更高，更少出现焦虑和抑郁的情绪，出现问题行为甚至违法行为的可能性也更小。

无数事实表明，父母可以通过长期有效的练习、锻炼、训练来提升孩子的坚毅力，而且最好从小就注重对孩子坚毅品格的培养。具体来说，父母引导和鼓励孩子每天坚持一定时间的练习，形成并遵循这个日常惯例，逐渐成为孩子的一种良好习惯。同时，父母要善于积极发现孩子所具有的力量、美德和性格优势，培养孩子自己的兴趣，追随自己的激情，鼓励孩子多参加课外活动，并且一定要让孩子在某项活动中坚持一年以上的时间，在坚持不懈的追求、努力和练习中磨炼自己的意志，成为一个具有自主、独立、坚毅品格的人。

心理学家通过研究指出，父母培养孩子坚毅品格和提升孩子坚毅力的方法很多，如激发兴趣、不断探索、追求目标、保持激情、具有耐心、积极行动等，但最有效的一个方式是鼓励孩子进行刻意练习，让刻意练习成为一种良好习惯。

对孩子实施坚毅教育，培养孩子坚毅的品格，需要鼓励和引导孩子在某项任务或某种兴趣上长时间、有质量地积极投入和不断练习。也就是认知心理学家安德斯·埃里克森所说的“刻意练习”。埃里克森研究人们是如何获得世界级技能和成为世界级专家的，通过追踪研究发现，那些在音乐、体育、舞蹈、钢琴、国际象棋、职业高尔夫球等领域的世界级高手差不多都经过了10年10000小时的刻苦学习和训练。埃里克森在另一项研究中发现，一所音乐学院里那些最优秀的小提琴手在达到精英水平专业能力之前的10年时间里，已经进行了大约10000小时的刻意练习；而那些专业水平较低的学生在10年时间里进行的练习时间只有最优秀小提琴手的一半。其他对成功的舞蹈家和音乐家的研究，也得出同样的结论。

在这里需要说明的是，埃里克森所说的刻意练习是一种有提升性的明确目标，有意识、有计划、全神贯注地投入和不懈努力，并在完成任务的练习、训练和尝试过程中，积极、主动、及时地寻求有价值的反馈，进行持续不断的反思、修正、改进、完善和突破，每一次练习都努力战胜自己，尽力做到最好，正确地完成任务和实现目标，从而能够有助于获得坚毅的品格。

事实证明，对某一任务进行长期有质量的练习，练习，再练习，能够使人成为某一领域的世界级专家和顶级高手，也能使其具有坚毅的品格。事实上，具有坚毅品格的人，会持续不断地进行刻意练习，从而有助于其取得辉煌的成就。反过来，持续不断的刻意练习，也会塑造人具有坚毅的品格，能够助力其事业辉煌。可见，坚毅力与刻意练习二者互相影响、互为因果、相互促进。换言之，与其他人相比，坚毅力强的人最大优势是在某项任务上坚守承诺的时间更长和花费的时间更多，具备持续进步和不断追求卓越的刻意练习特质；而具有刻意练习特质的人，也会培养其获得坚毅的品格，从而有助于事业的成功。

有的父母或许会有这样的担心和问题，刻意练习会不会让孩子很痛苦、很焦虑、很反感，产生厌倦和对抗心理。心理学家通过研究指出，全神贯注、沉浸其中的刻意练习本身就能使人具有满足感，可以让人感觉很美好，还可以让人体会到努力练习劳有所获的乐趣和不断进步的成就感。例如，婴儿和蹒跚学步的幼儿，面临许多超越其现有能力的挑战，一次又一次挣扎着坐起来，不停地努力学走步，不停地犯错和经历着失败，他们全神贯注，不断地学习，但他们并不会感到痛苦、焦虑、尴尬、窘迫和羞耻，也不会认为失败是糟糕的。到了幼儿园，由于父母和老师等成年人对孩子错误行为的恶劣态度和消极情绪反应，如生气、皱眉、指责、严厉地批评等，使得孩子学会了尴尬、羞耻、恐惧和防御，认为失败是很不光彩的事情，所以为了保护自己，他们不敢冒风险尽最大努力去尝试和挑战。

如此看来，坚毅教育是家庭教育中十分重要的内容，应引起父母足够的重视。培养孩子坚毅的品格，提升孩子的坚毅力，让孩子具有坚毅精神，父母应采用明智型家庭教养方式，对孩子高要求和给予尊重、温暖、无条件爱的支持；从小培养孩子自己喜欢的兴趣，鼓励孩子对兴趣保持长时间、有质量的积极投入；引导和鼓励孩子对某项任务进行有质量持续不断的“刻意练习”，让孩子体验努力练习给其带来的乐趣、满足感和成就感。可以肯定地说，虽然坚毅不是唯一影响孩子成长、成功和幸福的最重要积极心理品质，但坚毅却能使孩子拥有成长型思维，给孩子带来释放激情和坚持不懈的力量。

（原载《现代教育报》2020 年 10 月 16 日）

后　记

值此这部《积极社会心理研究》完成之际，心中有一种轻松和愉悦之感，轻松的是多日以来连续地整理、修改、润色和完善本书，现在终于圆满完稿；愉悦的是有机会对自己20多年来取得的部分学术研究成果进行一次集中总结和呈现，为进一步推进后续的研究奠定良好的基础。

回首自己过去20多年的教学与学术研究过程中，对我学术成长和个人发展产生重要影响的老师有很多，其中影响最大的是我的博士生导师吉林大学葛鲁嘉教授、我的国外访学导师美国加州大学伯克利分校彭凯平教授和我的博士后导师吉林大学贺来教授，他们都是我非常敬仰的著名学者，非常庆幸自己今生能遇到世间最好的学术导师和人生导师，指导和引领我不断精进自己。我时常回忆起三位导师对我进行精心的学术指导、殷切的关怀、诲人不倦的教导、严格的训练和在一起讨论时的情景，这些美好的画面好像就在昨天一样清晰和历历在目。他们做人的品格，渊博的学识，深刻的洞见，睿智的思想，过人的智慧，国际化的学术视野，都始终在感染着我，启迪着我，影响着我，教育着我，引领着我。

从三位导师那里我领略到了什么才是真正的科学精神，什么才是真正的人文情怀，什么才是真正的学术创新，什么才是通晓古今和中西合璧的博学，什么才是对自己所喜欢的学术事业执着的追求精神。三位导师乾坤容我静，名利任人忙，生在天地间，心中有快乐的超然境界，是我终身学习的楷模和榜样。从三位导师身上我进一步学到了为人之道、学术之道、研究之道、生活之道，也使我逐渐学会了如何更好地去推进学术、潜心研究、感悟生活、坚守目标、不懈奋斗、体认生命存在的价值和意义。三位导师不仅激励我在学术的殿堂中不断地提升、成长、发展和精进，而且在现实生活中用正心去感悟生命的快乐、幸福、价值和美好，这些积极影响使我感激莫名，永志不忘，勇往直前。在这里，衷心地感谢我的三位导师对我的无私帮助、精心指导和悉心培养。

同时，我要深深地感谢所有关心、理解和帮助我的家人、亲人和师长，他们用实际行动给予我无微不至的关爱、包容和大力的支持，是他们在我最艰难的时刻给予我最给力的温暖、鼓励、支持，使我信心百倍，充满力量，积极进取，不断成长；是他们对家庭的巨大付出和无私奉献，使我毫无后顾之忧，能够全身心积极投入到科学研究中。可以说，是我的家人和亲人的全力支持，本书才得以顺利出版，他们对我这么多年来学术生涯的发展和取得的成就功不可没，在这里，即使再奢华的言辞也难以表达这份真挚美好的情感。

借此机会，衷心地感谢一直以来对我个人教学、科研、研究生培养以及社会服务等各项工作给予指导、帮助、鼓励和支持的学院领导、同事和我的研究生，尤其要特别真诚地感谢哲学社会学院李晓沫老师和中国社会科学出版社的朱华彬老师，他们为此书能够顺利出版提供了无私的帮助，付出了辛苦的劳动。

本书所收集的是我发表过的部分论文，是我近 20 多年从事自己喜欢的积极心理学、宽恕心理学、家庭教育学等研究领域和方向的阶段性成果集中体现，这既是对我前期研究成果一次很好的总结，也是我今后在已有研究成果的基础上继续深入探索的新起点。在整理论文自选集的过程中，一方面，使我深深地体会到学术研究的艰辛和乐趣之所在，另一方面，也是一次我对自己研究主题的真切理论思考和生命感悟。通过对自己喜欢的研究方向和研究主题的科学探究和实践应用，使我对自我、对学术、对生活和对生命有了一种新的感受、新的体验、新的领悟。进行科学研究和不断探索的过程，同时也是我不断进行自我提升、自我精进和自我建构的过程，而且这一过程并不会因为取得一定的阶段成果而终结，它将会延伸和贯穿于我的整个生命，尤其是我今后的学术生涯。

积极心理学一直是我非常喜欢的研究领域，踏上了一条积极社会心理的科学研究之路和探索旅程，深入研究社会和人性中的力量、美德、价值和优势等积极心理品质，孜孜不倦地探索积极心理的机制和智慧，为不同的人群提供更多积极社会心理服务，对他们进行积极的心理疏导和心理建设，让更多的人具有积极的自我，秉持积极的心态，体验积极的情绪，建立积极的关系，持有积极的思维，进行积极的解释，不断积极地改变，取得积极的成就，从而拥有积极的人生，感受积极带来的快乐、幸福、成就、价值、意义、美好和正能量，是我一生为之不懈奋斗和努力的目标。

李兆良

2021 年 1 月 18 日于吉林大学行政楼